Windy Dryden
Colin Feltham

Psychologische Kurzberatung und Kurztherapie

Einführung in die praktischen Techniken

Ernst Reinhardt Verlag München Basel

Windy Dryden, Professor für psychologische Beratung (Counselling) am Goldsmith College der Universität London.

Colin Feltham, Ausbilder und Supervisor u. a. am Goldsmith College der Universität London, Mitbegründer von Ausbildungsinstituten für Berater und Therapeuten.

Titel der Originalausgabe:
Brief Counselling. A practical guide for beginning practitioners.
© Windy Dryden and Colin Feltham
First published 1992 by Open University Press, Buckingham

This edition is published by arrangement with Open University Press, Buckingham

Aus dem Englischen von Petra Holler

Die Deutsche Bibliothek – CIP-Einheitsaufnahme

Dryden, Windy:
Psychologische Kurzberatung und Kurztherapie: Einführung in die praktischen Techniken / Windy Dryden ; Colin Feltham.
[Aus dem Engl. von Petra Holler]. – München ; Basel : E. Reinhardt, 1994
    Einheitssacht.: Brief counselling <dt.>
    ISBN 3–497–01320–X
NE: Feltham, Colin:

Inhalt

Einleitung

Ziel und Struktur dieses Buches

Dies ist ein praxisorientiertes Buch. Es soll als praktischer Ratgeber und Leitfaden für Kurzzeittherapien* sowie Kurzberatungen* hilfreich sein. Es ist kein abgeschlossenes Handbuch, keine theoretische Abhandlung und kein neues Therapiekonzept. (Eine ausführliche Darstellung des Konzepts der Kurzpsychotherapie findet sich bei Wells und Gianetti 1990). Es soll Grundbausteine beraterischer Tätigkeit aus einem breiten Blickwinkel vorstellen und unsere langjährigen Erfahrungen als praktizierende Kurzzeittherapeuten, Supervisoren und Ausbilder einbringen. Vor allem aus unserer Tätigkeit als Ausbilder und Trainer wissen wir, daß die in diesem Buch behandelten Fragen häufig von angehenden Therapeuten und Beratern gestellt werden. Unser Ziel ist deshalb, diese Fragen als Diskussionspunkte im Rahmen von Aus-und Fortbildungen sowie Supervisionen zu behandeln. Es sollen hier keine strikten Anweisungen für therapeutisches Vorgehen gegeben werden; wir wollen vielmehr den Blick für zentrale Punkte in einer Kurzberatung schärfen. Es geht nicht darum, was Sie tun *sollten*, sondern was Sie eventuell in Ihrer Arbeit mit Klienten berücksichtigt wissen wollen. Anhand einiger Fallbeispiele wird unsere Art des therapeutischen Arbeitens deutlich werden; wir möchten ausdrücklich darauf hinweisen, daß es sich dabei um *unseren* ganz persönlichen Standpunkt handelt.

Dieses Buch gibt einen Überblick über den Verlauf einer Kurzberatung. Fallbeispiele sollen diesen Prozeß verdeutlichen. Aus praktischen Gründen haben wir das Buch in sechs Teile untergliedert, was jedoch nicht heißt, daß jede Kurzberatung entsprechend verläuft. Wir sind uns darüber im klaren, daß der therapeutische Alltag selten in so geordneten Bahnen verläuft, wie die zahlreichen Unterpunkte und die Abfolge, in der wir sie behandeln, glauben machen wollen. In einer Therapie gibt es für jeden Klienten einen Zeitpunkt, an dem ein ganz bestimmtes Problem für ihn relevant wird. Je nachdem, welche Punkte dies sind, und je nach Erfahrungsstand des Beraters wollen wir einige Anregungen geben.

Der Schwerpunkt dieses Buches liegt auf seiner praxisbezogenen Orientierung, was sich an Fragebögen und Arbeitsmaterial im Anhang ablesen läßt. Was bestimmte therapeutische Maßnahmen, wie etwa Hausaufgaben, angeht, so ist es uns bekannt, daß die Meinungen hierzu in manchen Punkten auseinanderge-

---

* Anmerkung der Übersetzerin: Der englische Begriff "counselling" ist strenggenommen nicht mit einem einzigen deutschen Wort zu übersetzen, denn gemeint ist hier eine psychologische Beratung bzw. Therapie, im folgenden meist als "Beratung" bzw. "Kurzberatung" (brief counselling) bezeichnet. Der "counsellor" ist entsprechend der Berater/Therapeut.

hen können. Wir bewerten nicht, ob sich das eine oder andere Beratungskonzept mehr oder weniger für die Durchführung einer Kurzberatung eignet, geben jedoch unseren eigenen konzeptionellen Standpunkt hier wieder. An verschiedenen Beispielen wird deutlich werden, welche unterschiedlichen Auffassungen zwischen Therapeuten und Beratern verschiedener Schulen existieren. Als Therapeut muß man abwägen, inwieweit Interventionen wie Rollen-Assessment, Zielsetzung, Hausaufgaben etc. angemessen sind, wenn es darum geht, einem Klienten in einer relativ kurzen Zeit effektive Hilfe zukommen zu lassen. Ohne Frage wird jeder von uns auf Klienten treffen, für die bestimmte Interventionen nicht in Frage kommen. Es ist daher sinnvoll, diesen praktischen Ratgeber flexibel zu nutzen.

Was ist Kurzberatung?

Unserer Meinung nach gibt es keinen wesentlichen Unterschied zwischen psychologischer Beratung und Psychotherapie. Beide Verfahren haben zum Ziel, menschliches Leid zu lindern, Probleme zu lösen, und den Menschen zu einem zufriedeneren Leben zu verhelfen. Wir stimmen nicht mit jenen überein, die psychologische Beratung in Form einer Gesprächskurztherapie als kurze und oberflächliche Symptombeseitigung kritisieren, die im Vergleich mit der "richtigen", "tiefergehenden" Langzeitpsychotherapie schlechter abschneide – eine Meinung, die etwa Storr (1963, 2) vertritt: "Jede Form von Psychotherapie mit mehr als nur einem oberflächlichen Anspruch ist mit Zeit verbunden, oft sehr viel Zeit". Seit Freuds Zeiten scheiden sich am Thema Behandlungsdauer die Geister. Nicht nur Psychoanalytiker, auch Vertreter der Humanistischen Psychologie nehmen hierzu unterschiedliche Standpunkte ein. In seinem Interview mit Windy Dryden (1992) spricht John Rowan von Kurztherapie als Betrug am Patienten, dem die Möglichkeit genommen werde, sein Leben eingehender zu erkunden. Tatsächlich jedoch waren es Psychoanalytiker, die sich als erste um eine Verkürzung der Behandlungsdauer bemühten (Flegenheimer 1982). Nachgeholfen hat hier das Aufkommen von Verhaltenstherapie, kognitiver Verhaltenstherapie sowie integrativer Modelle wie die kognitiv-analytische Therapie (Ryle 1990). Detaillierte Vergleiche zwischen Kurz- und Langzeittherapiekonzepten stellen Budman et Gurman (1988, 11) sowie Malan (1975, 8) an. Wir möchten an dieser Stelle betonen, daß wir das Konzept der Kurzberatung den anderen therapeutischen Verfahren nicht als überlegen betrachten und das Thema Überweisung in eine Langzeittherapie ebenfalls behandeln werden.

Kurzberatung umfaßt jede Art psychologischer und psychotherapeutischer Beratung von 1 bis zu etwa 20 Sitzungen. Malan (1975) nennt sogar Fälle von bis zu 50 Stunden. Wir verzichten hier auf genaue Zahlenangaben, sondern gehen davon aus, daß die meisten Kurzberatungen sich von einigen wenigen bis hin zu 20 Stunden erstrecken. Der therapeutische Kontrakt kann natürlich unterschiedliche Formen annehmen. 20 Sitzungen etwa können entweder nacheinander einmal pro Woche oder über ein ganzes Jahr verteilt stattfinden. Rosenbaum et al. (1990) sprechen von der "hohen Kunst der Krisenintervention", in denen "entscheidende Lebenssituationen" und ihre Bewältigung ein Höchstmaß an therapeutischen Fähigkeiten voraussetzen. Mann (1973), mit seinem Beratungskonzept von maximal zwölf Sitzungen ein Pionier auf dem Gebiet der Kurzzeittherapien, sieht in dieser zeitlichen Begrenztheit die Realität von Leben und Sterben, von Unvollkommenheit und Unwiederbringlichkeit widergespiegelt. Ryle (1990) schlägt 16 Sitzungen vor, zum einen aus ökonomischen Gründen, zum anderen, um beim Klienten ein Höchstmaß an Motivation sicherzustellen und das Risiko negativer Abhängigkeit vom Therapeuten so gering wie möglich zu halten. Für ein allmähliches Auslaufen der Sitzungen gegen Ende der Beratung plädieren Budman und Gurman (1988) in ihrem Konzept, das Therapie als eine Art Kreislaufmodell betrachtet, demzufolge Entwicklungskrisen durchaus zu einer Wiederaufnahme von Sitzungen führen können. In der Regel schreiben allgemeine psychologische Kurzberatungen weder eine festgesetzte Anzahl von Stunden noch einen im voraus festgesetzter Endtermin vor, selbst wenn sie über mehrere Wochen oder Monate andauern; dies unterscheidet sie rein technisch von zeitlich begrenzten Kurzzeittherapien im strengeren Sinne.

Warum Kurzberatung?

In der Bundesrepublik obliegt es der eigenständigen Entscheidung der Krankenkassen, ob Leistungen für Kurzpsychotherapien übernommen werden oder nicht. Anträge auf Kurzpsychotherapien sind nicht gutachterpflichtig, d. h. vom überweisenden Arzt werden lediglich eine kurze Diagnose sowie die empfohlene Behandlungstechnik verlangt. Kurzpsychotherapien umfassen eine Behandlungsdauer von 25 Sitzungen (früher 15), wobei der Vertragssatz pro Sitzung derzeit bei ca. DM 100 liegt (Stand Juli 1993). Eine Verlängerung bis maximal 100 Sitzungen (tiefenpsychologisch fundierte Psychotherapie), 300 Stunden (psychoanalytische Psychotherapie) oder 80 Sitzungen (Verhaltenstherapie) sind möglich. Anträge auf Verlängerung unterliegen allerdings Gutachterpflicht.*

Langzeitsychotherapie ist derart arbeitsintensiv, zeitaufwendig und kostspielig, daß ihre positiven Effekte, gemessen an der Gesamtbevölkerung, als verschwindend gering anzusehen sind (Albee 1990). Darüber hinaus lassen Berichte von Betroffenen (Dinnage 1988; dt. vor allem Drigalski 1991; Hemminger/Becker 1985**) und ihre Klagen von jahrelanger Zeitvergeudung in Analysen den Schluß zu, daß Behandlungsdauer und Kosten von Therapien den Kriterien seriöser Therapieforschung unterliegen müssen. Dazu Fairbairn und Fairbairn (1987, 22):

Die Art und Weise, wie ein professioneller Therapeut Zeit, Fachwissen und Energie einsetzt, gehört zu den Grundkriterien für die Kostenübernahme von therapeutischen Leistungen in allen helfenden Berufen: Sich über den Einsatz

---

* Anm. der Übersetzerin.

** D. v. Drigalski, Blumen auf Granit. Berlin. – H. Hemminger/V. Becker, Wenn Therapien schaden. Reinbek.

menschlicher Leistung Rechenschaft abzulegen, gilt all jenen als selbstverständlich, die im Umgang mit anderen Menschen wohlüberlegt handeln.

Analytiker wie Malan (1975) und Balint et al. (1972) waren bestrebt, die psychoanalytische Behandlungsdauer zu verkürzen. Fokussieren, aufmerksamer Umgang mit der Zeit und bewußtes Aussparen bestimmter Inhalte des Patienten sahen sie als zeitsparend und nachhaltiger wirksam an. Therapieziel und zu behandelnder Konflikt sollten klar definiert sein. Das allmähliche Aufkommen verhaltenstherapeutischer und humanistischer Therapiekonzepte zog nicht nur eine Fülle von Therapiestudien nach sich, sondern regte auch zahlreiche Therapeuten an, mit neuen Therapiekonzepten zu experimentieren und sie in ihre Arbeit zu integrieren. In den letzten Jahrzehnten entstanden zahlreiche neue Therapieschulen (Gestalttherapie, Primärtherapie, Transaktionsanalyse), von denen jede für sich in Anspruch nahm, zeitsparender als ältere Konzepte zu arbeiten. Malan (1975) jedoch glaubt bei Therapeuten eine "um sich greifende Ernüchterung" festzustellen, ein Nachlassen der urspünglichen Energie und der einstigen Begeisterung. Dies könnte erklären, warum anfänglich vielversprechende Konzepte für Kurztherapien letztendlich doch mehr Zeit in Anspruch nahmen. Vor dem Hintergrund dieser Entwicklungen, verbunden mit ökonomischen Gründen und der steigenden Popularität psychotherapeutischer Verfahren, wuchs das Bewußtsein für die fachliche Kompetenz und effektive Arbeit nicht-ärztlicher Psychotherapeuten und Berater.

"Fast siebzig Prozent all jener, die 1980 in ambulanten psychologischen Beratungsstellen der USA um Hilfe nachsuchten, kamen zu sechs Sitzungen oder weniger" (Budman 1990, 209). Verschiedene statistische Erhebungen nennen ebenfalls sechs, acht oder zehn Sitzungen (Garfield und Bergin 1986, 217). Von einer Therapie ohne einen runden, "organischen" Abschluß sprechen Budman und Gurman (1988) in diesem Zusammenhang, wenn Klienten das eigentliche Ende der Behandlung mit der letzten Stunde nicht abwarten. Es ist durchaus möglich, daß manche dieser "Frühaussteiger" schon während der ersten Sitzungen all die Hilfe und Unterstützung erfahren, die für sie im Moment dringlich ist.

Darüber hinaus liegen Untersuchungsergebnisse vor, nach denen es keine Unterschiede zwischen Lang- und Kurzzeittherapien gibt, was die Effektivität beider Verfahren angeht (Shlien et al. 1962). Stützt man sich auf Studien dieser Art, sind die meisten Beratungs- und Therapiegespräche, die in der Praxis durchgeführt werden, Kurzberatungen, was den Wünschen und Vorstellungen der Ratsuchenden entspricht, sie aber nicht weniger wirksam macht. Aus diesem Grund plädieren viele Berater, u. a. auch wir, für ein spezifisches, auf Kurzberatung zugeschnittenes Setting. Leider wird in vielen Aus- und Fortbildungen diesem Wunsch noch nicht Rechnung getragen.

An wen richtet sich psychologische Kurzberatung?

Selbstverständlich gibt es Fälle, in denen eine psychologische Kurzberatung nicht indiziert ist. Dieser Punkt wird ausführlich behandelt werden. Für chronisch Suchtkranke (Alkohol- oder Drogenabhängige), Patienten mit Persönlichkeitsstörungen oder schweren psychischen Leiden ist eine Kurztherapie nicht geeignet – obwohl Ryle (1989) Fallbeispiele nennt, in denen Persönlichkeitsstörungen mit kognitiv-analytischer Therapie erfolgreich behandelt wurden. Andererseits schlägt Perry (1989) für diese Patientengruppen vor, die regelmäßige Stundenabfolge aufzuweichen und flexibler zu gestalten. Die Behandlung kann vorübergehend ausgesetzt und auf Wunsch wieder aufgenommen werden. Viele Therapeuten, die mit begrenzter Stundenzahl arbeiten, verlangen hier strenge differentialdiagnostische Auswahlkriterien, um optimale diagnostische Aussagen treffen zu können. Unserer Meinung nach ist dies nicht unbedingt notwendig. Eine interessante These vertreten Holmes und Lindley (1989): Obwohl Angehörige der unteren Bevölkerungsschichten sich aufgrund ihrer Zielgerichtetheit eher von der Möglichkeit einer Kurzttherapie angesprochen fühlten, werde gerade dieser Bevölkerungsgruppe oftmals nicht in Form therapeutischer Behandlung Hilfe angeboten. Den Grund dafür sehen die Autoren in der weit verbreiteten Auffassung, Angehörige der unteren sozialen Schichten pflegten ihre psychischen Leiden und Störungen entweder in Suchtkrankheiten oder Suizidalität auszudrücken. Dies werde dann eher medikamentös behandelt.

Eine kurzfristige psychotherapeutische Beratung oder Behandlung richtet sich an Patienten und Klienten, deren Störungen nicht allzu schwerwiegend sind und sich im Rahmen allgemein neurotischer Leiden ansiedeln lassen. Budman und Gurman (1989) verstehen hierunter Beziehungs- und Entwicklungsprobleme oder existentielle Krisen. Dies impliziert, daß die Probleme der Klienten nicht notwendigerweise in deren Vergangenheit zu suchen sind. Potentielle Klienten sollten im Alltag einigermaßen gut funktionieren und von einem therapeutischen Prozeß profitieren können. Patienten mit schweren psychiatrischen Krankheitsbildern oder Ratsuchende, die von metaphysischen Fragestellungen wie der Suche nach dem Sinn des Lebens getrieben werden, sollten an geeignete Stellen verwiesen werden. Psychologische Kurzberatung wird am besten umschrieben mit "pragmatischer Existentialismus" (Nelson-Jones 1989). Therapeut und Klient verfolgen gleichermaßen eine Strategie, die an Problemlösungen im zeitlich festgesetzten Rahmen orientiert ist.

Welcher Berater und welche Beratung für welchen Klienten?

Diese von Lazarus und Fay (1990) aufgeworfene Frage ist eine der Kernfragen im therapeutischen Geschehen schlechthin. Machen Sie aus diesem Buch (oder anderen Ratgebern dieser Art) kein Bett des Prokrustes, in das der Klient um jeden Preis eingepaßt werden soll. Benutzen Sie es als Anregung und lassen Sie sich in Ihren Überlegungen und Interventionen von den Bedürfnissen des Klienten leiten. Als Beispiel nennen Budman und Gurman (1988) die Möglichkeit, wichtige Bezugspersonen in das therapeutische Geschehen miteinzubeziehen, um notwendige Veränderungen herbeizuführen. Allerdings empfehlen wir, derartige Maßnahmen nur durchzuführen, wenn Sie einen Zusatzausbildung als Paar- oder Familientherapeut/in besitzen.

Das Buch ist als Anregung gedacht. Achten Sie auf alles, was für Ihre Arbeit mit Klienten von Bedeutung sein könnte und behandeln Sie offene Fragen in Ihrer Supervision. Bitten Sie Ihre Klienten um Feedback und überprüfen Sie daran Ihre eigene Wahrnehmung. Es ist nicht auszuschließen, daß Sie als Therapeut für einen bestimmten Klienten ungeeignet sind. Erlauben Sie uns hierzu eine kurze Anmerkung: Die Beziehung zwischen Therapeut und Klient ist eines der wichtigsten Kriterien für den Verlauf einer Beratung; als Therapeut/Berater sind Sie in einer stärkeren Position und müssen sich ehrlich überlegen, ob eine Zusammenarbeit mit diesem Klienten für Sie und für ihn in Frage kommt. Fühlen Sie sich durch diese Empfehlung nicht entmutigt. Als Therapeuten müssen wir uns diese Frage stellen, das gilt für Berufsanfänger ebenso wie für erfahrene Therapeuten. Neben der therapeutischen Beziehung sind Kenntnis und fachgerechter Umgang mit therapeutischen Interventionstechniken für den Erfolg einer Behandlung maßgebend (Hill 1989). Die Ausführungen in diesem Buch sollen Ihnen dabei behilflich sein.

Lassen Sie uns noch einen wichtigen Punkt hervorheben: Einer der wertvollsten Trümpfe, den Sie als Berufsanfänger in Händen haben, ist Ihr therapeutischer Enthusiasmus. Durlak (1979) verglich den Behandlungserfolg von semiprofessionellen Beratern (Studenten, ehrenamtlich Tätige) mit dem professioneller Berater und stellte keine Unterschiede fest. Teilweise schnitten die Gruppe der halbprofessionellen Berater besser ab als ihre erfahrenen Kollegen. Obwohl in einigen Kommentaren diese Ergebnisse angezweifelt wurden, gehen wir davon aus, daß sich die Begeisterung eines Berufsanfängers ausgesprochen positiv auf seine Arbeit mit Klienten auswirkt. Bewahren Sie sich Ihren Enthusiasmus und Ihre Faszination, seien Sie offen für neue Ideen, aber vergessen Sie nie, Ihre Arbeit immer einer (selbst)kritischen Prüfung zu unterziehen. Wir wünschen Ihnen viel Erfolg und Spaß bei Ihrer Arbeit. Neue Ideen und Verbesserungsvorschläge, die in einer Neubearbeitung dieses Buches Eingang finden könnten, sind uns willkommen.

Teil I: Orientierungsphase

1. Therapeutischer Erstkontakt

Wann findet der erste Kontakt zwischen Berater und Klient statt? Beim ersten persönlichen Zusammentreffen? Unserer Meinung nach wird dieser Erstkontakt bereits früher, nämlich schriftlich oder telefonisch, hergestellt. Vorausgesetzt Ihre Tätigkeit besteht nicht ausschließlich in telefonischer Beratung oder Telefonseelsorge, wird sich die Mehrzahl der Ratsuchenden zunächst für den Erstkontakt per Telefon an Sie wenden. Für die meisten Anrufer bedeutet dies große Überwindung. Mit großer Wahrscheinlichkeit stehen sie unter starkem Druck, wissen nicht recht, was sie wollen (und brauchen) und haben keinerlei Erfahrung mit psychotherapeutischer Beratung. Sie kennen Sie nicht und wissen fast nichts über Sie. Oder aber, was seltener der Fall ist, sie verfügen bereits über therapeutische Erfahrung und fragen konkret nach Ihrem Arbeitsstil. Was passiert während dieses kurzen Telefongesprächs und wie bereiten Sie sich als Berater optimal darauf vor?

Je nachdem, in welcher Situation und bei welcher Beschäftigung Sie der Anruf eines neuen Klienten erreicht: Es beeinflußt Ihre Reaktion (Brandt 1982). Bereits hier entstehen die ersten, eventuell leicht verzerrten, gegenseitigen Eindrücke, die in das Verhältnis Berater – Klient einfließen. Wir empfehlen, sich auf dieser frühen Stufe des Kontakts noch nicht auf beraterische Interventionen einzulassen. Fordern Sie den Anrufer nicht auf, ausführlich seine Problematik darzulegen. Seien Sie höflich und aufgeschlossen. Sie sprechen mit einem potentiellen Klienten und befinden sich bereits im Anfangsstadium einer neuen therapeutischen Allianz. Selbst wenn Sie nicht miteinander arbeiten sollten, können Sie ihm mit notwendigen Informationen weiterhelfen. Darüber hinaus vertreten Sie in Ihrer Funktion als Berater Ihren eigenen Berufsstand. Die Art und Weise, wie Sie auf einen Ratsuchenden reagieren, prägt das Bild, das dieser sich von Mitgliedern helfender Berufe im allgemeinen macht.

Überlegen Sie, ob Sie einen neuen Klienten aufnehmen können, welches Honorar Sie verlangen und was er von Ihrer Art zu arbeiten wissen sollte. Wird das Thema Honorar nicht angesprochen, können Sie Ihrem Gesprächspartner entgegenkommen: "Vielleicht möchten Sie wissen, wie hoch mein Honorar ist?" Dieser Fingerzeig Ihrerseits erleichtert es dem weniger selbstsicheren Klienten, sich zu überlegen, ob eine Behandlung bei Ihnen für ihn in Frage kommt. Wenn dies nicht Fall ist und Sie nur mit festem Stundentarif arbeiten, sollten Sie in der Lage sein, ihm Namen und Adressen anderer Berater zu nennen, deren Honorarforderungen seinen Vorstellungen entsprechen. Erkundigt sich der Ratsuchende nicht nach Ihrer Arbeitsweise, sollten Sie ihn insoweit darüber informieren, daß er sich entscheiden kann, ob er mit Ihnen arbeiten will. Unklarheiten darüber, wer Sie sind und was man unter psychologischer Kurzberatung zu verstehen hat, können zu diesem Zeitpunkt ausgeräumt werden.

Wenn Sie einen Anrufbeantworter haben, achten Sie darauf, daß Anrufer nicht durch eine unfreundliche oder geschäftsmäßige Ansage abgeschreckt werden. Hinterläßt Ihnen jemand eine Nachricht auf Band, rufen Sie so bald wie möglich zurück. Dieser erste Anruf eines Hilfesuchenden birgt einen starken Wunsch nach Veränderung sowie ein großes Maß an Veränderungswillen; dies sollte nicht ungenutzt bleiben. Je nach Dringlichkeit des Falles sollten Sie so schnell wie möglich einen ersten Termin vereinbaren, ihn auf die Warteliste setzen oder, wenn die Zeit drängt und Sie selbst keinen Termin frei haben, ihn an einen Kollegen überweisen. Auch eine schrifliche Anfrage verdient umgehend Antwort. Hilfreich ist hier schriftliches Informationsmaterial zu Arbeitsfeld und Arbeitspraxis.

Wenn Sie in einer Beratungsstelle arbeiten, wird der Ratsuchende in der Regel über das Sckretariat oder eine Sprechstundenhilfe an Sie verwiesen. Je nach Beratungssetting und individueller Persönlichkeit der Mitarbeiter erhält der Klient die unterschiedlichsten Botschaften darüber, wer Sie sind und was ihn erwartet. Um Mißverständnissen vorzubeugen, müssen Sie sicherstellen, daß alle Mitarbeiter und Angestellten dem Klienten gleich freundlich und entgegenkommend begegnen. Wenn Sie in einem Team von mehreren Beratern arbeiten, sollte der Ratsuchende z. B. entscheiden können, ob er lieber mit einer Frau oder einem Mann arbeiten will. Sprechen Sie über eventuelle Anfahrtsprobleme und klären Sie Ihre Termine (dazu gehört, daß man Sie über ausfallende Stunden rechtzeitig informiert).

Stellen Sie sicher, daß Ihre Klienten wissen, wo Ihr Behandlungszimmer ist, wo sie warten sollen und was sie brauchen, um sich einigermaßen wohl zu fühlen. Wenn Sie in einer bestimmten therapeutischen Richtung arbeiten, z. B. Elemente aus der Gestalttherapie miteinbeziehen, empfiehlt es sich, zumindest in der ersten Stunde die dazu notwendigen "Requisiten" (z. B. große Kissen) zu erläutern, um den Klienten nicht zu verunsichern (Rowan 1988; Sklar 1988). Während manche Berater aus therapeutischen Gründen Augenkontakt, Handschlag oder das Wechseln von ein paar belanglosen Worten ablehnen, möchten wir nochmals die Bedeutung einer freundlichen, offenen und natürlichen Begrüßung unterstreichen. Natürlich gibt es auch Klienten, die uns eher distanziert begegnen; die meisten jedoch (v. a. Therapie-Neulinge) werden erleichtert auf ein offenes und warmherziges Angebot unsererseits reagieren. Überlegen Sie, wie der äußere Rahmen des Settings, das Gebäude, in dem Sie arbeiten, Beratungszimmer, Möbel, Einrichtungsgegenstände auf den Klienten, sein Wohlbefinden, seine Phantasien, seine Bereitschaft, mit Ihnen zu arbeiten, wirken. Aufschlußreiche Erläuterungen zu den "ersten fünf Minuten" zwischen Therapeut und Klient, aus der Sicht des Therapeuten beschrieben, finden sich bei Hobson (1985).

Bereiten Sie sich auf telefonische Anfragen vor. Seien Sie höflich und hilfsbereit, aber vermeiden Sie, bereits zu diesem Zeitpunkt beratend aufzutreten. Stellen Sie sicher, daß Ansagen auf dem Anrufbeantworter und Teamangehörige entgegenkommend sind. Berücksichtigen Sie das therapeutische Setting und den therapeutischen "Raum", in dem Sie arbeiten.

2. Sollen Sitzungen auf Tonband aufgenommen werden?

Dieses Thema sollte vor Beginn der Beratung besprochen und geklärt werden. Vielleicht haben Sie noch nie mit einem Tonbandgerät in Sitzungen gearbeitet. Mittlerweile setzen immer mehr Berater dieses Medium in ihrer Arbeit ein und leisten somit einen unschätzbaren Dienst für Ausbildungs- und Forschungszwecke. Wir wissen um die Hemmungen und Berührungsängste vieler Berater, mit Hilfe eines Aufnahmegeräts ihre Arbeit festzuhalten: Die Klienten fühlen sich gestört, Spontaneität und Vertrautheit zwischen Therapeut und Klient würden beeinträchtigt, manche Klienten weigern sich von vornehrein, ein Band mitlaufen zu lassen.

Betrachten wir diese Einwände etwas näher. Tonbandprotokolle sind optimales Lehrmaterial: Wie arbeite ich, wie teile ich meine Zeit ein, wann antworte ich wie? Verschiedene Sitzungen können miteinander verglichen werden. Auch für Klienten kann es nützlich sein, den Ablauf einer Sitzung noch einmal nachzuvollziehen. Unverzichtbar sind Tonbandprotokolle in Supervisionen. Das mündliche Protokoll einer Sitzung, sei es auch noch so ausführlich, trägt immer den subjektiven Stempel des Beraters (was natürlich nicht heißen soll, auf Fallbesprechungen und -diskussionen zu verzichten). Selbst schriftliche Protokolle, unmittelbar nach einer Sitzung verfaßt, sind subjektiv gefärbt und reichen an die Aussagekraft von Tonbandmitschnitten nicht heran. Kurzum, die meisten Berater und Therapeuten, die mit Tonbandgeräten arbeiten, schwören auf dieses technische Hilfsmittel.

Betrachten wir, wie wir Klienten mit der Frage "Tonbandprotokoll: Ja oder nein?" vertraut machen können. Sind Sie als Berater oder Therapeut vom Nutzen dieser Technik überzeugt und halten Sie es für ethisch vertretbar, werden Sie kaum auf Widerstand stoßen. Oft spüren Klienten jedoch die Vorbehalte ihrer Berater (die diese mitunter offen aussprechen) und werden ihrerseits unentschlossen und ambivalent. Die Frage ist demnach, wie Sie selbst als Berater zu Tonabandaufnahmen stehen. Sollten Sie sich dafür entscheiden, ist es wichtig, den Klienten sorgfältig darauf vorzubereiten: "Alle Berater müssen sich einer Supervision ihrer Arbeit unterziehen. Ich habe die Erfahrung gemacht, daß die beste Art, Stunden zu supervidieren, darin besteht, ganze Sitzungen auf Band aufzunehmen, um sie später noch einmal durchzugehen. Dabei geht es nicht um Sie, sondern darum, wie ich mit Ihnen arbeite. Sowohl mein Supervisor, gleichzeitig ein Kollege, als auch ich unterliegen der Schweigepflicht, so daß alles, was hier zwischen uns besprochen wird, vertraulich behandelt wird und nicht nach draußen dringt. Ist das für Sie in Ordnung?", oder "Was halten Sie davon?" (geschlossene versus offene Frage). Überlegen Sie, welchen Stellenwert das Arbeiten mit Tonbandprotokollen für Sie besitzt und wie Sie Ihre Haltung begründen wollen. Die meisten Berater haben feste Vorstellungen über Sitzungsdauer und Honorar und verlangen vom Klienten deren Einhaltung. Wie soll man es also mit Tonbandprotokollen halten? Wenn sich ein Klient ernsthaft weigert, während der Stunden ein Band mitlaufen zu lassen, muß man seinen Wunsch respektieren.

Es gibt Beratungsstellen, die aus Traditionsgründen oder wohlüberlegten therapeutischen Erwägungen die Arbeit mit Tonband ablehnen. Besteht die Ablehnung aus traditionellen Prinzipien, weisen Sie auf die Vorteile hin und besprechen Sie, inwieweit für Sie die Möglichkeit besteht, dieses technische Hilfsmittel in Ihrer Arbeit zu verwenden. Einer der Pioniere auf diesem Gebiet war übrigens Carl Rogers.

Stellen Sie klar, wie lange Sie jedes Band behalten, wie Sie es sichern und wann Sie es wieder löschen und vernichten werden. Einige Berater löschen die Aufnahmen sofort, andere nach einigen Monaten. Wieder andere stellen die Aufnahmen auch ihren Klienten zur Verfügung. Es erübrigt sich, darauf hinzuweisen, daß auch hier das Prinzip der Diskretion gilt. Sie müssen selbst entscheiden, was Sie für notwendig und ethisch angemessen halten. Manches sollte man nicht dem Zufall überlassen; dazu gehören besondere Maßnahmen, z. B. das Verschicken von Aufnahmen mit der Post (manche Supervisionen finden schriftlich statt).

Wichtig ist auch, daß Sie über ein gutes Aufnahmegerät mit externem Mikrophon verfügen, daß die Batterien in Ordnung sind und Sie das Gerät einschalten! Es gibt nichts Frustrierenderes, als nach einer lebhaften und erkenntnisreichen Stunde feststellen zu müssen, daß das Band leer oder das Rauschen so stark ist, daß man nichts versteht. Machen Sie deshalb einen Probelauf. Wenn Sie sich daran gewöhnt haben, mit Tonbandaufzeichnungen zu arbeiten, wird es für Sie ebenso zum therapeutischen Alltag gehören wie Ihren Klienten die Tür zu öffnen, sie hereinzubitten oder ihnen bei ihren täglichen Ängsten und Sorgen zur Seite zu stehen.

> Überlegen Sie, ob Sie mit Tonbandaufnahmen arbeiten wollen und welche Bedenken oder Vorbehalte Sie dagegen haben. Tonbandprotokolle sind von unschätzbarem Wert in Supervisionen. Erläutern Sie Ihren Klienten den Nutzen einer solchen Technik. Versichern Sie ihnen, daß das Material vertraulich behandelt wird: Versuchen Sie, von Ihren Klienten die Erlaubnis für Tonbandaufzeichnungen zu erhalten. Üben Sie das Aufnehmen.

3. Warum gerade *jetzt*?

In der Ausbildung lernen wir, keine "Warum"-Fragen zu stellen. Um eine jedoch kommen wir in unserer Praxis nicht herum: Warum sucht der Klient uns gerade jetzt auf? Budman und Gurman (1988) behandeln in ihrem Kurztherapiemodell diese Frage als zentralen Punkt, der auch in vielerlei anderer Hinsicht zum Tragen kommt. Wenn wir verstehen, warum ein Klient gerade jetzt um Hilfe nachsucht, haben wir schon viel darüber verstanden, was ihn überhaupt in unsere Praxis führt.

Budman und Gurman messen diesem Zeitpunkt entscheidenden Stellenwert bei. Sie orientieren sich an den Faktoren "Beziehungsvariable", "Entwicklungsvariable" und "Existentielle Variable". Was geschieht momentan im Leben einer Person, in ihren Beziehungen zu anderen? Wie alt ist der Klient oder die Klientin? Hatte er oder sie gerade einen runden Geburtstag (den vierzigsten etwa) und fragt sich, wo all die Jahre geblieben sind? Ist es der Todestag einer bestimmten Person? Warum beginnt er oder sie gerade jetzt, über den Sinn des Lebens nachzudenken? Was ist in der letzten Zeit in seinem/ihrem Leben passiert?

Menschen wenden sich nicht zufällig an einen Psychotherapeuten oder Berater. Oftmals führt sie eine krisenhafte Situation, die sie nicht meistern können, in die Beratung; oft ist es auch ein plötzliches Bedürfnis, über bestimmte Ereignisse in ihrem Leben nachzudenken. Zuweilen gewinnt man auch den Eindruck, es liege gar keine wirkliche Krise vor. Fragt man sie danach, was sie in die Therapie führe, antworten viele: "Ich weiß einfach nicht, was los ist." Später erfährt man dann von einer Scheidung, einem Todesfall oder anderen Lebenskrisen. Nehmen Sie dieses "...weiß einfach nicht ..." nicht allzu wörtlich, sondern richten Sie Ihr Augenmerk auf mögliche Auslösefaktoren.

Laut Budman und Gurman behaupten viele Klienten, "schon immer so gewesen" zu sein (deprimiert, lethargisch, ziellos). Gezielteres Nachfragen ergibt dann aber, daß sie durchaus andere Stimmungen und Gefühlserfahrungen kennen und daß der gegenwärtige Gefühlszustand sehr wohl mit dem aktuellen Zeitpunkt zu tun hat. Die Frage "Warum jetzt?" im Hinterkopf behaltend, kann man sich zu speziellen Auslösern vortasten. Manche Menschen kommen ihr Leben lang gut mit Krisensituationen im Leben zurecht, bis eines Tages ein einziger Tropfen das Faß zum Überlaufen bringt. Wenn Sie fokusorientiert arbeiten (d. h. die spezifischen Probleme des Klienten herausfiltern und bearbeiten), müssen Sie nach diesem letzten Tropfen suchen. Wie kommt es, daß dieser Klient glaubt, die Situation nicht mehr meistern zu können? Das heißt nicht, daß vor der Krise alles im Leben des Klienten in Ordnung war, aber die Tatsache, daß er eine Krise erlebt und die Anerkennung als solche öffnet den Weg für zahlreiche nützliche Informationen.

Ein Teil der Frage nach dem "Warum gerade jetzt?" liegt in seinem Bekunden von Unwohlsein, Leiden und dem Wunsch nach Veränderung. Was ist passiert? Hat sich die Familienstruktur oder -dynamik verändert? Hat er oder sie Geldprobleme? Mußte er/sie endlich einsehen, daß er/sie niemals die ersehnte Karriere als Konzertpianist/in oder Spitzensportler/in machen würde? Man kann zu den verschiedensten Zeitpunkten eine Beratung oder Therapie beginnen, die Gründe dafür sind jedoch nicht immer offensichtlich. Manche Menschen tragen schreckliches Leid jahrelang mit sich herum, wie im Falle einer ehemaligen Patientin, die als Mädchen über Jahre hinweg sexuell mißbraucht worden war. Letztendlich führte dies zu Selbstverstümmelungen, Ladendiebstahl, Alkohol- und Drogenmißbrauch. Der Druck wurde eines Tages zu groß, und sie begann, ihre Geschichte zu erzählen. Warum sie genau zu diesem Zeitpunkt in die Therapie kam (und nicht früher oder später), ist schwer zu sagen. Sicher ist nur: Hätte man sie als gewöhnliche Ladendiebin oder eine von vielen Drogenabhängigen behandelt, würde sie ihr Geheimnis weiter mit sich herumtragen müssen. Martin Buber (1947) erzählt die Geschichte eines Mannes, der nach einem flüchtigen Gespräch mit ihm Selbstmord beging. Buber war davon so betroffen, daß er erkannte, daß es weder kurz noch zufällig sein konnte, wenn ihn jemand "kurz sprechen" wollte.

Man kann sich auch fragen "Warum *erst* jetzt?" Wenn es stimmt, daß alles schon immer unerträglich gewesen sei, warum sucht ein Klient nicht schon früher einen Berater oder Therapeuten auf? Vielleicht hat er oder sie sich ja schon an die Trostlosigkeit des Lebens gewöhnt; nur, warum dann die Mühen auf sich nehmen und es ändern? Die lang gehegte Überzeugung, es allein zu schaffen, bis hin z. B. zu Geldmangel sind Gründe, weshalb Menschen erst nach einer bestimmten "Inkubationszeit" um therapeutische oder beraterische Hilfe nachsuchen.

Sie werden auch auf Klienten treffen, die bereits Therapieerfahrung besitzen (eine, zwei oder mehrere Therapien hinter sich haben). In diesem Fall gewinnt die Frage nach dem "Warum gerade jetzt?" eine etwas andere Konnotation. "Sie waren bereits öfters und über eine längeren Zeitraum in Therapie. Was glauben Sie, kann Ihnen diese Beratung bringen, was all die Therapien vorher nicht geleistet haben?", wäre eine angemessene Frage an dieser Stelle, die immer auch vom persönlichen Stil des Beraters und dem Kontext abhängt. Es ist also nicht immer falsch, nach dem "Warum?" zu fragen, und es gibt Möglichkeiten, die Frage so zu formulieren, daß sich der Klient nicht persönlich angegriffen fühlen muß. "Es würde mich interessieren, was Sie gerade jetzt zu mir führt, an diesem Punkt Ihres Lebens", vermittelt dem Klienten aufrichtiges Interesse des Beraters. Wenn Sie den Druck, unter dem Ihre Klienten stehen, sowie ihre Bedürfnisse ernst nehmen, respektieren Sie auch ihren Bezugsrahmen; dies ist sicherlich keine Zeitverschwendung.

Warum kommt ein Klient oder eine Klientin gerade jetzt zu Ihnen? Welche Bedeutung steckt dahinter? Was sagt dies über ihre Beweggründe und die Möglichkeiten, ihnen zu helfen, aus?

4. Wer schickt den Klienten? Wie lautet dessen Diagnose?

Auf wessen Empfehlung kommt der Klient? Wer ist telefonisch oder schriftlich als erstes mit Ihnen in Kontakt getreten? Oft sind es Ärzte, Psychiater oder anderes medizinisches Personal, die einen neuen Klienten überweisen. Manchmal raten Freunde oder Bekannte des Klienten zu einer psychotherapeutischen Beratung, Familienmitglieder, der Chef oder ein Kollege. Inwieweit sind die Vorstellungen, die ein Klient in die Beratung mitbringt, von den Informationen dieser Person beeinflußt? Manche Phantasien sind durchaus realistisch und hilfreich, andere wiederum vage und diffus. Klärt man sie nicht, können sie den Beginn des Beratungsprozesses unnötig behindern und verzögern.

Hierzu einige Beispiele: Der Klient hat fälschlicherweise die Information erhalten, Sie seien auf bestimmte Störungen (z. B. sexuelle Dysfunktionen) oder Therapieverfahren (Gruppen- oder Paartherapie) spezialisiert. Es wurden falsche Angaben zu Ihrer Person gemacht (was z. B. zu Namensverwechslungen führen kann). Ein Freund des Klienten war bei Ihnen in Behandlung und empfiehlt Sie weiter, in der Überzeugung, der andere könne ebenso von einer Behandlung profitieren. Das heißt nicht, daß Sie für diesen Klienten der geeignete Berater sind.

Wie lautet die "Diagnose" der "Kontaktperson"? Warum glaubt sie, den Klienten bzw. die Klientin zu Ihnen schicken zu können? Manche kommen in der Überzeugung, mit ihnen stimme etwas nicht; im Gespräch stellt sich heraus, daß dies in erster Linie die Meinung anderer widerspiegelt. Andere wiederum kommen Freunden, Bekannten oder der Familie zuliebe. Dies ist kein optimaler Einstieg in eine Behandlung. Klären Sie ab, ob es dem Klienten tatsächlich ernst ist, sich auf eine psychotherapeutische Beratung einzulassen. Manche bringen genaueste Vorstellungen mit, was sie nach Meinung ihrer Freunde in einer Beratung lernen sollten (z. B. "dein Selbstbewußtsein stärken" oder "dich entspannen lernen"). Auf die Meinung anderer hören heißt in gewissem Maße, auch deren Erwartungen übernehmen. Als Berater verwechselt man dann oft die Meinung anderer mit der des Klienten und gibt dessen eigenen Vorstellungen keinen Raum. Vor allem Angehörige helfender Berufe neigen dazu, Klienten eine bestimmte Behandlung zu "verschreiben". Was aber, wenn Sie als Therapeut zu einem Fall eine andere Meinung haben oder es nicht gerne sehen, daß man Ihnen in Ihrer Diagnose zuvorkommt; was, wenn Sie für bestimmte Interventionen nicht ausgerüstet sind? In diesen Fällen ist es nötig, betreffende Berater, Therapeuten oder Angehörige helfender Professionen taktvoll aber bestimmt auf diese Punkte hinzuweisen. Die wichtigste Frage lautet jedoch nach wie vor: Warum kommt dieser Klient/diese Klientin? Warum glaubt er/sie, daß eine Behandlung nötig sei?

Auf die Frage, was die betreffende "Kontaktperson" an wichtigen Informationen über den neuen Klienten liefern kann, werden wir später eingehen. Im Moment interessiert uns mehr, welchen Eindruck sie ihm über psychotherapeutische Beratung im allgemeinen vermittelt hat. Entsprechen die Vorstellungen der Realität? Sind sie verzerrt, übertrieben, übergenau? Kurzum, mit welchen Erwartungen kommt der Ratsuchende zu uns, und inwieweit sind diese von einer anderen Person beeinflußt? Es ist nützlich, ein Erstgespräch mit eben dieser Frage einzuleiten, um Mißverständnisse auszuräumen. Was ist in den Augen des Klienten psychotherapeutische Beratung bzw. was sollte es sein?

Welche Informationen hat der Klient von seiner "Kontaktperson" über Sie erhalten? Wurden Sie vorgestellt als Fachmann oder Fachfrau, als nette Person, nicht allzu teurer Psychotherapeut, Ratgeber oder jemand, der grundsätzlich keine Ratschläge erteilt? Erwartungen und Phantasien seitens des Klienten schaffen, sofern sie in diesem Zusammenhang besprochen werden, Raum für echten Kontakt zwischen Therapeut und Klient. Hier beginnt therapeutisches Arbeiten. Für Mißverständnisse kann auch auf seiten des Beraters gesorgt werden, wenn bestimmte Angaben zur Person oder Arbeit nicht mehr aktuell sind. Bringen Sie also sich und Ihre Arbeit immer auf den neuesten Stand!

Ein Beispiel: Ein Freund Ihrer neuen Klientin äußert ihr gegenüber, sie scheine Probleme mit Männern zu haben. Sie ist schockiert, zutiefst betroffen und entwickelt diesbezüglich zahlreiche Phantasien. Mit dieser Geschichte kommt sie zu Ihnen in die Beratung. Besagter Freund, der großen Einfluß auf sie ausübt, mag den Nagel auf den Kopf getroffen haben, eventuell ist ihr "Männerproblem" gar nicht das vordringlichste Problem Ihrer Klientin, sondern Ausdruck einer tieferliegenden Problematik. Sie können die Klientin fragen, wie sie auf die Bemerkungen des Freundes reagiert hat. Ist sie mit ihm einer Meinung? Was meinte der Freund überhaupt mit seiner Bemerkung? Kann sie sich an ihre unmittelbare Reaktion erinnern? Wie ist sie seitdem damit umgegangen? Ist sie in Grübeleien verfallen? Was ging ihr durch den Kopf? Um die eigentlichen Beweggründe aufzudecken, die zum Entschluß, eine Beratung oder Therapie aufzunehmen, führten, bietet sich an, den Klienten bis zu dem Zeitpunkt zurückzuführen, an dem der Gedanke daran das erste Mal auftauchte. Es ist ein großer Schritt vom bloßen Gedankenspiel, eine Therapie zu beginnen, bis hin zum konkreten Handeln. Manche Ratsuchende sind stark motiviert, etwas in ihrem Leben zu verändern, empfinden dies aber gleichzeitig als große Bedrohung (siehe Abschnitt 8). Daher ist es von Vorteil, all jene Gefühle zu eruieren, die beim ersten Gedanken an eine mögliche Therapie auftauchten.

Fragen Sie Ihre Klienten, wer sie dazu ermutigt hat, sich in einer psychotherapeutischen Beratung Hilfe zu suchen, und welche Eindrücke man ihnen mit auf den Weg gegeben hat. Versuchen Sie, ungenaue Informationen und falsche Vorstellungen richtigzustellen.

5. Indikation

Bereits in unserer Einleitung sprachen wir davon, daß psychotherapeutische Beratung in einem relativ kurz gesteckten Zeitrahmen stattfindet. Jeder Berater muß seinen eigenen Weg und Arbeitsstil finden; manchen werden ausgesprochene Kurzberatungen als Arbeitsbasis nicht zusagen, andere arbeiten in Langzeitverfahren und nehmen nur ab und zu Klienten in Kurztherapie. Sie werden von Fall zu Fall immer wieder neu entscheiden müssen, ob eine Kurzberatung für diesen speziellen Klienten die Methode der Wahl ist. Gibt es bereits erkennbare Problemschwerpunkte, auf die man sich in der Therapie konzentrieren kann, oder ist die Problematik zu breit gefächert, so daß eine Kurzberatung wesentliche Punkte blockieren würde? Sofern es einem Klienten hauptsächlich um Wachstum und Entfaltung seiner Persönlichkeit geht, ist eine Kurzberatung nur dann von Vorteil, wenn bestimmte Punkte oder Wünsche herausgegriffen werden.

Wie können Sie Ihrem Klienten dabei behilflich sein? Beklagt er sich mit "Ich weiß nicht, was los ist. Ich fühle mich einfach unausgefüllt", sollten Sie Ihn auffordern, dies zu konkretisieren. "Können Sie benennen, in welchen Bereichen genau Sie sich unausgefüllt fühlen?" oder "Wo haben Sie in der letzten Zeit dieses Gefühl besonders stark empfunden?".

Lassen Sie uns jedoch zu unserer Ausgangsfrage zurückkommen, wann eine Kurzberatung indiziert ist. Ein Klient, der im eben genannten Beispiel nicht in der Lage ist, konkretere Angaben zu machen, würde wahrscheinlich von einer Kurzberatung wenig profitieren. Vielleicht entscheiden Sie sich, den Klienten selbst in Langzeitbehandlung zu nehmen, oder Sie überweisen ihn an einen anderen Therapeuten.

Ein guter Indikator, ob das Setting einer Kurzberatung als Behandlungsmodell geeignet ist, sind die Beziehungen des Klienten außerhalb der Therapie. Existieren bzw. existierten stabile Beziehungen zu anderen Menschen? Hat er oder sie lange allein gelebt? Gab es schwere Brüche in seinem/ihrem Leben (wurde er/sie als Kind weggegeben, war er/sie längere Zeit im Krankenhaus, ist er/sie geschieden, lebt er/sie isoliert?). Wir wollen hier nicht nach dem Schubladenprinzip verfahren, sondern darauf hinweisen, daß die Beziehungsgeschichte des Patienten wertvolle Informationen darüber liefert, ob und welche Beziehungprobleme bzw. -störungen sich im Kontakt zum Therapeuten manifestieren können. Nur stabile soziale Bezüge ermöglichen die Internalisierung der Erfahrung von Gegenseitigkeit. Eben diese Gegenseitigkeit in Form einer therapeutischen Allianz ist Voraussetzung dafür, miteinander arbeiten zu können. Berichtet ein Klient von Kontaktschwierigkeiten, davon, daß er mit anderen Menschen nicht auskommt, allein lebt und selten ausgeht, wird es schwierig sein, im Rahmen der Kurzberatung ein funktionierendes Arbeitsbündnis herzustellen. In diesem Fall müßten Sie mit einer langwierigen und sicherlich nicht einfachen Behandlung rechnen. Es bleibt Ihrer Entscheidung überlassen, ob Sie selbst eine Langzeitbehandlung anbieten wollen und dazu über das nötige therapeutische Können verfügen. Eine interessante Therapiestudie zu Fällen dieser Art liegt von Strupp (1980) vor.

Entscheidenden Aufschluß darüber, ob eine Kurzberatung indiziert ist oder nicht, gibt das Maß an Problemeinsicht sowie Veränderung, die der Klient bereits erreicht hat. Hier beziehen wir uns auf die Arbeiten von Prochaska und DiClemente (1984), die verschiedene Stufen der Veränderung postulieren: Prä-Kontemplation, Kontemplation, Handeln, Konsolidierung, Rückfall (siehe Abschnitt 17). In der prä-kontemplativen Phase besteht keine Problemeinsicht. Es wird kein Gedanke an mögliche Veränderungen verschwendet. Im kontemplativen Stadium entsteht Bewußtsein für die eigenen Probleme. Wir spüren, daß etwas nicht stimmt und machen uns Gedanken darüber, wie wir Abhilfe schaffen können. Viele wenden sich in dieser Situation zum ersten Mal an einen Therapeuten. Die Phase der Problemeinsicht hält allerdings oft nicht lange an, und die Betreffenden machen ihre Entscheidung, eine Beratung oder Therapie zu beginnen, wieder rückgängig. Problemeinsicht ist jedoch unabdingbare Voraussetzung für therapeutische Interventionen. Sie verschwenden nur Ihre und des Klienten Zeit, wenn dieser noch nicht wirklich bereit ist, sich einzulassen.

Diesen Punkt vor Augen, können wir den Grad der Motivation unserer Klienten besser beurteilen. Ist er/sie tatsächlich therapiemotiviert? Ist diese Phase seines/ihres Lebens bedeutsam genug, um ihn/sie in eine Beratung zu führen? Ist ihm/ihr klar, daß Beratung nicht heißt, passiv versorgt zu werden, sondern aktive Mitarbeit verlangt? Wird er/sie es durchstehen? Lautet die Antwort auf diese Fragen "Nein" , müssen Sie dem Klienten noch etwas Zeit geben, sich uneingeschränkt auf einen psychotherapeutischen Prozeß einstellen zu können. Oder aber Sie überweisen ihn an einen Kollegen.

Welche konkreten Probleme hat der Klient? Was erhofft er sich von einer Beratung? Wie soll eine Veränderung in seinem Leben aussehen? Ohne konkrete Zielvorgabe laufen Sie Gefahr, in eine Sackgasse zu geraten. Sie empfinden die Arbeit dann zwar als interessant, es geht aber nichts voran. Ein Ziel, auf das man hinarbeitet (das auch abgeändert werden kann), dient als Brücke zwischen Vergangenheit und Zukunft, zwischen Problemen und Lösungen sowie zwischen Beratung und Selbstverwirklichung. Unglücklicherweise vergessen Berater und Klient zuweilen, daß nicht Beratung das eigentliche Ziel ist, sondern Veränderung und Autonomie des Klienten im alltäglichen Leben. Hat ein Klient realistische Ziele, auf die er hinarbeiten kann? Wenn Sie versucht sind, die Beratung zu verlängern oder Sie in Ihrer Arbeit feststecken, sollten Sie sich daran erinnern, warum der Klient ursprünglich in Ihre Beratung gekommen war.

In welchen sozialen Bezügen lebt der Klient? Wird er von seiner Umgebung unterstüzt? Gibt es Freunde oder Familienmitglieder, die ihn begleiten und in Zeiten der Not zu ihm halten werden? Gibt es andererseits Bezugspersonen, die versuchen, den Wunsch nach Veränderung zu untergraben, die neu gewonnene Stärke und Energie zu zerstören? Wo in diesen Bereichen könnten mögliche Hindernisse verborgen sein? Diese werden umso schwieriger zu überwinden sein, wenn ihm gute Freunde oder Bekannte in bezug auf die Beratung oder Therapie die Unterstützung verweigern. Wird er durchhalten? Kann er sich woanders die notwendige Unterstützung holen? Wie helfen Sie ihm am besten, solche Hindernisse zu überwinden?

Diese Überlegungen tragen dazu bei, das Verständnis für Kurztherapie zu festigen und zu entscheiden, ob sie für den Klienten als Behandlungsmethode in Frage kommt.

Überlegen Sie, ob Sie Kurzzeit- und fokalorientiert arbeiten wollen. Welche konkreten Probleme und Zielerwartungen haben Ihre Klienten? Welches Veränderungsniveau haben sie erreicht? Waren ihre Beziehungserfahrungen bis jetzt stabil genug (um eine therapeutische Beziehung mit Ihnen eingehen zu können)? In welchen sozialen Bezügen leben sie?

6. Überweisen

Scheuen Sie sich nicht, Klienten an Kollegen zu überweisen oder an andere Beratungseinrichtungen weiterzuvermitteln. Manche Berater erliegen ihren therapeutischen Größenphantasien und weisen jeden Gedanken an eine mögliche Weitervermittlung weit von sich; manchmal sind finanzielle Gründe im Spiel (Sie glauben, es sich nicht leisten zu können, einen Klienten abzuweisen). Oder aber Sie erlauben sich aus ethischen Gründen nicht, Klienten im vorab als ernsthaft gestört einzustufen (was dann natürlich zur Folge hat, daß Sie jeden Fall übernehmen "müssen"). Halten wir fest, daß Klienten im gewissen Sinne Verbraucher sind und ein Anrecht auf bestmögliche Leistung haben. Umso wichtiger ist es, in Krisensituationen schnell und adäquat zu handeln (d. h., wenn nötig, überweisen!). Es mag durchaus der Fall sein, daß Sie der optimale Therapeut für viele oder die meisten Ihrer Klienten und Klientinnen sind, so daß Überweisungen selten notwendig sein werden. Vielleicht gibt es in der näheren Umgebung keine weiteren Beratungsstellen oder Therapeuten, so daß Weitervermittlung aus praktischen Gründen nicht in Frage kommt. Wie dem auch sei, überlegen Sie in jedem Fall genau, ob Sie tatsächlich in der Lage sind, jedem Ratsuchenden, der zu Ihnen kommt, die adäquate Hilfe zukommen zu lassen.

Fühlen Sie sich nicht als Versager, wenn Sie das Gefühl haben, einen Klienten weitervermitteln zu müssen. Für bestimmte Fälle mag es Ihnen noch an der nötigen Erfahrung fehlen; es zeugt daher von Verantwortungsbewußtsein, eigene Zweifel ernstzunehmen. Überweisen oder Weitervermitteln setzt natürlich voraus, daß Sie andere Berater und deren Arbeitsweise sowie andere Beratungsstellen kennen. Wir empfehlen Ihnen dringend, mit Kollegen und Kolleginnen in Kontakt zu treten. Besorgen Sie sich ein Verzeichnis von lokalen und regionalen Einrichtungen sowie ambulanten Beratungsstellen, sozialpsychiatrischen Diensten, Tageskliniken, niedergelassenen Ärzten, Psychologen, Psychotherapeuten etc., um Klienten an die geeigneten Stellen weitervermitteln zu können.

Die Gründe, einen Klienten oder eine Klientin zu überweisen, können verschiedenster Natur sein. Für manche ist eine Paar- oder Gruppentherapie besser geeignet; andere sind mit ihren Problemen in einer Langzeittherapie besser aufgehoben. Wieder andere haben eine ganz bestimmte Vorstellung, welche Therapie sie machen wollen, und haben nur noch nicht den geeigneten Therapeuten gefunden, der in dieser Richtung arbeitet. Klienten mit extremen Zwangsstörungen sind in einer klassischen Verhaltenstherapie oder einer Behandlung auf medikamentöser Basis eventuell besser aufgehoben als in einer psychodynamisch orientierten Therapie. Klienten aus "broken home"-Situationen oder von ihren Ehemännern mißhandelte Frauen, die sich an Sie wenden, sollten als erstes veranlaßt werden, Zuflucht in öffentlichen sozialen Einrichtungen wie Frauenhäusern etc. zu suchen. Manche Klienten betrachten Beratung(sstellen) als eine Art Kontaktbörse und sollten ebenfalls an die entsprechenden Stellen weiterverwiesen werden. Wieder andere leiden unter Migräne, fürchten sich vor Ärzten und sind der Überzeugung, daß Beratung genau das ist, was sie brauchen. In diesem Fall sollten Sie sanft darauf hinwirken, daß doch ein Arzt konsultiert wird (die Bearbeitung der spezifischen Ängste mag in Ihren Fachbereich fallen; allerdings darf dies nicht die medizinische Untersuchung ersetzen). Auch finanzielle Dinge können der Grund sein, einen Klienten zu überweisen, wenn Sie sich über Honorarforderungen nicht einigen können.

Um im Interesse des Klienten zu handeln, sollte gesichert sein, daß Sie mit der Arbeitsweise anderer Einrichtungen und Beratungsstellen vertraut sind. Professionalität setzt die Kenntnis der eigenen Grenzen voraus. Manche Berater fürchten, Klienten abzuschrecken, wenn Sie sie nicht in Behandlung nehmen, sondern weitervermitteln. Versuchen Sie, dies vom Standpunkt des Klienten aus zu betrachten, dem mehr damit geholfen ist, in die richtigen therapeutischen Hände zu gelangen. Wenn Sie sich eine Zusammenarbeit mit einem Klienten oder einer Klientin nicht vorstellen können, sollten Sie dies offen ansprechen: "Ich kann verstehen, wie Sie sich mit diesen Problemen fühlen, in einem gewissen Rahmen könnte ich Ihnen helfen; allerdings meine ich, daß mein Kollege, der sehr kompetent auf diesem Gebiet ist, hier der weitaus geeignetere Therapeut für Sie ist." Bedenken Sie, daß nicht nur Sie Klienten überweisen, sondern daß auch Ihre Kollegen und Kolleginnen Klienten zu Ihnen schicken. Ein weiterer wichtiger Grund, berufliche Kontakte zu pflegen.

Schwieriger wird es, wenn ein Klient für eine Beratung in Frage kommt, eventuell für die Art von Beratung, die Sie anbieten, und Sie trotzdem das Gefühl haben, "es geht nicht". Theoretisch betrachten alle Berater die erste Sitzung als Gelegenheit, sich zu entscheiden, ob sie sich eine Zusammenarbeit mit einem neuen Klienten vorstellen können oder nicht. In der Praxis allerdings sagt kein Berater oder Klient "Nein, ich mag Sie nicht", oder "Tut mir leid, Sie erinnern mich zu sehr an meine Mutter", oder gar "Ich kann mit keinem Macho zusammenarbeiten". Mitunter können Hindernisse in der Beziehung zwischen Therapeut und Klient aufgedeckt und in die therapeutische Arbeit integriert werden. Ergebnisse von Therapiestudien zeigen, daß es zwischen Therapeut und Klient "stimmen" muß, um optimale Ergebnisse zu erzielen. Sobald Zweifel laut werden, die die Beziehung zwischen Therapeut und Klient betreffen, sollte man sich nicht scheuen, diese offen anzusprechen.

Als Berufsanfänger wird es Ihnen anfangs schwerfallen zu beurteilen, ob Sie für einen Klienten als Therapeut/in in Frage kommen. Wenn Sie zu Selbstzweifeln neigen, werden Sie irgendwann das Gefühl haben, jeden Klienten und jede Klientin an einen erfahreneren Therapeuten überweisen zu wollen! Wir empfehlen, nicht automatisch und unkritisch alle Fälle zu übernehmen, sondern die Möglichkeit der Überweisung im Hinterkopf zu behalten und sich mit Kollegen und Beratungsstellen in Verbindung zu setzen.

> Nehmen Sie nicht automatisch jeden Fall an. Überlegen Sie, wo dieser Klient am besten aufgehoben ist. "Stimmt" es zwischen Ihnen und dem Klienten? Nehmen Sie Kontakt auf zu Kollegen und Kolleginnen sowie Beratungsstellen und Einrichtungen. Betrachten Sie es nicht als persönliches Versagen, wenn Sie einen Klienten weitervermitteln.

7. Grenzen der Diskretion und Schweigepflicht

Es ist wesentlich, dem Klienten offen und klar das Wesen einer psychotherapeutischen Beratung und die Grenzen der Vertraulichkeit im therapeutischen Setting zu erläutern. Nicht alle Therapeuten und Berater sind hier mit uns einer Meinung: Viele geben nur wenig Erklärungen dazu ab, wie Beratung funktioniert und wo ihre Grenzen sind. Unserer Meinung nach ist aber das Thema "Vertraulichkeit in der Beratung" ein zentraler Punkt, über den sich Therapeut und Klient Klarheit verschaffen sollten.

Für den Berater muß von Anfang an klar sein, inwieweit seine Arbeit Diskretion impliziert. Sie bekommen den Anruf einer Mutter, die mit Ihnen über Ihren Sohn sprechen möchte, der in den folgenden Tagen zu einem Erstgespräch bei Ihnen angemeldet ist. Diskretion verbietet jede weitere Diskussion. In einem anderen Fall haben Sie ein Ehepaar in Therapie, allerdings nicht zum Paargespräch, sondern getrennt. Da mit jedem der beiden Ehepartner ein gesonderter Therapievertrag besteht, gilt auch hier in beiden Fällen das Prinzip absoluter Vertraulichkeit. Informationen, die Sie vom einen Ehepartner über den anderen erhalten, dürfen nicht an diesen weitergegeben werden. (Einige Berater würden es vorziehen, von vornherein nur einen Partner zu sehen. Sie müssen hierzu Ihren eigenen Standpunkt finden.)

Ist es ausreichend zu sagen "In einer psychotherapeutischen Beratung herrscht das Prinzip absoluter Diskretion"? Wir glauben nicht, da dieser Satz nur wenig aussagt und nicht einmal vollständig der Wahrheit entspricht. Schweigepflicht hat ihre Grenzen. Da alle Berater und Therapeuten sich einer Supervision ihrer Arbeit unterziehen müssen, werden zwangsläufig Inhalte der Arbeit einem Dritten mitgeteilt. Manche Therapeuten sprechen in der Supervision anonym über ihre Klienten, benutzen deren Initialen oder versuchen auf andere Art und Weise, die Identität von Klienten zu verfälschen. Für welche Methode Sie sich entscheiden, liegt ganz bei Ihnen. Wichtig ist, daß Sie dies den Klienten wissen lassen. Wenn Sie in der Supervision oder Supervisionsgruppe eventuell über einen Ihrer Klienten sprechen wollen, dann sollte dieser davon in Kenntnis gesetzt werden. Versichern Sie ihm, daß alle Informationen absolut vertraulich behandelt und nur für fachliche Zwecke benutzt werden. Das gleiche gilt für Gutachten und ähnliches. Besprechen Sie dies offen mit Ihrem Klienten und fragen Sie ihn, ob Sie bestimmte Informationen weglassen sollen.

Das Prinzip der Schweigepflicht kommt dann an seine Grenze, wenn Grund zu der Annahme besteht, daß ein Klient für sich oder Dritte eine Gefahr darstellt. Sprechen Sie dies offen an. "Wenn ich den Verdacht hätte, daß Sie sich oder andere in Gefahr bringen und Sie sich dessen nicht bewußt sind, würde ich mich mit Kollegen in Verbindung setzen und Ihren Fall besprechen müssen. Können Sie das akzeptieren?" Achten Sie auf Klarheit und Offenheit. Manche Berater versuchen, ihren Klienten gegenüber absolute Diskretion zu garantieren, ungeachtet der o. g. Möglichkeit. Es ist ratsam, sich an den jeweiligen Berufsverband zu wenden und sich abzusichern, wo die Grenzen gesetzt sind. Überprüfen Sie Ihren eigenen Standpunkt. Wie reagieren Sie in einer derart heiklen, wenn auch eher seltenen Situation? Wenn Ihnen ein Klient gesteht, vor kurzem ein kleines Kind sexuell mißbraucht zu haben, ist es mehr als angebracht, ihn zu konfrontieren und aufzufordern, selbst Schritte zu unternehmen oder Ihnen die Erlaubnis zu geben, dies für ihn zu tun. Warnen Sie ihn allerdings vor, daß letztere Möglichkeit eintreten könnte.

Ist es überhaupt möglich, die Grenzen der Vertraulichkeit zu thematisieren, ohne Klienten in Panik versetzen? Der erhobene Zeigefinger erscheint uns der falsche Weg. Wenn Ihr Klient unter Druck steht und reden will, ist kaum der richtige Zeitpunkt dafür. Versuchen Sie allerdings, das Thema so früh wie möglich anzusprechen. Setzen Sie nicht automatisch voraus, daß Ihre Klienten eine korrekte Vorstellung davon haben, was unter Schweigepflicht genau verstanden wird und wo sie endet. Für Klienten ist es sehr beruhigend, die Grundregeln zu erfahren, nach denen Beratung abläuft. Sie haben so die Möglichkeit zu entscheiden, ob es Dinge in ihrem Leben gibt, die sehr problematisch sind (etwa nahe an Gewalttätigkeit oder Kriminalität grenzen), und ob sie in einer psychotherapeutischen Beratung mit diesen Problemen am richtigen Ort sind.

Sprechen Sie das Thema Schweigepflicht so bald wie möglich an und machen Sie deutlich, wo ihre Grenzen liegen. Seien Sie behutsam, aber scheuen Sie sich nicht, den Klienten zu konfrontieren und angemessene Schritte zu unternehmen, wenn die Situation dies verlangt.

8. Ängste des Klienten

Im Abschnitt über Schweigepflicht und die vertrauliche Behandlung dessen, was in einer Therapie behandelt wird, klang das Thema "Ängste des Klienten" bereits kurz an. Es gibt nicht nur eine spezifische Art der Therapieangst. Forschungsarbeiten zu diesem Thema haben eine Reihe von Befürchtungen ergeben, die regelmäßig zu Beginn einer Behandlung auftauchen (nach Pipes et at. 1985):

- Brauche ich wirklich eine Beratung?
- Werde ich als bloßer "Fall" behandelt werden?
- Wird man mich ernstnehmen?
- Wird der Berater meine Werte und Überzeugungen teilen?
- Wird er schlecht von mir denken?
- Wird er mich für psychisch gestörter halten als ich bin?
- Wird er Dinge entdecken, die er nicht erfahren soll?
- Wird der Therapeut kompetent sein?
- Wird man mich zwingen, Dinge zu tun, die ich nicht tun will?
- Werden meine Freunde glauben, ich sei verrückt?
- Werde ich Dinge über mich herausfinden, die lieber unentdeckt bleiben
  sollen?
- Werde ich die Kontrolle über mich verlieren?
  (Nach Pipes et al. 1985)

Klienten haben bestimmten Phantasien über Behandlung und ihren Therapeuten, wie das Setting aussehen wird und wie sie selbst mit ihren Ängsten umgehen werden (oder auch nicht). Diese Ängste werden manchmal durch ein bestimmtes therapeutisches Setting (z. B. den Aufenthalt in einer psychiatrischen
Klinik) oder deren Repräsentanten, ihrem Status und ihrer Macht hervorgerufen.
Das, was in allen Situationen deutlich sichtbar wird, ist die große Verletzbarkeit
des Klienten. Er steht unter starkem Druck, ist verwirrt. Gleichzeitig voller
Hoffnung, Lösungen für seine Probleme zu finden, soll er sich vertrauensvoll
in die Hände einer ihm fremden Person begeben. Vielleicht fühlt er sich über-
fordert, kennt sich nicht aus, auch wenn er schon einiges über Psychotherapie
gehört hat, aus den Medien, von Freunden oder aus Büchern.
   Vielleicht erinnern Sie sich an Ihre eigenen ersten Erfahrungen als Klient oder
Klientin in einer psychotherapeutischen Behandlung oder Beratung, auch daran,
wie bedrohlich diese Situation sein kann. Wenn man Tag für Tag mit starken Affekten und sehr persönlichen und intimen Biographien arbeitet, vergißt man
leicht das Gefühl der Fremdheit und Verletzbarkeit, die der Klient zu Beginn einer Behandlung unweigerlich verspürt. Wie gehen Sie mit diesen oft sehr persönlichen, idiosynkratischen Ängsten Ihrer Klienten um? Klienten brauchen
Zeit, bis sie über ihre Ängste sprechen können. Sollen Sie sie den Zeitpunkt
selbst bestimmen lassen oder sie durch Fragen dazu auffordern? Wir persönlich
sprechen den Klienten direkt darauf an, daß er sich, angesichts dieser neuen Situation, vielleicht etwas unsicher fühlt und uns gerne ein paar Fragen stellen
möchte. Das Gefühl, daß wir uns für ihn interessieren, ihm zuhören, ihn verstehen und ihn nicht bewerten oder beurteilen, wird für ihn eine große Hilfe sein.
Auch der Hinweis, daß Psychotherapie oft eine sehr entmutigende Angelegenheit sein kann und viele Ängste mit sich bringt, wird es dem Klienten erleich-
tern, sich nicht allzu verrückt zu fühlen. Achten Sie allerdings darauf, seine
tatsächlichen Ängste und Befürchtungen weder zu ignorieren noch zu bagatelli-
sieren. Die immer wiederkehrende Frage von Klienten, ob bestimmte Sympto-
me nicht ganz normal seien, könnte ein Hinweis für eine tieferliegende Proble-

matik sein. Vergessen Sie jedoch nicht, daß ein bestimmtes Maß an Angst die treibende Kraft im therapeutischen Prozeß ist. Wir plädieren nicht für eine Art Beschwichtigungsstrategie, sondern für empathisches Sich-Einstellen auf den einzelnen und die Bereitschaft, sich dessen Ängste anzuschauen.

Diese Ängste werden von allen Klienten geteilt; welche spezifischen Befürchtungen Ihr Klient hat und was diese genau für ihn bedeuten, kann reichhaltiges therapeutisches Material für die gemeinsame Arbeit zutage fördern, zum Beispiel in Form der Bearbeitung irrationaler Überzeugungen. Darüber hinaus wird das Vertrauen zwischen Therapeut und Klient gestärkt, eine Erfahrung, die auf andere Situationen im Alltag übertragen werden kann.

> Klienten bringen für gewöhnlich bestimmte Phantasien und Ängste in eine psychotherapeutische Beratung mit. Helfen Sie ihnen, diese anzusprechen und weisen Sie, wenn nötig, auf allgemeine menschliche Ängste hin. Achten Sie darauf, die Ängste Ihrer Klienten nicht zu verstärken. Rufen Sie sich ins Gedächtnis, was wir über die Fokussierung von Problemen gesagt haben.

9. Dauer der Behandlung?

Für einige Klienten ist psychotherapeutische Beratung etwas völlig Neues, und ihre Vorstellungen über Häufigkeit der Sitzungen und Dauer der Behandlung müssen nicht unbedingt mit den Ihren übereinstimmen. Einige meinen, Beratung sei mit dem vergleichbar, was sie von ihrem Allgemeinarzt an Aufmerksamkeit und Zeit zugebilligt bekommen, hier und da eine Viertelstunde. Andere kennen Geschichten aus dem Fernsehen, in denen Patienten Tag für Tag auf der Couch liegen, und kommen nun mit der Erwartung einer über Jahre gehenden Behandlung. Wieder andere stellen sich nur ein bis zwei Sitzungen vor. Wenn Sie mit dem Kurzberatungsmodell arbeiten, von dem wir hier sprechen, könnte es leicht passieren, daß Sie und Ihr Klient von unterschiedlichen Voraussetzungen ausgehen. Es ist daher ratsam, diesen Punkt zu klären.

"Haben Sie schon darüber nachgedacht, wie lange die Behandlung dauern soll?", wäre eine Möglichkeit herauszufinden", welche Vorstellungen der Klient mitbringt und für wie schwerwiegend er seine Probleme erachtet. Falsche oder unrealistische Vorstellungen, was Art und Dauer der Behandlung angeht, können geklärt werden. Wenn der Klient den Wunsch nach einer mehrjährigen Behandlung mit drei Sitzungen pro Woche äußert, werden Sie eventuell gezwungen sein, ihn an einen anderen Therapeuten zu überweisen. Wenn dagegen ein Klient von ein paar wenigen Sitzungen spricht, ist die Frage, ob er dem Ganzen nicht etwas mehr Zeit einräumen will. Oft ist es hilfreich, darauf hinzuweisen, daß ein Minimum von vier oder fünf Stunden notwendig ist, um die Situation angemessen zu beurteilen oder um den Beratungsprozeß in Gang zu bringen, und daß viele Klienten über mehrere Monate in Behandlung sind (siehe Abschnitt 78). Sie können auch eine Reihe von Sitzungen verabreden, gefolgt von einer Art Nachuntersuchung. Spätestens wenn Sie den Punkt "Erwartungen" ansprechen, wird sich abzeichnen, welcher Weg der geeignete ist. Den Klienten gegenüber ist es nur fair, ihnen eine Vorstellung darüber zu geben, was sie an Zeit und finanziellen Aufwendungen erwartet.

Helfen Sie Ihren Klienten, darüber zu sprechen, welche Gedanken sie sich über die Dauer der Behandlung machen und prüfen Sie, ob Sie dazu unterschiedliche Vorstellungen haben. Sprechen Sie praktische Aspekte zum Behandlungsverlauf an.

10. Therapieerfahrung

Viele Klienten haben bereits in der Vergangenheit Hilfe für ihre Probleme gesucht, manche in einer Beratung, andere in anderen Therapien, wieder andere wandten sich an Freunde und Familie. Es gibt gute Gründe, Klienten nach ihrer Threapieerfahrung (wie auch immer diese ausgesehen haben mag) zu fragen. Die Erfahrungen, die sie dabei gemacht haben, können positiv, aber auch negativ gewesen sein (schlechte oder "neutrale" Erfahrungen werden oft als "Lösungsversuche" oder "Negativergebnisse" bezeichnet).

Hat Ihr Klient erst kürzlich einen Berater, Psychotherapeuten oder andere Angehörige helfender Berufe konsultiert? Wenn ja, wann? Unter welchen Umständen? Zeigen Sie Interesse, aber machen Sie aus Ihren Fragen kein Verhör. So schnell und geschickt Sie nur können, sollten Sie herausfinden, welche Erfahrungen Ihr Klient in der Vergangenheit auf seiner Suche nach Hilfe gemacht hat. Sie wissen dann, was in der Behandlung Platz hat und was besser vermieden wird. Fragen Sie danach, welche Interventionen hilfreich waren und welche nicht. Wir wollen hier ein Beispiel geben, wie ein solcher Dialog lauten könnte:

Therapeut: Haben Sie in der Vergangenheit schon einmal Hilfe in irgendeiner Form, zum Beispiel eine Beratung, in Anspruch genommen?

Klientin: Äh, ja, vor ein paar Jahren war ich bei jemandem, ein- oder zweimal.

Therapeut: Können Sie denn erzählen, was das für eine Erfahrung war?

Klientin: Na ja, es ging mir damals sehr schlecht, und da bin ich einfach zu dieser öffentlichen Beratungsstelle, wo jeder vorbeikommen kann, und hab' mit einer Dame, einer Art Psychologin, glaube ich, gesprochen.

Therapeut: Ich verstehe. Es würde mich interessieren, inwieweit dies für Sie hilfreich war – Sie sagten ja, es sei Ihnen damals sehr schlecht gegangen, wie hat die Psychologin Ihnen geholfen?

Klientin: Sie hat zugehört. Sie war sehr nett. Sie sagte, ich solle mich mehr trauen.

Therapeut: Und hat das geholfen?

Klientin: Ja und nein. Das heißt, irgendwie hat es schon geholfen, daß sich jemand für mich interessiert hat, aber es war nicht sehr einfach für mich. Ich meine, ich konnte nicht rausgehen und einfach selbstbewußter sein.

Therapeut: Was passierte dann? Sind Sie nicht mehr hingegangen?

Klientin: Ja. Ich hatte zwar vor, mich wieder bei ihr zu melden, aber ich wußte nicht, wie das helfen soll.

Was können wir aus diesem Dialog lernen? Zunächst einmal, daß es unserer Klientin schlecht ging, ganz allgemein, vielleicht auch ausgelöst durch eine bestimmte Situation, in der sie Hilfe suchte (dazu später mehr). Zweitens, sie wandte sich an eine Fachfrau und bekam eine bestimmte Art der Hilfe. Wir wissen noch nicht, ob die Psychologin ihr tatsächlich empfohlen hat, sich "einfach mehr zu trauen" oder ob unsere Klientin das so verstanden hat; trotzdem ist diese kurze Sequenz sehr aufschlußreich: Wir müssen darauf achten, der Klientin gegenüber keinen vorschreibenden Ton anzuschlagen. Es ist ihr wichtig, daß sich jemand für sie interessiert. Wir erfahren, daß Selbstbewußtsein schwierig für sie ist oder war, wohl aber näher unter die Lupe genommen werden sollte. Offensichtlich lief es nicht so, wie sie sich das gedacht hatte und deshalb ging sie nicht mehr hin. Diese Mosaiksteinchen enthalten eine Menge Warnungen an uns! Sie müssen jedoch nicht unbedingt den Tatsachen entsprechen und vielleicht hat sich ihr Zustand seitdem verändert. Die Informationen, die wir erhalten, sind nützlich, müssen aber noch genauer aufgeschlüsselt werden. Zum Beispiel so:

Klientin: Ich konnte nicht einfach rausgehen und selbstbewußter sein.

Therapeut: Heißt das, das war *damals* zuviel für Sie?

Klientin: Ja, ich war sehr schüchtern. Bin ich immer noch. Es ist schon etwas besser geworden, aber seit kurzem kann ich manche Dinge einfach nicht aushalten.

Therapeut: Es hat sich also seit damals etwas verändert, aber es noch immer nicht so, wie Sie es gerne hätten. Hätte denn die Psychologin etwas tun können, was Ihnen auf die Dauer mehr geholfen hätte?

Klientin: Mhm. Vielleicht, wenn ich mich nicht so gedrängt gefühlt hätte. Vielleicht, wenn mehr Zeit gewesen wäre zu reden, warm zu werden . . .

Therapeut: Es hätte mehr geholfen, die Dinge nach Ihrem eigenen Rhythmus anzugehen?

Klientin: Ja. Ich weiß, daß ich mich anstrengen muß, aber ich glaube, ich brauche einfach eine Weile, bis ich . . . auftaue.

Therapeut: Ich verstehe, daß es sehr wichtig für Sie ist, am Anfang Zeit zu haben – mehr Raum zu haben, um einfach zu . . . reden?

Klientin: Ja, genau. Das stimmt.

Wenn wir uns auf diese Weise Schritt für Schritt vortasten, erfahren wir sehr viel Nützliches. Für die Klientin ist und war das Problem ihre Schüchternheit. Sie ist der Meinung, ihr Zustand habe sich etwas verbessert. Sie hat auch die Hoffnung, etwas zu verändern. Wir erfahren außerdem, daß kürzlich etwas passiert sein muß, was alte Verhaltensmuster wieder reaktiviert hat. Sie will nicht gedrängt werden (vielleicht war sie damals nicht selbstbewußt genug, um genau darüber mit ihrer Psychologin zu sprechen!). Bereits hier beginnen wir, eine therapeutische Allianz zwischen uns und der Klientin aufzubauen, da jede unserer Fragen von unserer Empathie begleitet wird. Allerdings möchten wir in den Tadel über das Verhalten der Psychologin nicht so einfach einstimmen. Vielmehr sollten wir versuchen, (1) mehr verläßliche Informationen darüber zu erhalten, (2) Vergleiche anzustellen zwischen früheren und heutigen Versuchen, sich helfen zu lassen, (3) ihr zu zeigen, daß wir an ihrem Wohlergehen interessiert sind, (4) mit der Klientin zusammen neue Hoffnung zu schöpfen, und (5) unser Vorgehen auf die gegenwärtige Situation der Klientin abzustimmen.

Behutsam aber bestimmt müssen wir sie zu genaueren Angaben und Antworten bewegen, sie auffordern, die Dinge offen anzusprechen. Haben frühere Hilfsangebote etwas gebracht? Wenn ja, inwiefern? Wenn nicht, was hat gefehlt? Das, was Sie hier erfahren, wird Ihr eigenes Prozedere im Beratungsprozeß bestimmen. Wenn Sie zu hören bekommen, daß der letzte Therapeut zu viel über sich selbst gesprochen habe, werden Sie sich hüten, den gleichen Fehler zu begehen. Sie können nachfragen, inwiefern dieses "zu viel über sich selbst reden" als derart störend empfunden wurde. Wenn allerdings die Selbstenthüllungen des vorhergehenden Beraters als sehr wohltuend erlebt wurden, können Sie sich überlegen, ob Sie es ähnlich halten wollen. Diese Datensammlung mag manchen an eine "Beratung nach Maß" erinnern, jedem einzelnen Klienten und seiner Problematik genauestens angepaßt. Wenn Sie allerdings den Eindruck gewinnen, daß der letzte Berater oder Therapeut ähnlich gearbeitet hat wie Sie es tun würden (und Sie das Gefühl haben, nicht mehr sehr viel Neues anzubieten zu haben), sollten Sie überlegen, ob Sie den Klienten weitervermitteln.

Das meiste, was bis jetzt in diesem Kapitel besprochen wurde, gilt auch für frühere Hilfsangebote seitens von Freunden, Partnern, Verwandten, Geistlichen und anderen. Auch in solchen Fällen ist es aufschlußreich nachzufragen, ob die angebotene Hilfe als nützlich empfunden wurde oder nicht (oder auch nur ansatzweise etwas gebracht hat). In einer katamnestischen Studie fragten wir nach der jeweiligen Therapieerfahrung unserer Versuchsteilnehmer. Wir fragten nach Erwartungen an die Therapie, danach, wie der erste Kontakt mit dem Therapeuten gewesen war, und stellten zahlreiche Fragen, die Qualität der therapeutischen Beziehung betreffend. Den Rahmen für unsere Studie bildeten die Kategorien "hat etwas gebracht – hat nichts gebracht". Auch wenn jeder und jede einzelne seine/ihre eigenen, völlig subjektiven Erfahrungen macht, auch wenn zwischen positiven und negativen Erfahrungen ein großer Unterschied besteht, so scheinen doch alle, die an diesem Pilotprojekt teilnahmen, davon profitiert zu haben: Sie lernten mehr über sich selbst, über ihre Therapeuten und über die Natur des Helfens. Sie werden jetzt völlig zu Recht einwenden, daß Therapie keine Forschung ist und daß Sie gelernt haben, nicht zu viele Fragen zu stellen. Natürlich betreiben Sie keine empirische Forschung im herkömmlichen Sinn, aber Sie arbeiten klientenzentriert und sind demzufolge daran interessiert, Ihren Klienten Ihr Bestes zu geben. Dazu brauchen Sie einige Informationen, die Sie durch einfühlsames Nachfragen erhalten.

Bringen Sie in Erfahrung, ob und wie Ihr Klient früher bereits Hilfe in irgendeiner Form in Anspruch genommen hat, und welche Erfahrungen er dabei gemacht hat. Versuchen Sie, daraus abzuleiten, was der Klient in der Arbeit mit Ihnen braucht und was nicht. Vermeiden Sie, ihn den gleichen negativen Erfahrungen auszusetzen wie früher. Unterstreichen Sie die Unterschiede zwischen früheren Hilfsangeboten und dem, was Sie anzubieten haben. Halten Sie fest, wo der Klient in der Vergangenheit gute Erfahrungen gemacht hat und verwenden Sie dies in Ihrer Arbeit.

11. Was ist Kurzberatung?

Die meisten Menschen haben eine vorgefaßte Meinung darüber, was Psychotherapie oder Beratung ist, selbst wenn sie diese nicht sofort in Worte fassen können. Weit verbreitet ist die Vorstellung, daß Therapeuten und Berater einem sagen, "wie man's machen soll". Genauso oft hören Sie das Gegenteil: "Therapeuten sagen Dir nie, was Du tun oder lassen sollst". Manche haben Bilder aus dem Fernsehen im Kopf. Bilder von der Couch, psychologischen Gutachten, Rorschach-Tests, Therapeuten mit gerahmten Urkunden an der Wand, Zigarre rauchend und ihre Patienten durchdringend begutachtend. Mit anderen Worten, Klienten bringen die verschiedensten Vorstellungen über Therapie mit, ob diese nun der Realität entsprechen oder nicht.

"Was stellen Sie sich unter psychotherapeutischer Beratung vor?", könnten Sie fragen. Vielleicht antwortet man Ihnen: "Äh, ich glaube, daß Sie mich über meine Kindheit ausfragen werden", oder, "Wahrscheinlich wollen Sie, daß ich alles sage, was mir in den Sinn kommt". Was antworten Sie? Fragen Sie nach. Zum Beispiel "Wenn ich Sie über Ihre Kindheit ausfrage, würde das helfen?" Sie können noch einen Schritt weiter gehen und fragen, wie denn ein solches Vorgehen helfen könnte. Oft werden Sie hier das altbekannte "Ich weiß nicht" zu hören bekommen. Der Klient hat keine Ahnung, was er von einer Beratung zu erwarten hat; er hat keinerlei Phantasien darüber. Versuchen Sie, etwas Druck auszuüben. "Wie könnte eine Beratung denn aussehen?" Wieder nichts? Versuchen Sie es weiter. "Für manche Menschen bedeutet Psychotherapie eine Gelegenheit, über ihr Leben nachzudenken, sich frei zu nehmen und sich ein Bild darüber zu machen, was sie erlebt haben. Andere sind fest entschlossen, Dinge in ihrem Leben zu verändern, unter denen sie leiden, deshalb unternehmen sie bestimmte Schritte. Wo würden Sie sich einordnen?" Diese Art von Fokussierung bringt Sie eventuell weiter.

Sie erfahren hier eine Menge über Ihre Klienten; Material, das ihre Entscheidung mit beeinflußt, wie Sie therapeutisch arbeiten wollen. Auf die Bemerkung, "Ich weiß schon, daß Sie mir nicht sagen werden, was ich tun soll", könnten Sie erwidern: "Und, wie ist die Vorstellung für Sie, daß ich Ihnen nicht sagen werde, was Sie tun sollen?", und somit einiges über die Beweggründe des Klienten erfahren, warum er zu Ihnen gekommen ist. Sie können aber auch gleich zur Sache kommen und Ihren Klienten erläutern, wie Sie zu arbeiten pflegen. Auch wir würden empfehlen, diesen direkten Weg einzuschlagen. Überlegen Sie sich genau, wie Sie Ihre Arbeit und Ihren Arbeitsstil beschreiben und erklären wollen. Eine durchdachte Erläuterung dessen, was Sie eigentlich tun, hat für einige Klienten bereits therapeutischen Effekt. Viele Klienten reagieren zum Beispiel sehr befremdet auf das Prinzip der "Abstinenz", wie es von einigen psychodynamisch arbeitenden Therapeuten praktiziert wird. Wenn Sie psychodynamisch arbeiten, sollten Sie dies Ihren Klienten mit einfachen Worten erklären. Wir raten dringend, das Recht des Klienten als Verbraucher einer Dienstleistung zu respektieren, der einen Anspruch darauf hat zu erfahren, was er "kauft". Bieten Sie Psychotherapie nicht als esoterischen Wundertrip oder mystischen Höhenflug an! Wenn Sie in Ihrer Arbeit eher einem Prinzip der Selbsterforschung und Persönlichkeitserweiterung verpflichtet fühlen, bietet sich folgende Erklärung an: "Da ich der Meinung bin, daß Sie alle Antworten auf Ihre Fragen und Probleme in sich selbst tragen, ziehe ich es vor, Ihnen Zeit und Raum zu geben, sich selbst zu beobachten und Ihrem eigenen Rhythmus gemäß Antworten auf Ihre Fragen zu erhalten; es wird daher oft vorkommen, daß ich nichts sage." Sie teilen so dem Klienten mit, daß Schweigen einen therapeutischen Sinn haben kann und nicht als beunruhigende Zeitverschwendung aufgefaßt werden muß.

Scheuen Sie sich nicht, den Sitzungen von Anfang an Struktur zu geben (entgegen dem weitverbreiteten Vorurteil, daß ein Therapeut immer dem Material des Klienten zu folgen habe). Natürlich ist von Bedeutung, was der Klient zu sagen hat, aber ebenso wichtig ist die Tatsache, daß Ihr Klient Hilfe (und nicht Freundschaft) sucht, und daß Sie als sein Therapeut ihm verpflichtet sind. Wir glauben, daß jede Art von Beratung und Therapie ein direktives Element enthält, das man anerkennen und nutzen sollte. Sowohl Klient als auch Therapeut haben ihre Vorstellungen davon, wieviel an Struktur sie in einer Therapie haben wollen. Am besten bespricht man diesen Punkt anstatt ihm aus dem Weg zu gehen. Praktische, ethische, methodologische und philosophische Überlegungen zur Strukturierung des therapeutischen Prozesses finden sich bei Day und Sparacio (1989). Wenn Sie Ihrem Klienten erläutern, wie Sie arbeiten, sollten Sie auf jeden Fall Fachausdrücke vermeiden. Benutzen Sie eine Ausdrucksweise, die Ihrem Klienten angemessen ist. Es ist ein sehr lehrreiches Unterfangen, über die eigene Arbeitsweise und den eigenen theoretischen Standpunkt nachzudenken, darüber, welche Ziele man in und mit der eigenen Arbeit verfolgt, um dies dann ohne Mystifizierungen jemandem anderen klarzumachen.

Was aber, wenn sich Ihr Klient nach all diesen Überlegungen noch immer nicht im klaren ist, was psychotherapeutische Beratung ist und ob es genau das ist, was er will? Schlagen Sie ihm einige Probestunden vor: "Sind Sie damit einverstanden, daß wir uns, sagen wir, zu vier oder fünf Sitzungen treffen, so daß Sie eine Vorstellung davon bekommen, wie ich arbeite, und ob dies das Richtige für Sie ist?" Der Klient trifft also keine unwiderrufbare Entscheidung oder gibt viel Geld aus, was er später eventuell bereuen würde. Er zahlt die vereinbarten Stunden und kann entscheiden, ob er bleiben will oder nicht. Wenn Sie Ihrem

Klienten diesen Vorschlag unterbreiten, erinnern Sie ihn daran, daß es auf seine Zielsetzungen und Wünsche ankommt. "Manchmal passen Klient und Therapeut nicht auf Anhieb zusammen, aber nach einiger Zeit gemeinsamer Arbeit können Sie beurteilen, wie oder wie gut wir zusammen arbeiten", ist eine Möglichkeit, dem Klienten entgegenzukommen (Achten Sie auch hier darauf, ähnlich wie beim Thema "Tonbandprotokolle", daß eigene und unreflektierte negative Vorbehalte nicht zur sich selbst erfüllenden Prohpezeiung werden). Erläutern Sie Ihren Ansatz und Ihre Arbeitsmethode, geben Sie eventuell Literaturhinweise zur Kurzberatung und laden Sie den Klienten dazu ein, sich auf eine gemeinsame Erfahrung einzulassen. Diese erzieherischen Elemente werden oft als sogenannte "Rollen-Induktion" bezeichnet. Ob und inwieweit Sie sie als nützlich erachten, müssen wir Ihrem Urteil überlassen. Wir möchten Ihnen allerdings empfehlen, sie einfach auszuprobieren.

> Was stellt sich Ihre Klientin/Ihr Klient unter psychotherapeutischer Beratung vor? Wie könnten seine Erwartungen den therapeutischen Prozeß beeinflussen? Geben Sie eine kurze Zusammenfassung dessen, was Sie tun und wie Sie arbeiten. Drücken Sie sich klar und verständlich aus. Geben Sie am Anfang Struktur. Machen Sie Ihrem Klienten ein "Einführungsangebot".

12. Praktische Überlegungen

Den Punkt Schweigepflicht haben wir bereits behandelt. Es gibt noch eine Reihe weiterer Dinge, die vor Beginn einer Behandlung geklärt werden müssen. Diese betreffen den äußeren Rahmen des Settings: Sitzungszeiten, Häufigkeit und Länge der Sitzungen, Dauer der Behandlung, Honorar.

Viele Berater und Therapeuten arbeiten mit festen Sitzungszeiten, zum Beispiel vier Uhr nachmittags jeden Dienstag. Es gibt gute theoretische Gründe für feste Termine: Sie sollen dem Klienten ein Gefühl der Sicherheit, Verläßlichkeit und des Aufgefangenwerdens vermitteln. Dagegen ist nichts einzuwenden. Was uns betrifft, so ziehen wir es aus verschiedenen Gründen vor, in unseren Terminabsprachen etwas flexibler zu sein. Vielleicht sind Ihre beruflichen Verpflichtungen sehr vielseitig, so daß regelmäßige Zeiten nicht immer möglich sind, oder aber Sie legen generell keinen großen Wert auf Regelmäßigkeit. Vielen Klienten kommt es ganz gelegen, Termine von Woche zu Woche neu zu vereinbaren (Die Verpflichtung, jede Woche aufs neue eine Einigung erzielen zu müssen, kann auch zur Stabilisierung des Arbeitsbündnisses beitragen). Manche Klienten legen großen Wert darauf, keine Sitzungen in ihre Arbeitszeit zu legen, entweder, um geheimzuhalten, daß sie in therapeutischer Behandlung sind, oder um finanzielle Einbußen zu vermeiden. Es muß von Fall zu Fall eine für beide Beteiligten annehmbare Lösung gefunden werden.

Für gewöhnlich heißt psychotherapeutische Beratung eine Sitzung pro Woche. Abgesehen von traditionellen Gesichtspunkten liegen die Gründe im Wesen der Beratung selbst, die sich weder als Krisenintervention noch als psychanalytische Behandlung versteht. Psychotherapeutische Beratung fokussiert konkret benennbare Probleme. Ihre Arbeitsstrategie konzentriert sich auf Problemlösungen. Psychotherapeutische Kurzberatung impliziert, daß sie im täglichen Leben des Klienten nur eine relativ geringe Rolle spielen kann. Eine Sitzung ist eine von 168 Stunden einer Woche im Leben des Klienten; den meisten Hindernissen und Lernmöglichkeiten begegnet er allerdings während der restlichen 167 Stunden. Beratung kann so zum Katalysator oder zu einer wöchentlichen Oase des Friedens werden. Diese eine Wochenstunde ist jedoch nicht unantastbar. Klienten, die besonders unter Druck stehen, werden zuweilen zusätzliche Stunden benötigen. Andererseits ist eine Reduzierung oder Aufweichung der Stundenzahl denkbar, wenn sie sich auf dem Weg der Besserung befinden. Budman und Gurman (1988) variieren absichtlich die Häufigkeit der Sitzungen, um die Notwendigkeit für Klienten zu unterstreichen, sich mehr mit alltäglichen Problemen auseinanderzusetzen. Solange Sie nicht sicher wissen, wie Sie arbeiten wollen, scheint es ratsam, mit wöchentlichen Sitzungen zu beginnen.

Eine Wochenstunde heißt für manche Berater eine volle Stunde, für die meisten jedoch fünfzig Minuten. Dies hat ausschließlich praktische Gründe. Wenn Sie einen Klienten nach dem anderen empfangen, brauchen Sie eine kurze Pause dazwischen (um sich kurz auszustrecken, einen Schluck Kaffee zu nehmen, für den Gang zur Toilette oder ein paar Notizen). Wenn Sie mit vollen Stunden arbeiten, werden Sie Ihre Pausen anders legen. Es kommt darauf an, wo Sie arbeiten und wie groß Ihr Arbeitspensum ist. Einige Berater arbeiten im 45-Minuten-Takt. Im Gegensatz dazu bieten manche Therapeuten humanistischer Orientierung Sitzungszeiten an, die bis zu zwei Stunden dauern können (Dies gilt etwa für Mahrer (1989) und andere, die sich in ihrer Arbeit auf die Freisetzung tiefsitzender Gefühle konzentrieren, was mehr Zeit in Anspruch nimmt). Die Entscheidung bleibt jedem Berater und Therapeuten selbst überlassen; sie sollte jedoch dem Klienten vor Beginn der Behandlung mitgeteilt werden. Es ist möglich, fünf Minuten vor Ende der Sitzung den Klienten darauf hinzuweisen, daß sich die Stunde ihrem Ende zuneigt. Wir persönlich halten es so, daß wir die Stunde zu ihrem natürlichen Ende finden lassen und sie dann unverzüglich, aber höflich, beenden.

Schwieriger zu beantworten ist die Frage nach der Dauer der Behandlung. Sledge et al. (1990) verglichen in einer Studie Langzeit-, Kurzzeit- und zeitlich begrenzte Therapien. In zeitlich begrenzten Therapien werden Stundenzahl (z. B. 12) und der Termin der letzten Sitzung im voraus festgesetzt. Kurzpsychotherapie impliziert eine Behandlungsdauer von ca. drei bis vier Monaten, ohne einen genauen Endtermin festzulegen. Bei Langzeittherapien oder offenen Therapien sind weder Dauer noch Ende der Behandlung festgelegt. (Interessanterweise ist die Abbrecherquote bei Kurzzeit- und Langzeittherapien doppelt so hoch wie bei zeitlich begrenzten Therapien.) Unsere Überlegungen zum Konzept der Kurzzeittherapie haben wir bereits in der Einleitung dargelegt. Es ist wichtig, Klienten hierüber genau zu informieren. Eventuell kennen Sie schon einige Erwartungen und Phantasien des Klienten hinsichtlich der Behandlungsdauer; umso mehr ein Grund, genaue Vereinbarungen über die Dauer der gemeinsamen Arbeit zu treffen. Es spricht einiges für zeitlich begrenzte Therapien mit festgesetztem Ende. Die Klienten wissen sofort, was an finanziellem Aufwand auf sie zukommt (wenn sie die Therapie selbst bezahlen). Begrenzte Stundenzahl sowie die damit verbundene Strukturierung ist für manche Klienten angenehmer als die Vorstellung eines nicht absehbaren Endes. Befürworter eines zeitlich begrenzten Rahmens unterstreichen, daß gerade die Absehbarkeit Motivation und Engagement des Klienten maximieren und der Gefahr einer möglichen Abhängigkeit entgegenwirken (Ryle 1990).

Wieviel soll ich für eine Sitzung verlangen? Jeder Therapeut, der auf Privatbasis arbeitet, muß sich diese leidige Frage stellen. Rowans (1989) Faustregel lautet: Das Honorar muß hoch genug sein, um sich nicht ausgebeutet zu fühlen, und niedrig genug, um nicht als Ausbeuter zu erscheinen. Es gibt in der Praxis immer eine Art "Schallgrenze" nach oben und nach unten. Sie ist abhängig von der Erfahrung des Therapeuten, dem Bereich, in dem er arbeitet, davon, wo er seine Praxis hat etc. Für gewöhnlich verlangen Berufsanfänger etwas weniger, es gibt jedoch keine festen Regeln. Allerdings wird ein zu geringes Honorar Zweifel an Ihrem Können aufwerfen. Überlegen Sie, ob Sie grundsätzlich bereit sind, in bestimmten Fällen weniger Honorar zu verlangen. Auch der Klient muß es sich leisten können, zu Ihnen in die Therapie zu kommen. Sie können dieses Thema etwa folgendermaßen ansprechen: "Ich möchte keine finanziellen Probleme für Sie schaffen, während wir gleichzeitig versuchen, eine Lösung für Ihre persönlichen Probleme zu finden."

Sie haben sicher schon mit Kollegen darüber diskutiert, welche Vor- und Nachteile es hat, eine Therapie selbst zu bezahlen. Oft hört man das Argument, ein Klient, der seine Stunden nicht selber finanziert, könne sich nicht wirklich auf die Therapie und den Therapeuten einlassen. Wir sind nicht dieser Ansicht. Orlinsky und Howard (1986) fanden in ihrer Untersuchung keinen Beleg, der diese These stützen würde. Es mag einigen Klienten tatsächlich schwerfallen, zu "nehmen ohne zu geben", für die meisten Menschen jedoch trifft es sicher nicht zu, daß Eigenfinanzierung das Engagement erhöht.

Treffen Sie klare Abmachungen darüber, wann Sie sich treffen, wie oft und über welchen Zeitraum. Verhandeln Sie über Regelungen, die für beide annehmbar sind. Machen Sie sich Gedanken über das Honorar, das Sie verlangen wollen und berücksichtigen Sie die finanziellen Möglichkeiten Ihrer Klienten.

Teil II: Problemanalyse

13. Zuhören

Eines der Kriterien, das Beratung von Gesprächssituationen im Alltag unterscheidet, ist die Qualität des Zuhörens. Viele Menschen kommen in eine Beratung, weil es niemanden in ihrem Leben gibt, der ihnen zuhört oder echte Aufmerksamkeit schenkt. Den meisten Beratern ist dies bekannt, besteht doch ein Großteil der Ausbildung zum Berater und Gesprächspsychotherapeuten im Training aktiver Techniken des Zuhörens. Dazu ist Empathiefähigkeit erforderlich. Lassen Sie dem Klienten genügend Raum und zeigen Sie ihm, daß Sie Anteil nehmen und verstehen. Lassen Sie Ihre Klienten ausreden. Für viele ist es das erste Mal, daß ihnen jemand wirklich zuhört. Über die eigene Geschichte berichten heißt nicht nur, einen anderen über bestimmte Umstände und Gefühle zu informieren, sondern sich erst einmal Erleichterung verschaffen, was bereits karthartische und therapeutische Wirkung hat. Was es für Klienten bedeutet, endlich über ihre äußere Situation sprechen zu können, sollte nicht unterschätzt werden.

Nun sind aber nicht alle Klienten gleich. Manche reden gerne und viel und erzählen Ihnen ihre gesamte Lebensgeschichte. Wieder andere werden nur über ein konkretes Problem sprechen, das ihnen gerade sehr zu schaffen macht. Wieder andere weichen aus, werden unpräzise, weil sie sich schämen oder bestimmte Affekte abwehren. Andere sind von Natur aus weitschweifig und diffus. Aber was steht zwischen den Zeilen? Als Therapeut sind Sie in einer paradoxen Lage: Einerseits sollen Sie dem Klienten Raum geben, andererseits abwägen, ob Reden befreiend ist oder aber im Dienste der Abwehr steht. Wenn Ihnen jemand gegenübersitzt, der fühlbar unter starkem Druck steht, werden Sie intuitiv, ohne zu unterbrechen, zuhören. Versucht dagegen ein Klient, krampfhaft wichtiges Material vor Ihnen zu verbergen, sollten Sie immer noch in der Lage sein, empathisch zuzuhören, gleichzeitig aber etwas Struktur in das Gespräch bringen. Über Rolle und Aufgabe des Beraters, "seinen Klienten zu ihrer Geschichte zu verhelfen", schreibt Egan (1990), daß Klienten häufig entweder den Aspekt "Wahlmöglichkeit" oder den Aspekt "Veränderung" ansprechen. Manche Menschen wissen um ihre Alternativen in bestimmten Situation, sind aber noch nicht bereit, sich zu entscheiden. Andere wiederum wünschen sich nichts sehnlicher, als bestimmte Dinge in ihrem Leben zu verändern, wissen aber nicht, wie sie es angehen sollen. Egan empfiehlt flexibles, kooperatives und handlungsorientiertes Vorgehen. Ermöglichen Sie Ihrem Klienten, sich auszusprechen, aber geben

Sie dem Ganzen auch eine Form. Schon im Erstgespräch werden Sie sich (wenn auch intuitiv und informell) eine Meinung bilden. Dazu gehört die Frage, ob der Klient sich in erster Linie Erleichterung verschaffen, eine Beziehung zu Ihnen herstellen will oder eher daran interessiert ist, Klarheit über seine Probleme zu erlangen.

Biographische Aspekte der Problemanalyse sollten hintangestellt werden, wenn Klienten unter großem Druck stehen oder voller Angst sind. Löchern Sie sie nicht mit Fragen. Lassen Sie ihnen Zeit. Es gibt Fälle, in denen ein Klient mit einem bestimmten Problem kommt und bereit ist, Dinge in seinem Leben zu verändern; ihnen ist weder an viel Reden noch an ausführlicher Problemanalyse gelegen. In solchen Fällen ist es ratsam, ihnen auf der Ebene der Problemlösung entgegenzukommen. Durch den Raum, den Sie Ihren Klienten geben (zumindest während der ersten Stunden) werden Sie bekannt mit ihrer Art sich darzustellen und sich zu verhalten; darauf aufbauend können Sie eine Arbeitshypothese formulieren. Dies ist nicht nötig, wenn ein Klient mit eigenen konkreten Zielerwartungen zu Ihnen kommt und um Ihre Unterstützung bittet.

Um auf den Aspekt des Zuhörens zurückzukommen: Wie reagieren wir auf Klienten, die in ihren Erzählungen kein Ende finden? Scheuen Sie sich nicht, Klienten zu unterbrechen. Redefluß ohne Betonung oder erkennbare Gefühlsbeteiligung sollte gebremst werden. Hierzu ein Beispiel:

Klient: Letzten Mittwoch war ich bei meiner Mutter, oder war es Donnerstag, und ich erzählte ihr – sie ist immer mit etwas anderem beschäftigt, wenn man mit ihr redet – daß ich mich mit dem Gedanken trage wegzuziehen. Ich weiß nicht, ob ich überhaupt zu weit auf's Land ziehen möchte – ich könnte mich sehr einsam fühlen, aber ich habe einfach die Nase voll von der Stadt, all diese dummen Gesichter und die Luftverschmutzung – aber vielleicht suche ich mir einfach eine ruhigere Wohnung. Das, was bei meiner Mutter so schlimm ist, ist, daß sie mich immer niedermacht. Ich weiß, daß ich ihr keine Vorwürfe machen kann, das stimmt nicht, nicht wahr? Sie sagt, daß sie es auch haßt, in der Stadt zu wohnen.

Therapeut: Sie haben mir gerade eine Menge erzählt. Verstehe ich Sie richtig, daß Sie über das Verhältnis zu Ihrer Mutter und darüber, wie Sie wohnen, nicht sehr glücklich sind?

Klient: Ja, genau. Erst letzte Woche wurde bei einem Nachbarn eingebrochen, seine ganze Stereoanlage ist gestohlen worden. Es ist schrecklich, und ich sagte noch zu meiner Schwester . . .

Therapeut: Ich würde mir noch gerne ein oder zwei Dinge näher anschauen. Könnten Sie mir noch einmal sagen, warum Sie in die Beratung kommen wollten?

Klient: Äh, mein Arzt hat gesagt, ich hätte Depressionen und sollte darüber reden.

Therapeut: Ihr Arzt sagt, Sie hätten Depressionen. Ihre Mutter, sagen Sie, hat Sie immer niedergemacht. Ich wüßte gerne, wie Sie sich selbst fühlen?

Vielleicht holt dieser Klient in Gesprächssituationen generell sehr weit aus oder aber versucht ängstlich, bestimmten Gefühlen aus dem Weg zu gehen. Wenn Sie den Redefluß nicht in bestimmte Bahnen lenken, riskieren Sie, mundtot gemacht zu werden, und der Klient würde Zeit und Geld verschwenden. Er bekäme eine falsche Vorstellung davon, was Beratung heißt. Womöglich *braucht* er jemanden, der ihm hilft, sich auf bestimmte Punkte zu konzentrieren. Ihn zu unterbrechen hat also nichts mit Unhöflichkeit oder dem Verstoß gegen die Regeln der Beratung zu tun! Im Gegenteil, dem Klienten wird klar werden, daß Beratung nichts mit oberflächlicher Alltagskommunikation zu tun hat, sondern einen bestimmten Zweck verfolgt und zuweilen Konfrontation mit sich selbst bedeutet.

Empathie und Strukturierung dessen, was Klienten in die Beratung mitbringen, setzt voraus, daß Sie ihnen auf ihrer Ebene begegnen und sie dort vorbehaltlos akzeptieren. Natürlich haben Sie ein bestimmtes theoretisches Konzept und eine Vermutung darüber, was mit Ihren Klienten los ist; zunächst jedoch besteht Ihre Aufgabe darin, deutlich zu machen, daß Sie sie so, wie sie sind, verstehen und akzeptieren. Sie müssen entspannt genug sein, um wirklich bei einem Klienten zu sein. Viele Berufsanfänger haben natürlich Lampenfieber. Sie haben all die Ermahnungen der Ausbilder im Kopf, sich über die eigenen Beweggründe Klarheit zu verschaffen. Sie zeichnen die Sitzung auf Band auf und wissen, daß Ihr Supervisor sie hören wird. Sie begeben sich in eine Position, aus der heraus Sie sich selbst beobachten. Dabei laufen Sie Gefahr, sich von Ihren Klienten immer weiter zu entfernen. Das kann passieren und ist nur allzu verständlich. Lassen Sie sich deshalb keine grauen Haare wachsen. Wenn Sie sich während einer Sitzung dabei ertappen, daß Sie mit Ihren Gedanken woanders waren, nehmen Sie es zur Kenntnis und versuchen Sie, wieder in den Prozeß "einzusteigen". Wenn nötig, bitten Sie den Klienten, etwas zu wiederholen, um zu vermeiden, daß Sie wichtiges Material nicht mitbekommen.

Dem Klienten auf dessen Ebene verständnisvoll zu begegnen, heißt, sich auf Inhalt und gefühlsmäßige Beteiligung dazu einzustellen, um weitere Schritte nach vorne zu unternehmen. Sie halten Ausschau nach dem roten Faden dessen, was der Klient Ihnen berichtet. Was ist wesentlich oder am wichtigsten? Welche Themen werden besonders häufig angesprochen? Bei welchen Punkten wird er nervös, wo hält er den Atem an, wo wird seine Stimme flach? In welchen Augenblicken wird er rot, wann seufzt er, wann wird seine Stimme laut, wann leise? Sie begleiten ihn in seine Welt und versuchen so weit wie möglich, von seinem Standpunkt aus zu argumentieren. Vielleicht neigen Sie dazu, das Gesagte genau hinterfragen zu wollen, reflektieren aber nur intellektuell darüber; dadurch schlüpfen Sie wieder in die Rolle des stillen Beobachters, aus Angst, nicht alles mitzubekommen. Viele Anfänger neigen dazu, es besteht also kein Grund zur Sorge. Je mehr Sie allmählich wagen, in die Welt des Klienten einzutauchen, umso besser. Versuchen Sie nicht krampfhaft, Ihr Verhalten zu ändern, Sie werden nur umso heftiger daran festhalten.

> Geben Sie Ihrem Klienten Gelegenheit, sich Erleichterung zu verschaffen und seine Geschichte zu erzählen. Unterbrechen Sie, wenn Gefahr besteht, daß der Klient kein Ende findet. Geben Sie Struktur. Versuchen Sie, mit dem Klienten "mitzugehen" und ihm auf seiner Ebene zu begegnen.

14. Fokussieren von Problemschwerpunkten

Wir sagten bereits, daß die Biographie des Klienten wichtig ist. Wir müssen uns allerdings vergegenwärtigen, daß es in einer Kurzberatung nicht Aufgabe sein kann, jedes lebensgeschichtliche Detail zu sammeln. In jeder Biographie gibt es Themen oder Probleme, die immer wieder zur Sprache kommen und die Geschichte des einzelnen wie ein roter Faden durchziehen. Das können Verluste wichtiger Bezugspersonen sein, Beziehungskonflikte, ein ständiges Bedürfnis nach Bestätigung oder moralische Krisen. Ob diese Themen klar und deutlich erkennbar sind oder nur latent spürbar, ob sich von der ersten Stunde an alles um sie dreht oder sie nur von Zeit zu Zeit wiederaufgenommen werden, Sie werden sie wahrnehmen. Im Rahmen einer Kurzberatung ist es erforderlich, diesen roten Faden zu erkennen und zu benennen, anstatt Stunde für Stunde Details aneinanderzureihen, ohne auf ein bestimmtes Therapieziel hinzuarbeiten. Wenn wir uns an Abschnitt 3 ("Warum gerade jetzt?") erinnern, wird klar, daß es wichtiger ist, im Hier und Jetzt zu bleiben, als einen therapeutischen Rundumschlag zu versuchen.

Man sollte unterscheiden zwischen biographischer Hintergrundinformation und Information, die in der Beratung zur Sprache kommt. Dieses Material weist auf konkrete Probleme hin. Zum Beispiel:

Klientin: Es war schon immer so, es war schon immer so ein Kampf. Irgendwie wußte ich schon im voraus, daß ich die Stelle nicht kriegen würde.

Therapeut: Diese Art von Enttäuschung kennen Sie also, und diese letzte war . . . unvermeidlich.

Klientin: Ja. Ich hab's ja versucht. Ich bin qualifiziert und hab' mich gut verkauft, aber irgendwie . . . Ich glaube, in meinem Alter ist man nicht mehr gefragt. Es gibt so viele Jüngere.

Therapeut: Aus dem, was Sie mir erzählt haben, schließe ich, daß Sie wütend sind, übergangen zu werden, zurückzubleiben. Sie wissen, daß Sie's können, aber Sie sehen auch, daß es nicht rüber kommt, und daß es an Ihrem Alter liegt. Ist es das?

Klientin: Ja. Wie ich schon sagte, ich kenne das schon, aber gleichzeitig habe ich mich ja auch geändert, und ich will jetzt bestimmte Dinge, aber gleichzeitig fühle ich mich bestraft.

Therapeut: Erzählen Sie mir mehr von diesem "Kampf", aber auch von Ihrer gegenwärtigen Situation und warum Sie sich so unter Druck setzen, vorwärts zu kommen. Außerdem sollten wir uns anschauen, wie Sie sich bei einem Bewerbungsgespräch konkret verhalten.

Aus diesem kurzen Ausschnitt könnte man schließen, daß die Klientin mit ihrem Verhalten unbewußt immer wieder Situationen inszeniert, die zum Scheitern verurteilt sind – eine Art "Scheitern am Erfolg". Der Therapeut geht dem allerdings nicht weiter nach. Er orientiert sich am Hier und Jetzt, daran, was die Klientin in die Beratung geführt hat und fragt nach konkreten Verhaltensmustern. Er bringt das Material in eine konkret benennbare und bearbeitbare Form.

Wir leugnen nicht, daß die Vergangenheit eines Klienten seine Gegenwart beeinflußt, und es gibt auch die Möglichkeit, die persönliche Lebensgeschichte zu erforschen. Wenn Sie aber in relativ kurzer Zeit Erfolg haben wollen, und Sie der Meinung sind, daß Beratung und Therapie immer kürzer werden (ob so konzipiert oder nicht), als uns vielleicht lieb ist, dann müssen Sie in der Lage sein, wichtiges und nutzbringendes Material von anderen Detailinformationen (die ebenso interessant sein können) zu trennen.

Fokussieren Sie herausragende Themen in der Lebensgeschichte des Klienten. Versuchen Sie gemeinsam, einen roten Faden herauszuarbeiten und konzentrieren Sie sich auf Beispiele, die eine therapeutische Hebelfunktion übernehmen könnten.

15. Relevante Informationen

Je nach Ausbildung, konzeptioneller Ausrichtung und persönlichen Vorlieben wird ein Berater eine Anamnese durchführen oder nicht. Einige Berater lehnen dieses formelle Vorgehen ab; allerdings gibt es bestimmte Informationen, die zu wissen von Vorteil für die Behandlung sein kann.

Im Falle eines ernsten Alkoholproblems etwa ist jede Art von Beratung oder Therapie kontraindiziert, solange ein Klient dieses Problem nicht unter Kontrolle hat. Wenn Sie den Verdacht haben, Ihr Klient könne hier ein Problem haben, fragen Sie ihn danach. Es gibt verschiedene Grade der Abhängigkeit bzw. des Mißbrauchs von Alkohol und Drogen. Fragen Sie, wenn nötig, detailliert nach dem Gebrauch dieser Substanzen; wurden sie vom Arzt verschrieben, sind sie legal oder illegal. Wenn Sie eine mögliche Alkohol- oder Drogenproblematik nicht erkennen und den Klienten weiterbehandeln, verschwenden Sie nicht nur Ihre Zeit; der Klient ist gezwungen, die Unwahrheit zu sagen oder Dinge zu verschweigen, er riskiert Stimmungsschwankungen, und Sie als Berater haben ein schlechtes Gefühl. Unter solchen Umständen sollten Sie den Klienten in eine Spezialbehandlung überweisen; Sie können ihm anbieten, wiederzukommen, wenn er sein Alkoholproblem im Griff hat.

Ein weiterer wichtiger Punkt ist die Suizidalität eines Klienten. Bei Anzeichen einer schweren Depression, wie etwa Hoffnungslosigkeit gekoppelt mit Hyperaktivität, Fehlen von stützenden Freundschaften und so weiter, ist es dringend erforderlich, mehr über den seelischen Zustand des Klienten und mögliche Coping-Strategien herauszufinden. Berater sind hier oft unsicher. "Wenn ich danach frage, bringe ich ihn ja erst recht auf den Gedanken", ist ein typischer Einwand. Wenn Sie sich um die psychische Stabilität eines Klienten sorgen und dieser Sorge Ausdruck verleihen, werden beide, Berater und Klient, Erleichterung empfinden, den Punkt angesprochen zu haben. Hat er früher schon einmal versucht, sich das Leben zu nehmen, hat er genaue Pläne sich umzubringen, welche Unterstützung erfährt er aus seinem sozialen Umfeld, wurde bereits eine ärztliche bzw. psychiatrische Diagnose gestellt? Sollten Sie sich gegen eine Zusammenarbeit entscheiden, müssen Sie bei einer Überweisung oder Weitervermittlung darauf achten, ihn nicht noch mehr zu entmutigen. Geben Sie ihm Telefonnummer und Anschrift Sozialpsychiatrischer Dienste oder anderer ambulanter Einrichtungen. Stewart (1989) legt überzeugend dar, wie wichtig es ist, diese Punkte anzusprechen und mit dem Klienten hierüber einen sogenannten "Kontrakt" abzuschließen. Seine Strategie zielt darauf ab, "tragische Folgen zu vermeiden" und impliziert eine sorgfältige biographische Anamnese sowie gründliche Analyse des gegenwärtigen psychischen Zustandes. Selbst wenn Ihr praktisches Vorgehen in der Regel weniger formell ist, sollten Sie in Betracht ziehen, dieses Thema, natürlich mit der nötigen Sensibilität, anzusprechen.

Neben der potentiellen Suizidalität eines Klienten müssen noch andere Punkte berücksichtigt werden. Da jeder Berater unterschiedliche Informationen für wesentlich und nützlich hält, möchten wir hier eine Liste der gängigsten Fragen an den Klienten vorstellen:

- In welchen sozialen Bezügen leben Sie? (Freunde? Familie?)
- Wie ist Ihre finanzielle Situation? (Arbeitsplatz? Finanziell gesichert?
- Wie sind Ihre Wohnverhältnisse? (Ohne festen Wohnsitz? Schlechte Wohnsituation?)
- Sind Sie zur Zeit krank? (Körperlich oder psychisch?)
- Hatten Sie schwere Krankheiten oder Unfälle?
- Nehmen Sie zur Zeit Medikamente oder andere Mittel?
- Trinken Sie, rauchen Sie oder essen Sie zuviel?
- Waren Sie schon einmal in kriminelle Handlungen verwickelt?
- Sind Sie anderweitig in Behandlung?
- Welche Verluste oder Trennungen gab es in Ihrem Leben?

Manche Klienten empfinden diese Fragen als angenehm, da sie ihren Erwartungen des gängigen Arzt-Patient-Modells entsprechen und den Eindruck ernsthaften Interesses an ihrer Person und ihren Poblemen vermitteln. Oft fördern diese Fragen Informationen zutage, die der Klient sonst nicht zur Sprache gebracht hätte. Welche Fragen gestellt werden, ist abhängig von konzeptioneller Ausrichtung des Beratungsmodells, sowie den Arbeitsvorgaben der jeweiligen Beratungsstellen. Wenn Sie besonders mit stützenden sozialen Netzwerken arbeiten, werden Sie mehr über das soziale Umfeld des Klienten erfahren wollen. Wenn Sie eher psychosomatisch orientiert sind, werden Sie sich sehr für frühere Krankheiten interessieren (manche Berater fragen ihre Klienten nach Name und Adresse des Hausarztes). Es bleibt Ihnen überlassen, ob Sie diese Punkte je nach gegebener Situation taktvoll zur Sprache bringen wollen, ob Sie gezielt danach fragen oder überhaupt nicht. Überlegen Sie sich, was Sie wissen müssen und warum. Wenn Sie fokussierend arbeiten, entscheidet der jeweilige Themenschwerpunkt über die vorrangig zu stellenden Fragen. Wenn Sie das Gefühl haben, daß einige Fragen für den Beratungsprozeß irrelevant sind und Sie damit nur unnötigerweise in die Privatsphäre des Klienten eindringen würden, ist es besser, sie nicht zu stellen. Wenn Sie aber der Meinung sind, je mehr Information desto besser, sollten sie dies Ihrem Klienten darlegen, bevor Sie ihn genauer befragen (Denken Sie aber auch daran, daß man immer Gefahr läuft, eine Menge nutzloser Dinge zu erfahren!) Wenn Ihr Klient Sie in einem Zustand großer Verzweiflung aufsucht, werden Sie diese Art der Anamneseerhebung etwas zurückstellen (bis eventuell das Beratungssetting einige spezifische Informationen erforderlich macht).

Überlegen Sie sich einige zentrale anamnestische Fragestellungen, anhand derer Sie Wesentliches über den jeweiligen Klienten erfahren können. Was im Leben des Klienten könnte sich auf eine Beratung schädlich auswirken? Überlegen Sie sich genau, wie Sie mit Suizidalität, Alkoholabhängigkeit und anderen lebensbedrohlichen Situationen umgehen wollen.

16. Metareflexion

Es erscheint uns wesentlich, von Anfang an den Klienten dazu zu ermuntern, die gemeinsame Arbeit zu kommentieren und Ihnen Feedback zu geben. Wir haben dieses Thema in den letzten Kapiteln bereits angeschnitten. Lassen Sie den Klienten wissen, daß Sie seine Kommentare schätzen und ihm, so gut es geht, beistehen wollen. Wie geht es ihm mit der Beratung und der damit verbundenen spezifischen Beziehung? Wie können Sie ihn ermutigen, sich als ein gleichberechtigter Partner im therapeutischen Prozeß zu fühlen und entsprechend zu handeln? Wie vermitteln Sie ein Gefühl des "Sich-Sorgens" und des wohlwollenden Interesses (was für manche Klienten, zumindest zu Beginn einer Behandlung, von entscheidender Bedeutung ist)? Der reflektive Prozeß setzt dann ein, wenn Therapeut und Klient sich von der gegenwärtigen inhaltlichen Ebene wegbewegen und aus einer Beobachterposition heraus die gemeinsame Beziehung betrachten. Bordin (1979) zufolge besteht eine therapeutische Allianz aus engen zwischenmenschlichen Bindungen, Zielsetzungen und Aufgaben. Wir haben beide in unserer Arbeit die Erfahrung gemacht, daß Mißverständnisse oder gar ein Zusammenbrechen der therapeutischen Kommunikation verhindert werden kann, wenn Klient und Therapeut explizit die Beziehung, die zwischen ihnen besteht, zum Thema machen; das gilt ebenso für gemeinsame Zielsetzungen in der Therapie und die Art und Weise, wie diese Ziele erreicht werden sollen. Die Aufforderung an den Klienten, sich über die gemeinsame Arbeit Gedanken zu machen, hält diese in Gang. Regelmäßige Kommentare und Feedback des Klienten festigen das therapeutische Band zwischen Klient und Therapeut.

"Wie geht es Ihnen denn damit, daß Sie hier sind?" "Wie geht es Ihnen mit mir?" "Wie fühlen Sie sich mit dem, was wir heute bearbeitet haben?" "Habe ich heute etwas gesagt, das Sie verwirrt hat?" "Was war Ihrer Meinung nach in unserer Arbeit bis jetzt am hilfreichsten?" Anhand solcher Fragen ermöglichen Sie es dem Klienten, kritisch zu sein, offen zu sprechen und über den Beratungsprozeß nachzudenken. Diese Art zu fragen bzw. nachzufragen fördert die therapeutische Allianz und das Gefühl, daß Sie beide, Therapeut und Klient, in der gleichen Richtung arbeiten. Nicht zuletzt dienen sie dazu, Therapie und Beratung zu entmythologisieren.

> Gewöhnen Sie sich an, Klienten um Kommentare und Feedback zur gemeinsamen therapeutischen Arbeit zu bitten. Ermutigen Sie sie, jede Art von Zweifel zu äußern, die die therapeutische Beziehung, das therapeutische Geschehen und die Zielsetzungen betreffen. Arbeiten Sie mit den Kommentaren Ihres Klienten und integrieren Sie sie in den therapeutischen Prozeß.

17. Wo steht der Klient?

Wir möchten uns nun etwas eingehender mit den verschiedenen Stufen der Veränderung und ihrer Identifizierung beschäftigen, wie sie Prochaska und DiClemente (1984) in ihrem Modell vorstellen. Die vier Hauptphasen sind die der Prä-Kontemplation, Kontemplation, Handlung und Konsolidierung. Im folgenden wollen wir uns vor allem auf die Stadien der Kontemplation und darüber hinaus konzentrieren, da das Konzept der Prä-Kontemplation sehr problematisch ist. Menschen im prä-kontemplativen Stadium betrachten sich selbst als Personen, die keine Probleme haben, deren Probleme nicht schwerwiegend genug sind, um sich darüber Sorgen zu machen, oder aber als Menschen, die mit allem und jedem fertig werden, ohne etwas an ihrer Situation verändern zu müssen. Oft kommen diese Menschen nicht freiwillig in eine Beratung, sondern werden geschickt oder gar gezwungen. Sie sind äußerst unwirsch und in keinster Weise auf anstehende Veränderungen eingestellt. Wenn Sie mit diesen Klienten arbeiten, müssen Sie eine vertrauensvolle Beziehung herstellen und sie glaubwürdig Ihrer Loyalität versichern; daß Sie als ihr Therapeut an ihrer Sicht der Dinge interessiert sind (und nicht an der Meinung anderer Familienmitglieder); daß Sie bereit sind, über Sinn und Zweck und Für und Wider der Beratung zu sprechen und alle auftauchenden Zweifel ernstzunehmen. Wenn Sie sich allerdings gegen eine Zusammenarbeit entscheiden, können Sie ihnen anbieten, zu einem späteren Zeitpunkt wiederzukommen, sollten sie dann für eine Beratung bereit sein. Vermeiden Sie es, Zögern, Mißtrauen oder fehlende Problemeinsicht in irgendeiner Weise zu bewerten oder zu verurteilen.

Menschen in der kontemplativen Phase denken bereits aktiv über mögliche Veränderungsstrategien nach, haben das noch vage Bedürfnis, mehr Klarheit in ihr Leben und ihre Probleme zu bringen oder die Vorstellung, jemand anderes werde ihnen sagen, was sie tun sollen. Es ist wichtig, eventuelle Interventionen dem jeweiligen Stand des Veränderungsprozesses anzupassen, ihn also dort "abzuholen", wo er gerade steht. Es soll ihm nichts unterstellt werden, was er bereits überwunden hat, noch sollte man ihm Handlungsmöglichkeiten zumuten, für die er innerlich noch nicht bereit ist. Für die Stufe der Kontemplation ist es angemessen, explorativ vorzugehen. Versuchen Sie, die Hoffnungen und Fragen der Klienten zu verstehen und arbeiten Sie ihre Erwartungen in bezug auf die Beratung heraus. Geben Sie ihnen das Gefühl, verstanden zu werden. Sorgen Sie für ein Klima, in dem Vertrauen in den Beratungsprozeß sowie das persönliche Wachstum gefördert werden.

Wenn Ihr Klient bereits ein Stadium erreicht hat, in dem er handeln und aktiv Veränderung in seinem Leben herbeiführen will, müssen Sie sich als Berater auch hierauf einstellen können. Manche Klienten, die sich an Sie wenden, werden bereits einige ihrer Probleme bearbeitet haben. Manche haben sich Gedanken gemacht und versucht, sich über ihre eigene Dynamik klarzuwerden, oder bringen bereits genaue Vorstellungen mit, welche Dinge sie wie in Angriff nehmen wollen. Sie wollen handeln und werden schnell ungeduldig, will man weiter explorieren. Deuten Sie dies nicht fälschlicherweise als Weigerung des Klienten, sich eingehender mit sich selbst zu beschäftigen. Auch wenn es sich hierbei um unbewußte Widerstände handeln könnte, ist es im Rahmen einer Kurzberatung ratsam, sich zunächst den Problempunkten zuzuwenden, die der Klient bewußt in die Beratung mitbringt, bis (eventuell) anderes Material auftaucht und aktuell wird. Hüten Sie sich davor, einen Satz wie "Ich glaube, daß ich mir jetzt erst mal eine andere Arbeit suchen muß" sofort als Ausflucht oder Verschleierung eines eigentlichen Konflikts zu sehen. Prüfen Sie es nach. "Ich wüßte gerne mehr über Ihre derzeitige Arbeit und darüber, welche Art von Beschäftigung Sie gerne hätten" oder "Erzählen Sie mir, was Sie schon unternommen haben, eine andere Stelle zu finden" ist angemessener als die Frage "Sind Sie sicher, daß es das ist, was Sie wollen? Wenn man in einer Krise steckt, ist es besser, äußere Dinge so lange nicht zu verändern, bis man innerlich gefestigter ist, Veränderungen in Angriff zu nehmen." Leugnen Sie nicht die Realität des Klienten. Das heißt natürlich nicht, daß Sie all Ihre intuitiven Überlegungen und Eindrücke unterdrücken müssen, die in Ihnen die Vermutung wecken, daß der Klient hier einer illusorischen Wunschvorstellung nachhängt. Beginnen Sie am Anfang, beginnen Sie mit der Wirklichkeit des Klienten, so wie er sie erlebt.

Die Stufe der Konsolidierung werden wir hier nicht eingehender behandeln. Manche Klienten haben bereits ein gutes Stück auf dem Weg der Persönlichkeitsentwicklung und -entfaltung allein zurückgelegt, haben ein konkretes Problem durchdacht und entsprechende Veränderungen in die Wege geleitet. Sie kommen nun, um sich Verstärkung oder Unterstützung zu holen. Manch einer überwindet eine Suchtkrankheit, wird aber von altbekanntem suchtartigen Verlangen heimgesucht und versucht nun, dieser Sorge Ausdruck zu verleihen und sich Beistand zu holen. Oder aber er sucht nach neuen Wegen und Strategien, dieses Problem zu handhaben. Der Berater muß in der Lage sein, dies zu erkennen und aktiv in den Beratungsprozeß einzubauen.

Die einzelnen Phasen des Veränderungsprozesses erkennen und unterscheiden zu lernen, ist nie rein wissenschaftlicher Natur; es erfordert gleichzeitig viel praktische Erfahrung und schärft andererseits das therapeutische Fingerspitzengefühl. Dies zieht auch behandlungstechnische Konsequenzen nach sich. Wenn Sie sich einer einzigen therapeutischen Theorie verpflichtet fühlen und diese möglichst auf alle Ihre Klienten anwenden möchten, werden Sie Schwierigkeiten haben. In der Praxis werden wohl die meisten Berater ihren Stil an den jeweiligen Klienten anpassen. Wenn Sie aber mit einem rein klientenzentrierten Therapieansatz arbeiten, werden Sie bei jenen Klienten und Klientinnen auf Schwierigkeiten stoßen, die sich im Stadium der Handlungsbereitschaft befinden und konkret etwas unternehmen wollen. Menschen, die die Motivation verspüren, etwas in ihrem Leben zu verändern, bestimmte Entscheidungen zu treffen oder ein bestimmtes Suchtverhalten aufzugeben, werden eher nach Handlungsstrategien und entsprechender Verstärkung verlangen. Ihre Phase der Kontemplation ist abgeschlossen. Wenn Sie als Berater an diesem Punkt auf mehr Kontemplation bestehen, verlieren Sie entweder den Klienten oder behindern unnötigerweise dessen Fortschritt. Es soll hier nicht von Ihnen verlangt werden, ein halbes Dutzend Theorien und noch mehr behandlungstechnische Interventionsverfahren zu beherrschen, sondern wir plädieren für Flexibilität und Offenheit. Wenn Sie mit einem verhaltenstherapeutischen oder kognitiv-verhaltenstherapeutischen Ansatz arbeiten und eher zügig vorangehen wollen, werden Sie einem Klienten, der unsicher zwischen Prä-Kontemplation und Kontemplation hin und herschwankt, sicherlich keinen Gefallen tun. Dieser Klient braucht Zeit und eine stützende therapeutische Haltung. Mit Hilfe des Modells von Prochaska und DiClemente können Sie die therapeutische Vorgehensweise und Intervention angemessener an den jeweiligen Klienten anpassen.

Manche Klienten kommen mit mehreren Problemschwerpunkten in die Beratung, mit denen sie sich auf einer jeweils anderen Bewältigungsstufe befinden. Hier sind zusätzliche Aufmerksamkeit und Anpassungsfähigkeit des Beraters gefordert.

Nehmen wir an, eine Klientin erzählt uns von ihren Schwierigkeiten, selbstbewußt zu sein, Neues auszuprobieren und mit der Trennung von ihrem Freund umzugehen. Nun könnte man all diese Punkte als Ausdruck ein und desselben Problems auffassen, dem bestimmte frühkindliche Erfahrungen mit Bindung und Trennungsangst zugrundeliegen. Im Rahmen einer Kurzberatung jedoch, die so effektiv wie möglich sein soll, müssen Sie fokussierend vorgehen. Die Klientin erwähnt drei Bereiche, die sie bearbeiten möchte. Zwingen Sie ihr nicht Ihre Ansicht auf, daß die beschriebenen Schwierigkeiten allesamt auf entwicklungsgeschichtlich frühe Erfahrungen zurückzuführen sind, die nun im Rahmen einer Langzeitbehandlung korrigiert werden sollten. In Abschnitt 23 werden wir noch einmal auf das Problem des Prioritäten-Setzens zurückkommen. An dieser Stelle geht es darum, auf welcher Stufe sich ein Klient mit jedem seiner Probleme befindet.

Nehmen wir an, unsere Klientin hat sich vor einem Jahr von ihrem Freund getrennt, darüber viele Tränen vergossen, die ganze Geschichte überdacht und vermißt ihn nach wie vor sehr. Gemeinsam könnten Sie zu dem Schluß kommen, daß sie den Verlust ihrer Beziehung "abgetrauert" hat und sich nun in einem Stadium befindet, in dem sie allmählich die Realität dieses Verlustes zu akzeptieren beginnt. Ein angemessenes therapeutisches Vorgehen würde nun darin bestehen, sie dahingehend zu unterstützen, ihre Gefühle in bezug auf ihren Freund zu benennen und sie zu ermutigen, den Verlust zu akzeptieren. Sie will eine Zeit lang emotional auftanken; das hängt zum einen mit dem konkreten Verlust zusammen, andererseits mit realistischen Wünschen, sich an diesem Punkt in ihrem Leben persönlich weiterzuentwickeln. Vielleicht denkt sie gerade darüber nach, ihr Leben grundlegend zu verändern, wobei das Ausarbeiten längerfristiger Lebensperspektiven in der Beratung hilfreich sein kann. Vielleicht erzählt sie Ihnen auch, daß sie einen Sprachkurs machen will, um so ihr mangelndes Selbstbewußtsein zu stärken. Das deutet darauf hin, daß sie an einem Punkt angelangt ist, an dem sie konkrete Schritte unternehmen möchte. Diese Handlungsbereitschaft kann vom Berater begleitet und gefördert werden; einmal durch konkret definierte Veränderungsstrategien, z. B. Selbstsicherheitstraining, zum anderen durch das Erkennen und die Bearbeitung irrationaler Überzeugungen, z. B. in neuen Situationen nicht unsicher sein zu dürfen. Diese Problembearbeitung muß nicht parallel, sondern kann auch sukzessiv geschehen.

In Anhang 1 stellen wir Ihnen einen Fragebogen vor, der zur Identifizierung und Beurteilung der einzelnen Phasen des persönlichen Veränderungsprozesses eingesetzt werden kann. Er eignet sich als allgemeine Beurteilungsskala wie auch zur spezifischen Einzelproblemanalyse.

> Prüfen Sie, ob und wie sich das Phasenmodell der Persönlichkeitsveränderung in Ihre Arbeit mit Klienten integrieren läßt. Lernen Sie Ihre Klienten mit ihren einzelnen Problempunkten in die jeweiligen Phasen einzuordnen und versuchen Sie, Ihren Arbeitsstil und Ihre Interventiontechniken dem anzupassen.

18. Das Engagement des Klienten

Der Beratungsprozeß schreitet umso besser voran, je mehr sich der Klient in den Behandlungsprozeß eingebunden und ernstgenommen fühlt. Es ist daher ratsam, das Engagement des Klienten von Anfang an zu fördern. Dazu gehört, daß Klienten alle Aufgaben, die eine Beratung an sie stellt, kennen und verstehen. Das Wort "Aufgabe" lädt geradezu zu Mißverständnissen ein. Unter "Aufgabe" fällt all jenes, was an aktivem Handeln notwendig ist, um Klient und Berater in den Beratungsprozeß zu involvieren; es bedeutet auch, den Sinn des therapeutischen Vorgehens erfaßt zu haben, um einen optimalen therapeutischen Fortschritt zu gewährleisten. Einige Beratungskonzepte setzen therapeutischen Fortschritt implizit voraus und betrachten Aufgaben als fremdartiges (verhaltenstherapeutisches) Konzept. Das ist nicht der Fall. Ursano et al. (1991) fassen die Aufgaben eines Patienten in psychodynamischer Psychotherapie wie folgt zusammen:

– Herstellung eines Arbeitsbündnisses mit dem Therapeuten
– Lernen, frei zu assoziieren
– Den schützenden therapeutischen Raum als solchen wahrnehmen
– Die Enttäuschung der Anfangsphase aushalten

- Die Phänomene der Übertragung, der Abwehr und des Widerstandes verstehen lernen
- Traumarbeit

Da Klienten weder alles über eine bestimmte therapeutische Methode gelesen haben, noch sich ihr Wissen via Intuition oder telepathischer Fähigkeiten aneignen, sollten Sie über Ihre therapeutischen Ziele und Behandlungsmethoden offen sprechen und sie zur Zusammenarbeit auffordern.

Jede Therapie stellt bestimmte Anforderungen an ihre Klienten. In kognitiven Verhaltenstherapien tritt dies deutlicher zutage, wenn der Klient aufgefordert wird, Hausaufgaben zu erledigen oder während der Sitzung konkrete Beispiele seiner Denkprozesse und Denkregeln zu liefern. In der Gestaltberatung sollen Klienten mit den Grenzen ihres eigenen Selbst in Berührung kommen. Im klientenzentrierten Beratungsmodell werden sie aufgefordert, sich auf den Prozeß der Selbsterforschung einzulassen sowie ihren Gedanken und Gefühlen und sich selbst Vertrauen zu schenken. Viele Berater setzen implizit voraus, daß Klienten wie selbstverständlich in den therapeutischen Prozeß einsteigen und sich selbst erschließen, was an Mitarbeit von ihnen verlangt wird. Tatsächlich aber käme es dem therapeutischen Fortschritt nur zugute, würden Therapeuten (und das gilt für Vertreter verschiedener Schulen) ihre Klienten über die an sie gestellten Erwartungen aufklären. Falls der aktiven Teilnahme des Klienten am therapeutischen Prozeß dieser entscheidende Stellenwert zukommt, wie wir glauben, dann ergeben sich aus unserer Unfähigkeit, mit der Passivität des Klienten umzugehen, unweigerlich Probleme. Natürlich könnte man nun einwenden, daß manche Klienten von Natur aus passiv sind; in solchen Fällen sollte man die Überweisung in eine Langzeittherapie in Betracht ziehen. Manchmal jedoch haben Klienten eine geradezu mystische Vorstellung von Beratung und Therapie, was eine passive Erwartungshaltung nach sich zieht, die der Therapeut noch verstärkt, wenn er sie über Sinn und Zweck der gemeinsamen Arbeit im unklaren läßt.

Mit passiven Klienten riskieren wir, die gesamte Arbeit für sie erledigen zu wollen, z. B. indem wir viel reden. Dadurch verstärken wir die Passivität seitens der Klienten. Es ist wichtig, diese Falle rechtzeitig auszumachen. Genauso gefährlich ist der gegenteilige Effekt, wenn wir versuchen, unseren Klienten aus der Reserve zu locken und sein Schweigen zu brechen und uns somit in die Rolle eines Verfolgers begeben. Es ist besser, die Passivität selbst zu hinterfragen und behutsam anzusprechen: "Es scheint Ihnen sehr schwer zu fallen, loszulassen und über das zu sprechen, was Sie wirklich verärgert", "Ich denke, Beratung funktioniert am besten, wenn man den Mut hat, ein gewisses Risiko einzugehen, sei es auch noch so klein. Gibt es denn etwas, was Sie bereit wären zu riskieren?" Versuchen Sie bei den kleinsten Anzeichen, die seitens des Klienten auf den Wunsch nach Veränderung hinweisen, eine aktive Beteiligung herzustellen. Behandlungsansätze wie die kognitiv-analytische Therapie von Ryle (1990) bauen darauf auf, daß vom Klienten eine "aktive Teilnahme" am therapeutischen Geschehen erwartet wird; dazu gehören Eigenberichte in Form von Fragebögen sowie schriftliche Aufgaben.

Teilen Sie dem Klienten mit, daß in der Beratung seine aktive Beteiligung gefordert ist. Gehen Sie das Problem der Passivität an und achten Sie darauf, die Arbeit Ihrer Klienten nicht selbst zu übernehmen. Lassen Sie sie über Sinn und Zweck einer Beratung nicht im Dunkeln.

19. Sprache und Rhythmus des Klienten

Jeder Klient ist anders. Der klientenzentrierte Ansatz hebt diesen Aspekt besonders hervor. Am augenfälligsten wird diese Anders- und Einzigartigkeit eines jeden einzelnen in seiner Sprache. Manche Menschen benützen eine eher förmliche Sprache nicht nur, wenn sie über andere oder mit anderen sprechen, sondern auch, wenn sie über sich selbst oder ihr Leben berichten. Dies kann persönliche Vorliebe, kulturelle Norm oder Abwehrstrategie bedeuten. Was sich auch immer dahinter verbergen mag, als Berater sollte man darauf achten und seine eigene Sprechweise der des Klienten anpassen, um, zumindest in der Anfangsphase, zu große Dissonanzen zu vermeiden.

Es gibt graduelle Unterschiede im Gebrauch einer eher förmlichen oder weniger formellen Sprache. Für manche Menschen ist Fluchen ein fester Bestandteil ihrer Alltagskommunikation, den sie auch in den Sitzungen beibehalten werden. Wenn Sie das Fluchen Ihres Klienten stört (oder ganz bestimmte Kraftausdrücke), müssen Sie sich überlegen, wie Sie damit umgehen wollen. Mit Klienten, die sich einer eher derben Sprechweise bedienen, stellt sich das Arbeitsbündnis leichter her, wenn der Therapeut entweder eine ähnliche Sprechweise übernimmt oder sich davon zumindest nicht unangenehm berührt fühlt. Natürlich sollen Sie nicht in wüstesten Slang verfallen, sondern so weit wie möglich bei sich bleiben. Wenn allerdings deutlich wird, daß Sie aus einer ganz anderen gesellschaftlichen Schicht kommen als Ihr Klient, könnten sich Schwierigkeiten für Ihre Kommunikation ergeben. Ein Weg, dieses Problem anzugehen, besteht darin, auf die non-verbalen Reaktionen des Klienten zu achten. Oder aber das Phänomen der unterschiedlichen Kommunikationsstile selbst zum Thema zu machen. "Menschen drücken Dinge auf die verschiedenste Art und Weise aus und ich frage mich, ob wir hier immer auf derselben Wellenlänge sind oder nicht? Wie gut, glauben Sie, ist die Verständigung zwischen uns beiden?", oder: "Hat etwas von dem, was ich gesagt habe, abweisend auf Sie gewirkt?"

Es gibt Menschen, die im Umgang mit anderen sehr steif und trocken sind. Dies wird dann sicher auch in der Beratung der Fall sein. Sie können Ihre Art zu kommunizieren diesem Stil anpassen oder aber ihn thematisieren (wenn Sie der Meinung sind, diese Haltung sei Teil des Problems des Klienten). Oder aber Sie versuchen, die Kommunikation zwischen Ihnen farbiger und lebendiger zu gestalten, was den Klienten ebenfalls dazu ermutigen könnte, etwas mehr "aufzutauen". Setzen Sie Phantasien oder Metaphern ein und experimentieren Sie damit. Reagiert der Klient darauf? Gibt es bestimmte Formen der Sprache, die den

Klienten erreichen, während andere unbeantwortet bleiben? Natürlich funktioniert dieses Vorgehen auch andersherum. Klienten mit hysterischer Persönlichkeitsstruktur, deren Sprechweise eher theatralisch, laut und schnell ist, können auch nicht zu lange vom Therapeuten gespiegelt werden! Diese Klienten müssen Sie erst wieder auf den Boden der Realität zurückholen, um effektiv mit ihnen arbeiten zu können. Diese Beispiele zeigen, daß es kein Patentrezept gibt, wie man als Berater am besten verfährt. Es gibt allerdings gute Gründe, unsere Sprache an die unserer Klienten anzupassen, einmal, um das therapeutische Band zu festigen, zum anderen, um unsere Klienten behutsam von einer Stimmung in die andere zu begleiten. Das therapeutische Prinzip der Kongruenz auf seiten des Therapeuten dient dazu herauszufinden, welches der angemessene Kommunikationsstil ist.

Noch ein paar Worte zum Thema Fachjargon. Im Austausch mit Kollegen werden Fachausdrücke oft zum schnelleren Verständnis benutzt, in der Arbeit mit Klienten sollten sie jedoch auf jeden Fall vermieden werden. Versuchen Sie, die Sprache des Klienten zu erlernen. Vermeiden Sie diagnostische oder psychologische Fachbegriffe (manche Therapieverfahren, wie zum Beispiel die Transaktionsanalyse, basieren auf dem Erlernen bestimmter Basiskonzepte und setzen den Gebrauch bestimmter Fachausdrücke voraus, die jedoch vor Beginn der Therapie sorgfältig erläutert werden müssen). Eine andere Art des Fachjargons ist das berühmte "Ich verstehe, was Sie meinen", das manchmal völlig fehl am Platz sein kann. Einige Klienten fühlen sich von dieser manierierten Sprechweise abgestoßen. Achten Sie auf die Reaktionen des Klienten, und Sie werden sofort merken, ob Sie den richtigen Ton angeschlagen haben. Natürlich kann der falsche Ton ebenfalls therapeutisch interessante Reaktionen hervorrufen, allerdings sollten Sie zu Beginn der gemeinsamen Arbeit nicht gerade auf einen negativen Übertragungs-Gegenübertragungs-Clinch abzielen.

Einzigartigkeit besteht nicht nur in der Sprache, sondern auch im Rhythmus eines jeden einzelnen Klienten. Das gleiche gilt für Berater und Therapeuten. Wir unterscheiden uns in der Art und Weise, wie wir Informationen, begriffliche wie auch emotional besetzte, aufnehmen und verarbeiten. Wir alle sprechen und denken unterschiedlich schnell. Das wohl problematischste Szenario ist das eines sehr "langsamen" Therapeuten, der mit einem sehr "schnellen" Klienten arbeiten soll. Therapeuten scheinen weniger Probleme zu haben, sich zu bremsen als sich beeilen zu müssen. Es ist unsinnig, sich mit aller Gewalt an den Klienten anpassen zu wollen. Achten Sie einfach darauf, welches Tempo der Klient einschlägt und versuchen Sie, mit ihm zu gehen, nicht gegen ihn. Das Gefühl gedrängt zu werden, wird den Klienten verärgern, ebenso wie es ihn erschöpfen wird, ständig ein paar Schritte voraus zu sein. In diesem Fall dürfen wir das Tempo des Klienten nicht als lästige Drängelei interpretieren. Die vorrangige Aufgabe eines Therapeuten besteht darin, den Klienten dort abzuholen, wo dieser in seiner Entwicklung gerade steht, und nicht darin, ihn zu pathologisieren.

Was aber, wenn ein Klient nur sehr langsam seine Gedanken entwickelt? Wie reagieren Sie als Berater? Rufen Sie sich ins Gedächtnis zurück, was wir zum Thema Metareflexion im therapeutischen Geschehen festgehalten hatten. "Mir fällt auf, daß Sie lange über Ihre Antworten nachdenken. Ist das bei Ihnen allgemein so und ist das für Sie von Bedeutung?" Sie wollen eine Antwort und gleichzeitig ein wenig nachbohren. Der Klient könnte antworten, "Ich weiß nicht. Darüber habe ich noch nie nachgedacht. Ich glaube, die Situation hier ist etwas ungewohnt für mich, aber eigentlich gehöre ich schon zu den eher Langsameren." Inhaltlich können Sie hier natürlich weiterfragen. Behandlungstechnisch jedoch wäre es angebracht, dieses Tempo zu akzeptieren, anstatt ungeduldig zu werden und den Klienten zu verunsichern.

> Achten Sie sorgfältig auf die Sprache Ihrer Klienten. Passen Sie Ihre eigene Sprechweise so weit wie möglich an und erlauben Sie sich, mal mehr oder mal weniger förmlich zu sein. Vermeiden Sie Fachausdrücke. Achten Sie auf den Rhythmus Ihrer Klienten und "gehen Sie mit".

20. Einflußnahme des Beraters/Therapeuten

Einen Klienten in irgendeiner Art und Weise beeinflussen zu wollen, grenzt für viele Berater an eine therapeutische Todsünde. Viele versuchen (irrtümlicherweise) mit aller Gewalt, jedwede Einflußnahme auf ihren Klienten zu vermeiden. Es ist bekannt, daß sogar Carl Rogers seine "hms" und "ahas" so anbrachte, daß ein subtiles Muster an differentieller Verstärkung sichtbar wurde. Man kann darüber streiten, aber wir glauben, daß Einflußnahme im Beratungsgeschehen unvermeidlich ist. Ivey et al. (1987) definieren Beratung und Therapie als "Prozesse gegenseitiger persönlicher Beeinflussung".

Wir wollen dies näher betrachten. Klienten werden oft, je nach Persönlichkeit, entweder vom Expertenstatus oder der Attraktivität ihres Beraters oder ihrer Beraterin beeinflußt. Ebenso sprechen manche eher auf den förmlichen Stil ihres Therapeuten an, andere mehr auf einen lockeren Umgangston. Fachliche Qualifikationen, praktische Erfahrung und Wissen sowie die Umgebung, in der ein Therapeut arbeitet, entscheiden darüber, ob jemand als Experte gilt oder nicht. Diese Position geht oft, aber nicht immer, mit einem förmlichen Umgangston einher. Die Attraktivität eines Therapeuten gründet auf dessen Persönlichkeit, Warmherzigkeit und äußeren Erscheinung und ist oft verbunden mit eher lockeren, informellen Umgangsweisen. Ich habe die Erfahrung gemacht, daß es durchaus möglich ist, bei einem Klienten sehr förmlich im Umgangston zu sein, beim nächsten aber die Krawatte abzunehmen und gemeinsam, Füße auf dem Tisch, eine Tasse Kaffee zu trinken. Das geht aber nur, wenn man sich in beiden Situationen wohl fühlt und nicht krampfhaft versucht, den Lockeren zu spielen.

Als frischer und noch unerfahrener Berater gibt es natürlich noch nicht so viel, womit Sie den "Fachmann" geltend machen könnten (das heißt nicht, daß Sie nicht in verwandten Fachbereichen ein Experte sein können). Ausbildungskandidaten gelingt es oft, durch ihren Enthusiasmus, ihre Aufmerksamkeit und auch ihre Verletzlichkeit, ein besonders gutes therapeutisches Bündnis mit Klienten herzustellen. "Ich bin Ausbildungskandidat und freue mich darauf, mit Ihnen zusammenzuarbeiten" hört sich viel besser an als "Ich bin nur Ausbildungskandidat und brauche praktische Erfahrung"! Wenn Sie auf Klienten treffen, die ausdrücklich Wert darauf legen, von einem erfahrenen Therapeuten behandelt zu werden, können Sie ihnen die Bereiche nennen, in denen Sie als Experte gelten. Oder aber Sie überlegen, ob Sie den Klienten weitervermitteln wollen. Vergessen Sie jedoch nicht, wie unterschiedlich Klienten sind; für viele ist es nicht der weiße Kittel, sondern die offene, akzeptierende Haltung, die sie Vertrauen fassen läßt. (Es ist wichtig, Klienten über die fachlichen Qualifikationen offen Auskunft zu geben. Es ist allerdings unnötig, mangelnde Erfahrung und noch fehlende Qualifikationen bis ins letzte Detail zu offenbaren.)

Darf man seinen Klienten Getränke anbieten und ihnen zeigen, daß man gut gelaunt ist? Klassischen Freudianern werden sich sich bei dieser Vorstellung alle psychoanalytischen Haare sträuben, aber es gibt viele Berater und Psychotherapeuten, die ihre Klienten mit einer Tasse Kaffee begrüßen und mit ihrem Humor oder ihrer guten Laune nicht hinterm Berg halten. Wie verhalten Sie sich am liebsten? Gelingt es Ihnen, den Umgangsstil zu verändern, je nachdem welchen Klienten Sie vor sich haben? Thematisieren Sie diesen Punkt in der Beratung selbst.

Denken Sie daran, daß Sie immer Einfluß nehmen werden auf Ihre Klienten, ob bewußt oder unbewußt, ob es Ihnen gefällt oder nicht. Wie können Sie dieses Wissen für Ihre beraterische Tätigkeit nützen? Wie wohl fühlen Sie sich dabei, Ihren Umgangsstil den jeweiligen Klienten anzupassen? Nehmen Sie dieses Gefühl ernst und versuchen Sie, es in die Beratung zu integrieren.

21. Verschiedene Klienten – verschiedene Beratungsstile

Klienten stellen unterschiedliche Erwartungen an uns. Richert (1983) unterscheidet "medizinisch orientiertes" Klientel (das ein hohes Maß an Autorität erwartet), "Offenbarungs-Orientierte" (die nach einem mächtigen, scharfsinnigen Berater Ausschau halten), "Problemlöser" (denen nicht so sehr an fachlicher Autorität gelegen ist denn an technischen und strategischen Anweisungen) und "Seelenforscher" (die sich nach einem empathischen Wegbegleiter auf ihrer Reise ins Unbekannte sehnen). Kennen Sie solche Vorlieben bei Ihren Klienten? Wenn ja, wie gehen Sie damit um?

Sie werden bereits bemerkt haben, daß wir grundsätzlich eine flexible und offene Haltung des Beraters gegenüber seinen Klienten und ihren Erwartungen vertreten. Das trifft in diesem Fall besonders zu. Wenn Sie von der Notwendigkeit unterschiedlicher Beratungsstile ausgehen, um den Anforderungen unterschiedlicher Klienten gerecht zu werden, sehen Sie sich zwangsläufig mit bestimmten behandlungstechnischen Implikationen konfrontiert, ob Sie sich nun an das Schema von Richert halten oder Ihrer eigenen Intuition folgen wollen. Wenn Sie sich persönlich mehr als Wegbegleiter auf einer Reise ins Ungewisse verstehen und einem Klienten gegenübersitzen, der partout zu Ihnen aufschauen will und konkrete Weisungen erwartet, werden Sie über Wochen versuchen, seinen äußeren Bezugsrahmen zu sprengen, um dann die eigentlichen Probleme zu behandeln, die ihn ursprünglich zu Ihnen geführt hatten? Es gibt sicherlich Berater, die so verfahren. Wenn Sie aber Problemfokussierung als wertvolles behandlungstechnisches Instrumentarium ansehen und die relativ kurze Zeit bedenken, die Sie mit dem Klienten verbringen, spricht mehr dafür, sich auf das zu konzentrieren, was der Klient bringt.

Howard et al. (1987) haben ihre eigene Vorstellung von der Unterschiedlichkeit ihrer Klienten. Sie versuchen, die Bereitschaft des Klienten, sich auf Veränderungen einzulassen, mit angemessenen Beratungsstilen seitens des Beraters in Einklang zu bringen. Sie sprechen von stützendem Verhalten, Unterrichten, Aufgabenerteilung und Deutung als den wesentlichen Stilen in einer Beratung. Ohne zu sehr ins Detail zu gehen, möchten wir unterstreichen, daß auch im Rahmen dieses Schemas Flexibilität seitens des Beraters gefordert ist. Sie müssen sich nicht wie ein Schauspieler auf die nächste Sitzung vorbereiten. Allerdings halten wir nur *eine* unveränderliche Haltung des Beraters seinen Klienten gegenüber für nicht ausreichend. "Authentisches Chamäleon" nennt Arnold Lazarus diese Anforderung an den Therapeuten, sich an seine Klienten anzupassen. Beratung bedeutet nicht nur, bei sich zu bleiben, sondern auch, beim Klienten zu sein und ihm beizustehen. Auch wenn die eigenen Wahlentscheidungen nicht immer bewußt ablaufen, werden wir uns in unserer Arbeit ständig damit auseinandersetzen müssen, ob und wie wir uns auf den Klienten einstellen. Es ist an uns, auf unsere Klienten zu- und einzugehen, nicht deren Aufgabe, uns entgegenzukommen, um uns auf unserer Ebene zu begegnen. Es wird Zeiten geben, in denen Sie in Ihrem Repertoire vergeblich nach den richtigen Antworten suchen. In solchen Fällen bietet die Supervision entscheidende Hilfe. Darüber hinaus besteht immer die Möglichkeit, den Klienten weiterzuvermitteln, wenn Sie nicht mehr weiterwissen.

> Kein Klient ist wie der andere. Sie stellen unterschiedliche Erwartungen an ihre Berater. Sie können Ihre Effektivität erhöhen, wenn Sie diese Unterschiede erkennen und Ihre therapeutische Haltung daran anpassen. Verfahren Sie nicht immer nach demselben Schema.

22. Angemessene Strukturierung

Unter Strukturierung verstehen wir den Rahmen, den wir in unserer Arbeit setzen. Wenn der Beratungsprozeß einmal in Gang gekommen ist und die Klienten sich über ihre Aufgaben einigermaßen im klaren sind, werden sie, je nach Persönlichkeitsstruktur und spezifischer Abwehrmechanismen, unterschiedliche

Arten der Strukturierung brauchen. Wir wollen dies anhand eines klassischen Fallbeispiels eines hysterisch strukturierten Klienten verdeutlichen:

Klient: Sie hört einfach nicht auf damit, ständig die Lautstärke aufzudrehen, ich habe es ihr schon hundert Mal gesagt, und wenn ich ihr es noch einmal sagen muß . . . Können Sie mir sagen, warum ausgerechnet ich mich damit herumschlagen muß? Na ja, ich habe ja schon Fortschritte gemacht, nicht wahr? Es ist nicht so, daß ich . . . Warum soll ich mich ärgern?! Es ist das gleiche wie in der Arbeit mit dieser dummen Sekretärin. Manchmal denke ich, ich sollte einfach mal aussteigen. Vielleicht brauche ich einfach nur Urlaub? Ich wünschte, ich könnte eine Entscheidung treffen und damit umgehen!

Therapeut: Einen Augenblick. Ich bin nicht sicher, ob ich Ihnen noch folgen kann. Wir sprachen eingangs über Ihre Nachbarin. Wiederholen Sie noch einmal, wo genau das Hauptproblem liegt.

Klient: Hauptproblem?! Mein Gott, manchmal weiß ich nicht mehr, ob ich gerade komme oder gehe! Wenn nicht das eine, dann das andere.

Therapeut: Vielleicht gibt es da eine Menge Dinge, aber Sie können nur eines nach dem anderen angehen. Also, über was ärgern Sie sich im Moment am meisten?

Wenn Ihr Klient noch immer von einem Punkt zum nächsten springt, bitten Sie ihn um Erlaubnis, ihn unterbrechen zu dürfen. Beim nächsten Mal unterbrechen Sie ihn höflich, aber bestimmt. Auch wenn es schwierig ist, so ist es doch notwendig. Vielleicht versucht dieser Klient mit aller Macht, sich auf einen bestimmten Bereich zu konzentrieren, aber es entgleitet ihm immer wieder. Ihre Aufgabe besteht darin, ihn zu unterbrechen und daran zu erinnern, daß er sich doch etwas ganz anderes anschauen wollte. Ein solches Vorgehen verstehen wir unter Strukturierung bzw. Struktur-Geben. Es setzt voraus, daß Berater und Klient ein bestimmtes Thema ins Auge fassen und an diesem Thema "dranbleiben". Manchmal muß der Berater den Klienten energisch "zurückholen", damit beide den Faden zu Ende spinnen können. Sie brauchen eine gewisse Struktur, um den Klienten allmälich dazu zu bringen, sich einen Punkt nach dem anderen vorzunehmen, was für diesen vielleicht ungewohnt ist.

Sehen wir uns ein anderes Fallbeispiel an – diesmal geht es um eine eher "zugeknöpfte" Klientin:

Therapeut: Sie sind also auch der Meinung, daß Sie lernen sollten, zu Hause mehr zu entspannen?

Klientin: Ja. Entspannen. Ich will ja. Aber es ist so schwer. Es tut mir leid. Ich versuche es ja. Aber es ist nicht einfach. Ich ertrage es einfach nicht, Dinge herumliegen zu sehen. Ich muß dann einfach was tun.

Therapeut: Mir fällt auf, daß Sie immer sehr aufrecht sitzen, wenn Sie hier sind. Ziemlich steif, so als würden Sie sich nicht wohlfühlen. Würden Sie hier gerne entspannter sein?

Klientin: (händeringend) Äh . . . ja, äh . . . ich weiß schon, daß ich hier auch nicht entspannt bin, aber ich bin immer so.

Therapeut: Probieren Sie doch einmal, sich in ihrem Stuhl zurückzulehnen, anstatt vornüber gebeugt zu sitzen. Wollen Sie's mal versuchen?

Klientin: Äh . . . meinen Sie jetzt? Mich zurücklehnen?

Hier ist es die Aufgabe des Beraters, die Klientin aufzulockern. Das kann einige Zeit dauern und erfordert eventuell mehrere Anläufe. Natürlich werden Sie bei jedem Klienten anders verfahren. Diagnostische Eindrücke, sei es im Erstgespräch, sei es aus Anlaß einer späteren Verifizierung der Erstdiagnose, werden Ihr Gespür dafür schärfen, welche Art von Strukturierung ein Klient wann braucht. Bitten Sie den Klienten um Feedback: Kann er mit dieser Art von Strukturierung etwas anfangen, empfindet er sie als hilfreich?

Je nach Klient werden Sie ein Gefühl dafür entwicklen, wie strukturiert die Sitzungen sein werden. Finden Sie heraus, welches Maß an Struktur Ihre Klienten brauchen, um angemessen arbeiten zu können.

23. Problemschwerpunkte

Sie haben mittlerweile eine vage Vorstellung von den Problemen und Sorgen Ihres Klienten. Um nicht aneinander vorbeizureden, müssen Sie das Material ordnen und Schwerpunkte setzen. Sie müssen entscheiden, welche Themen vorrangig behandelt werden sollen.

Wie wollen Sie dies entscheiden? Überlegen Sie, welches Problem im Moment am schwersten wiegt. Eine Klientin leidet an mangelndem Selbstbewußtsein, ist mit ihrer Arbeit unzufrieden und Bulimikerin. Eventuell sind diese drei Komponenten voneinander nicht zu trennen. (Einige Theorien behaupten, daß alles immer zusammenhängt, was auch der Fall sein mag; im Rahmen einer Kurzberatung jedoch ist es unmöglich, in die Tiefen der menschlichen Seele hinabzusteigen, in der vagen Hoffnung, dort alles wohlgeordnet an seinem Platz vorzufinden.) Gehen wir davon aus, daß in unserem Fallbeispiel die Eßstörung das schwerwiegendste Problem darstellt. Wenn Sie und Ihre Klientin darin übereinstimmen und sich auch darin einig sind, daß der Schweregrad eines Problems bestimmt, was vorrangig behandelt wird, können Sie mit der Arbeit beginnen.

Welche Schwerpunkte setzen Klienten selbst? Wie reagieren Sie auf eine Klientin, die eine genaue Vorstellung davon hat, daß sie in der Beratung ihre Vaterproblematik besprechen möchte, während Sie als Berater anderer Meinung sind (für Sie wiegt eventuell schwerer, daß die Klientin die Tendenz hat, in ihrem Alltag möglicherweise angsterzeugende Situationen zu meiden)? Es ist ratsam, den Wunsch der Klientin zu akzeptieren und das für sie zentrale Problem zu bearbeiten.

Welches Thema wird die meisten Veränderungen nach sich ziehen? Kehren wir zum Fallbeispiel der Bulimikerin zurück. Angenommen, sie ist seit sieben Jahren eßgestört und kann im Moment einigermaßen damit umgehen. Allerdings ärgert sie sich zur Zeit über einen Arbeitskollegen, was sie ihm auch sagen will. Sie ist entschlossen, ihm klarzumachen, daß er sie in Ruhe lassen soll und hat vor dieser Konfrontation keine Angst mehr. Wenn es ihr mit Ihrer Unterstützung gelingt, diese Situation zu klären und der Arbeitskollege sein Verhalten ihr gegenüber ändert, wird sie das Gefühl haben, einen Erfolg erzielt zu haben. Versuchen Sie mit dieser Politik der kleinen Schritte weiterzumachen, anstatt gleich den größten Brocken in Angriff zu nehmen (sieben Jahre Bulimie bedeutet ein ungeheures Maß an Therapieresistenz!). Eventuell setzen diese kleinen Erfolgserlebnisse einen Veränderungsprozeß in Gang, der letztendlich bei der Klientin selbst in dem Wunsch münden kann, das Problem Eßstörung zu bearbeiten.

"Sie haben eine klare Vorstellung davon, daß diese zwei oder drei Problembereiche für Sie Vorrang haben. Welchen Punkt sollen wir als erstes bearbeiten?" So oder ähnlich können Sie nach gewünschten Schwerpunkten fragen. Um nicht ziellos durch die gesamte Biographie Ihrer Klienten zu wandern, sollten Sie ihnen auch erläutern, warum Sie es für hilfreich erachten, Gewichtungen vorzunehmen. Dies ist eine gute Übung, einem Klienten Struktur zu geben. Die vorrangigen Ziele können sich im Laufe der Beratung ändern. Wichtig ist jedoch, daß Sie durch die Themenabsprache zu Beginn der Beratung Ihren Klienten verdeutlichen, daß Beratung und der damit einhergehende Lernprozeß auch mit Aspekten der Disziplin und Strukturierung zu tun haben. Das ursprünglich festgesetzte Thema muß sich nicht unbedingt als das schmerzvollste oder offensichtlichste erweisen. Manchmal wollen Klienten erst einmal Dinge bearbeiten, die einfacher und mit weniger Angst verbunden sind. Mahrer (1989) fragt seine Klienten nach dem Gefühl, das im Zentrum ihrer Aufmerksamkeit steht. Er fragt nach ihrer Zustimmung, ein bestimmtes Thema anzugehen: "Sind Sie bereit? Möchten Sie diesen Punkt nun bearbeiten?"

Helfen Sie Ihren Klienten, bestimmte Schwerpunkte zu setzen. Sprechen Sie darüber, warum es von Vorteil ist, mit einem bestimmten Problem zu beginnen. Stellen Sie sicher, daß Sie beide über das gleiche Thema sprechen wollen.

24. Definition und Konzeptualisierung des Beratungsthemas

Sie wissen, warum Ihr Klient in die Beratung gekommen ist, Sie kennen seine Hauptschwierigkeiten und wissen, wo Sie Schwerpunkte setzen wollen. Jetzt geht es darum, das eigentliche Beratungsthema, auf das Sie sich geeinigt haben, näher zu beleuchten. Hierzu ein Beispiel:

Klient: Ich habe Probleme mit Frauen.

Therapeut: Können Sie mir sagen, welches Problem das genau ist, das Sie in Ihrer Beziehung zu Frauen haben?

Klient: Ähm, wenn mir eine Frau gefällt und ich das Gefühl habe, ich gefalle ihr auch, dann traue ich mich nicht, sie anzusprechen. Oder wenn ich mich traue, dann bringe ich kein Wort 'raus und werde verlegen.

Therapeut: Heißt das, Sie möchten gerne in der Lage sein, auf Frauen, die Ihnen gefallen, zuzugehen, und mit ihnen ein Gespräch zu beginnen? Können Sie sich den Frauen dann nähern, oder kommt es gar nicht so weit?

Klient: In der richtigen Situation kann ich sie schon ansprechen. Aber dann werde ich verlegen und unsicher.

Therapeut: Es sind hier also zwei mögliche Problempunkte. Einmal "die richtige Situation" und zum anderen Ihre "Unsicherheit" und wie Sie die überwinden können. Sehe ich das richtig?

Klient: Ja. Ich glaube, das ist es, was ich meine; daß ich in der Gegenwart von Frauen unsicher werde, es aber nicht sein will.

Wir könnten auf die verschiedenste Art und Weise auf das vom Klienten dargebotene Material reagieren. In diesem Fall erarbeitet der Berater eine gemeinsame Definition des Problems, mit der beide einverstanden sind. Man könnte von einem bestimmten "Ist-Zustand" sprechen, von dem beide, Berater und Klient, in ihrer weiteren Arbeit ausgehen.

Wenden wir uns nun dem "Warum" zu? Wie versteht der Klient selbst seine Unsicherheit in bezug auf Frauen? Hat er eine Erklärung dafür? Ist es die große Nase? Hat er Angst, homosexuell zu sein? Liegt es an seiner Mutter, daß er Angst vor Frauen hat? Hat er den Eindruck, alle anderen haben damit keine Probleme? Erwartet er einen Schnellkurs in Sachen "Wie erobere ich Frauen schnell und zuverlässig"? Er hat sich sicher seine Gedanken gemacht, woran es bei ihm liegen könnte und wird Ihnen sein Erklärungsmodell anbieten; wenn nicht, fragen Sie danach.

An diesem Punkt wäre es hilfreich, dem Klienten Ihre Meinung zu seinem Problem darzulegen. Stellen Sie klar, daß dies nur eine Möglichkeit ist, die Sache zu betrachten, aber daß Sie gerne wüßten, ob er damit etwas anfangen kann. Das Fallbeispiel, das wir zur Illustration heranziehen wollen, ist aus meiner Arbeit mit einem Klienten namens "Steve" (Dryden 1990, 47). Ich hatte ihm bereits gesagt, daß meine Sicht der Dinge nur eine von vielen sei, daß ich aber durchaus der Meinung sei, er würde etwas damit anfangen können. Es wäre unklug, alles auf eine Karte zu setzen und zu behaupten, so und nicht anders müsse man dieses Problem sehen. In der hier folgenden Sequenz erläutere ich ihm das Konzept irrationaler Überzeugungen und welche Rolle diese für sein Problem spielen. Achten Sie darauf, wie der Klient in das Gespräch "verwickelt" wird.

Therapeut: Also, fassen wir noch 'mal zusammen, Sie haben Angst, durch Ihre Doktorprüfung zu fallen. Wir haben gesehen, daß nicht das Durchfallen an sich Ihnen Angst macht, sondern Ihre Einstellung dazu. Es ist jetzt wichtig, zwischen zwei verschiedenen Arten von Einstellungen zu unterscheiden; einer, die zu Angst und anderen negativen Emotionen führt, während die andere eine wohlwollende Haltung dem Problem gegenüber und andere konstruktive Emotionen nach sich zieht. Wenn Sie sich noch ein wenig gedulden, bevor wir uns direkt auf das Thema Angst konzentrieren, möchte ich Ihnen anhand eines Beispiels diesen wichtigen Unterschied zwischen beiden Einstellungen verdeutlichen.

Steve: In Ordnung.

Therapeut: Stellen Sie sich vor, Sie haben 10 Pfund in Ihrer Brieftasche. Allerdings wäre es Ihnen lieber, immer mindestens 11 Pfund bei sich zu haben, obwohl es nicht so besonders wichtig ist. Wie fühlen Sie sich, wenn Sie mit 10 Pfund unterwegs sind, während Sie doch lieber 11 Pfund dabei hätten?

Steve: Besorgt?

Therapeut: Richtig, oder frustriert, aber Sie würden deshalb nicht gleich Selbstmord begehen, nicht wahr?

Steve: Stimmt.

Therapeut: Stellen Sie sich nun vor, daß Sie diesmal der Meinung seien, "Ich muß unbedingt immer mindestens 11 Pfund bei mir haben, ich muß, ich muß, ich muß", und Sie sehen in Ihre Brieftasche und entdecken, daß es nur 10 sind. Wie fühlen Sie sich jetzt?

Steve: Ängstlich.

Therapeut: Oder deprimiert. Beachten Sie, daß wir uns noch immer in der gleichen Situation befinden, aber mit unterschiedlichen Einstellungen dazu. Nun das dritte Szenario. Sie sind noch immer der festen Überzeugung "Ich muß unbedingt immer mindestens 11 Pfund bei mir haben, ich muß, ich muß, ich muß". Aber jetzt sehen Sie nach und entdecken 12 Pfund. Wie fühlen Sie sich?

Steve: Ich freue mich.

Therapeut: Stimmt, Sie fühlen sich erleichtert. Aber mit derselben Einstellung, "Ich muß unbedingt immer mindestens 11 Pfund bei mir haben", würden Sie bald wieder vor der Situation stehen, Angst haben zu müssen. Was würde passieren?

Steve: Ich hätte Angst, 2 Pfund zu verlieren.

Therapeut: Genau, ich könnte 2 Pfund verlieren, ich könnte sie ausgeben oder beraubt werden. Der Punkt ist, daß alle Menschen, ob schwarz oder weiß, Männer oder Frauen, arm oder reich, sich selbst emotional in Schwierigkeiten bringen, wenn sie nicht das bekommen, was sie glauben, bekommen zu müssen. Wenn sie es bekommen, bringen sie sich auch in Schwierigkeiten aufgrund ihrer Ansprüche, ihres "Muß". Denn wenn sie all das hätten, was sie glauben haben zu müssen, könnten sie es ja wieder verlieren. Wenn wir aber an unseren undogmatischen Wünschen festhalten und sie nicht zu einem dogmatischen "Muß" machen, können wir angemessen reagieren, wenn wir nicht alles bekommen, was wir wollen, oder aktiv dafür sorgen, daß etwas Unerwünschtes in der Zukunft nicht eintritt. Ich möchte, daß Sie diese Unterscheidung zwischen undogmatischen Wünschen und dogmatischem "Muß" im Hinterkopf behalten, wenn wir nun zu unserem eigentlichen Thema zurückkehren. In Ordnung?

Dies ist ein Beispiel für den rational-emotiven Erklärungsansatz. Es gibt andere Konzepte, die man heranziehen kann. Wichtig ist, daß ein Klient das verwendete Erklärungsmodell versteht und wir ihm unsere Deutung des Problems nicht überstülpen, sondern behutsam als Alternative anbieten. Unsere Sicht der Dinge, warum ein Problem ein Problem ist, und wie es gelöst werden könnte, kann beim Klienten durchaus auf Widerstand stoßen. Was tun, wenn unser Klient, der in Gegenwart von Frauen unsicher und verlegen wird, unsere Analogie zu den 11 Pfund und unsere Interpretation ablehnt? An diesem Punkt müssen Berater und Klient über die verschiedenen Erklärungsansätze und Interpretationsmöglichkeiten verhandeln. Wenn der Klient darauf besteht, daß sein Problem mit seiner Mutter zu tun hat und Sie als Berater darauf bestehen, daß es an seinen dogmatischen "Muß"-Überzeugungen liegt, geraten Sie in eine Sackgasse. Wenn Sie aber beide von der Notwendigkeit überzeugt sind, die Beziehung zu seiner Mutter näher zu beleuchten und sich gleichzeitig anzuschauen, wie diese wiederum in seine möglichen Beziehungen zu Frauen miteinfließt, haben Sie einen besseren Ausgangspunkt für Ihre gemeinsame Arbeit. Eine wertvolle Hilfe zur Evaluierung von Erklärungsmodellen, die Klienten zu ihren Problemen entwickeln, ist der Einstellungsfragebogen zu psychologischen Problemen in Anhang 2.

Überlegen Sie gemeinsam, wie Sie das zu behandelnde Problem definieren wollen. Welche Erklärungen hat Ihr Klient für sein Problem, welches sind Ihre Interpretationen? Verhandeln Sie darüber, welches Erklärungsmodell Sie weiterhin verwenden wollen.

25. Subziele

Stehen die eigentlichen Beratungsthemen fest, gilt es, für jedes dieser Themen eine bestimmte Zielvorstellung festzulegen. Strukturiertes und strategisches Vorgehen ist einer der Pfeiler, auf dem Kurzberatung basiert. Dieses Vorgehen ist nicht zu verwechseln mit dem richtungsweisenden Verhalten des Beraters, das sich jeweils an seinem theoretischen Bezugsrahmen orientiert. Formulieren Sie einzelne Zwischenschritte, die zu durchschreiten auf dem Weg zum jeweiligen Beratungsziel erforderlich ist. Wir möchten an dieser Stelle auf Sutton (1989) verweisen, der die Bedeutung von Zielsetzungen im Beratungsprozeß besonders unterstreicht. Sutton plädiert für schriftlich ausformulierte Ziele, auf die sich Berater und Klient einigen und die dem Klienten die konkrete Möglichkeit an die Hand geben, den Beratungsfortschritt daran zu messen. Dieses Moment der permanenten Zielüberprüfung findet sich auch in Ryles (1990) Ansatz zur Kurzpsychotherapie. Willer und Miller (1976) konnten eindeutig aufzeigen, daß Klienten, die man zu Beginn ihrer Therapie nach konkreten Zielvorstellungen befragt hatte, weitaus zufriedener mit ihrem Therapieergebnis waren, als Klienten, die hierzu nicht interviewt worden waren. In der gleichen Studie fanden Willer und Miller heraus, daß ein hoher Prozentsatz an Klienten gar nicht nach Zielvorstellungen und Wünschen in bezug auf die Therapie oder Beratung befragt worden war. Obwohl diese Studie einige Jahre zurückliegt und in einer psychiatrischen Klinik durchgeführt wurde, glauben wir noch in zahlreichen therapeutischen Settings die Tendenz feststellen zu können, daß über Zielerwartungen des Klienten nicht gesprochen wird, daß Ziele als nicht wichtig erachtet werden, oder daß Therapeuten die Ziele für ihre Klienten definieren (z. B. "dieser Klient meint, sein Alkoholproblem überwinden zu müssen, ich aber weiß, daß er sich in Wirklichkeit mit einem viel tieferliegenden Schmerz auseinandersetzen muß").

Jeder weiß zwar, was gemeint ist, wenn ein Klient davon spricht, durch die

Beratung "erwachsener werden" oder "wieder mit mir klarkommen" zu wollen, allerdings müssen diese Erwartungen in konkrete, eindeutig anvisierbare Therapieziele umformuliert werden. Je spezifischer, desto besser. Das ist nicht einfach und geschieht nicht von selbst. Bei einigen Klienten ist es besonders schwierig, klare Zielkonzepte zu erarbeiten. Nichtsdestotrotz sind eindeutige Zielvorgaben notwendig. "Ich komme nicht mehr weiter", ist eine häufige Klage, mit der Klienten zu uns kommen. Ein simples "Wohin möchten Sie denn?" reicht hier als Antwort nicht aus. Was genau bedeutet "nicht mehr weiterkommen"? Auf welchem Weg, und wohin, steckt der Klient oder die Klientin fest? Spricht er/sie von seiner/ihrer beruflichen Laufbahn, von Beziehung und Partnerschaft, oder will er/sie die möglichen Ursachen für dieses Gefühl des "nicht weiterkommen" erkunden? Einige Behandlungsansätze (wie zum Beispiel die Reality Therapy von Glasser 1984) zeigen schnell und prägnant das auf, was der Klient will und wie sein eigenes Verhalten diesen Wünschen zuwiderläuft. Diese Art von Intervention, Zielvorstellungen sofort zu benennen und systematisch zu verfolgen, ist allerdings nicht bei allen Klienten indiziert.

"Ich will nicht jedes Mal einen Angstanfall bekommen, wenn ich zum Abendessen eingeladen bin, ich möchte in der Lage sein, mich wie jeder andere gut zu unterhalten" ist ein einigermaßen klar formuliertes Ziel. Der Klient ist stark motiviert, etwas gegen seine Angst zu unternehmen. Wie sieht es mit anderen Formulierungen aus? "Ich will nie wieder Angst haben, wenn ich auswärts esse oder irgendwo in der Öffentlichkeit bin". Die Vorstellung einer völligen Angstkontrolle sowie der Anspruch eines "Nie wieder" machen diese Wunscherwartung zur Utopie; damit läßt sich nicht arbeiten. Laufen Sie keinen Idealvorstellungen nach, sondern stecken Sie sich realistische Ziele, die der jeweiligen Situation angemessen sind. "Ich will meinen Freund überzeugen können, daß wir nicht unbedingt auswärts essen müssen" deutet darauf hin, einen anderen (den Freund) kontrollieren und der Konfrontation mit einer unangenehmen Situation aus dem Weg gehen zu wollen, was in beiderlei Hinsicht als Zielvorgabe nicht in Frage kommt. "Ich möchte meinem Freund erklären können, wie anstrengend es ist, auswärts zu essen", ist dagegen ein offener und ehrlicher Wunsch, der das Erlernen von bestimmten Bewältigungsstrategien im Auge hat. Klienten brauchen Zielvorgaben, die im Rahmen ihrer Möglichkeiten liegen. Allerdings kann es nicht unsere Aufgabe sein, dem Klienten unsere Meinung überzustülpen. "Sie haben schon recht, immer dieses Theater mit dem Essengehen, ich kann verstehen, daß Sie keine Lust haben", ist sicherlich eine unangemessene Reaktion, denn für den Klienten hat diese Aussage normativen Charakter und schränkt ihn in seiner Entscheidungsfreiheit ein. Hier nun ein Beispiel, wie Berater und Klient gemeinsam eine bestimmte Zielauswahl treffen können:

Therapeut: Sie haben also wiederholt Panikattacken, die Sie sehr beunruhigen, und Sie möchten diese Anfälle gerne loslein oder zumindest in den Griff bekommen. Ist das richtig?

Klient: Ich will einfach, daß sie aufhören, das stimmt. Aber es wird immer schlimmer.

Therapeut: Sie möchten, daß sie aufhören, aber sie kommen immer wieder. Und nun sind

Sie in die Beratung gekommen, um zu verstehen, was Ihnen da widerfährt, und um es zu überwinden?

Klient: Ja, genau. Das kann so nicht weitergehen. Glauben Sie, ich kann es schaffen?

Therapeut: Sie wollen, daß diese Angstanfälle aufhören, und ich will Ihnen helfen. Ich habe einige Ideen, wie wir dieses Problem angehen könnten, aber vorher möchte ich wissen, was genau Sie wollen. Sie haben erzählt, daß Sie nächsten Monat eine Einladung zum Abendessen haben, und daß Sie in der Lage sein wollen, "damit umzugehen". Was heißt "damit umgehen" genau für Sie? Sind Sie damit einverstanden, daß wir uns zunächst auf diesen einen Punkt konzentrieren?

Hier wird begonnen, an einem ganz bestimmten Thema zu arbeiten. Auch wenn das Problem klar genug ist, sollten wir uns auf ein konkretes Ziel einigen (was natürlich nicht bedeutet, daß wir von nichts anderem sprechen). In unserem Beispiel könnte noch näher definiert werden, was Panik für diesen Klienten bedeutet, welchen Grad an Angsttoleranz er in dieser bestimmten Situation hat und was "mit der Situation umgehen können" genau für ihn bedeutet. Es ist möglich, daß er vom Thema abweicht (und so wertvolles Material freilegt) oder daß Sie Ihre Aufmerksamkeit Bereichen zuwenden, die nicht direkt mit dem Problem oder dem Beratungsziel zu tun haben, aber zumindest können Sie es als Anhaltspunkt verwenden. Die Art und Weise, wie Ihr Klient abschweift, kann ebenfalls sehr aufschlußreich sein. Berater, die eher psychodynamisch orientiert sind, mögen bei den Beispielen, die wir hier bringen, ihre Zweifel anmelden. Kann diese Angst, auswärts essen zu gehen, nicht auch Ausdruck eines unbewußten Konflikts sein? Natürlich. Es ist durchaus möglich, daß im Laufe der Behandlung diesbezüglich Material aufgedeckt wird. Aber es ist nicht zwingend. Wir dürfen nicht vergessen, daß während der ganzen Zeit der Klient unter starkem Druck steht und nur eines will, nämlich diesen Druck loswerden. Manche Berater sind zu ehrgeizig. Laut Malan (1975) neigen Therapeuten oft zu "Perfektionismus" und "Übereifrigkeit" (wenn sie versuchen, die gesamte Dynamik aufzudecken, die sich hinter dem Erleben und Handeln ihrer Klienten verbirgt). Warum kommt der Klient in die Beratung? Fokussieren Sie die Zielerwartungen des Klienten und nehmen Sie sie ernst. (Vermeiden Sie jedoch ein Mitagieren, was pathologische Zielsetzungen betrifft, z. B. den Wunsch einer anorektischen Klientin, Gewicht zu verlieren.)

Verfügt Ihr Klient über die notwendigen Ressourcen, die festgesetzten Subziele innerhalb eines bestimmten Zeitrahmens zu erreichen? Ist es realistisch, von unserer Klientin, die regelmäßig von Panikattacken heimgesucht wird, nach einem Monat bereits Fortschritte zu erwarten? Es wäre durchaus möglich. Sie ist hochmotiviert, hat genug von lähmenden Angstanfällen, will sich nicht kaputtmachen lassen, sondern normal weiterleben, erfährt Hilfe und Unterstützung usw. Aber angenommen, sie leidet seit fünf Jahren unter diesen Anfällen, bekam darüber Depressionen, hat sich von all ihren Freunden zurückgezogen, anstatt ihnen davon zu erzählen; trinkt, um zu vergessen. Hier sehen die Voraussetzungen anders aus. Eventuell wäre in diesem Fall eine Langzeitbehandlung angemessen, womit die Klientin sich einverstanden erklären muß. Was aber, wenn sich ganz andere Probleme ergeben? Wenn unsere Klientin, aufgrund ihrer Herkunft aus einer einfachen Arbeiterfamilie, nie gelernt hat, essenzugehen und selbstsicher aufzutreten? Sie wird Zeit brauchen, um die sozialen Kompetenzen zu erlernen, die sie in jenen Kreisen braucht, in denen sie sich nun bewegt, die ihr aber aufgrund ihrer eigenen Sozialisation fehlen. Als Berater müssen wir unbedingt auch auf diese äußeren Variablen achten.

Eine Sache, die Therapeuten oft übersehen oder womit sie Schwierigkeiten haben, ist das Temperament eines Klienten. Sie persönlich etwa lachen gerne und viel, halten das für völlig normal und für jedermann wünschenswert. Gerade dann sollten Sie darauf achten, einen von Natur aus sehr ernsten Klienten nicht zu pathologisieren, und dem Irrglauben zu erliegen, hier ein tieferliegendes Problem beheben zu müssen. Das hieße, interindividuelle Unterschiede und persönliche Grenzen zu ignorieren. Ein anderes Beispiel: Sind Sie persönlich der Überzeugung, daß jeder Mensch das Potential in sich trägt, "alles sein und alles werden zu können"? Veränderung, Herausforderung und Vollkommenheit stellen Werte dar, die es für Sie persönlich zu verwirklichen gilt. Aber schließen Sie nicht von sich auf andere. Es mag an ihrem extrovertierten Temperament liegen, daß Sie nach immer mehr "Selbst-Ausdruck" streben. Viele Menschen jedoch sind sehr introvertiert und ganz zufrieden damit. Deurzen-Smiths (1988) Kritik an Grundannahmen in der Beratung ist hier sehr aufschlußreich. Ihre Zielvorstellungen sowie die Ihres Klienten sollten in eine Richtung gehen. Achten Sie darauf, daß die Erwartungen Ihres Klienten tatsächlich seinen eigenen Wünschen entsprechen und nicht von anderen übernommen wurden. Was will der Klient, was wollen Sie als Berater, was erwarten seine Familie, sein Chef oder andere?

Je nach konzeptionellem Ansatz, den Sie in Ihrer Arbeit vertreten, werden Sie sich dem Thema Zielkontrakt unterschiedlich annähern. Stewart (1989) zum Beispiel plädiert für ein eher förmliches Prozedere. Er vertritt die These, daß bereits das Aushandeln des Kontrakts selbst Hinweise darauf liefert, wie machbar, sicher und überprüfbar er ist, wie stark er auf die Autonomie des Klienten ausgerichtet ist und wie positiv er formuliert ist. "Ich möchte in der Lage sein, zum Abendessen auszugehen und es genießen zu können", ist ein positiv formuliertes Ziel. Wenn "Ausgehen und es genießen können" das Ziel ist, auf das Berater und Klientin sich einigen, ist das ein offizieller Zielkontrakt, der auch schriftlich abgefaßt werden kann. Es gibt auch sogenannte "harte" und "weiche" Ziele. "Ich möchte in der Lage sein, mich bei diesem Abendessen zu entspannen und es zu genießen", wäre ein hartes Ziel. "Ich möchte einfach wissen, warum ich immer diese Panikgefühle habe", ist ein Beispiel für ein weiches Ziel. Harte Ziele gehen ganz spezifisch in eine Richtung und sind stark motivationsgeleitet; weiche Ziele sind unpräziser formuliert und klingen weniger überzeugend. (Man kann eventuell einen Zusammenhang herstellen zwischen der Präzision von Zielvorstellungen und seinem jeweiligen Stand im Veränderungsprozeß.) Wie präzise, ungenau oder förmlich man in der Zielsetzung ist, hängt auch ab von praktischer Erfahrung, dem jeweiligen Beratungskonzept und persönlichen Faktoren. Je flexibler ein Berater auf die Bedürfnisse seiner Klienten einzugehen vermag, umso besser.

Legen Sie gemäß den Beratungsthemen bestimmte Subziele fest. Achten Sie gemeinsam darauf, daß diese klar formuliert und durchführbar sind. Überprüfen Sie, daß es sich tatsächlich um Wünsche und Vorstellungen des Klienten handelt, die realistisch sind und deren Realisierung im Rahmen seiner Möglichkeiten liegt. Respektieren Sie die Bescheidenheit der Erwartungen Ihrer Klienten. Machen Sie Ihre Klienten darauf aufmerksam, wenn bestimmte Ziele zu hoch oder zu niedrig gegriffen sind, und versuchen Sie, sie entsprechend umzuformulieren. Wägen Sie das Für und Wider von sowohl förmlichen als auch lockeren Zielkontrakten ab.

26. Erfolglose Problemlösungsversuche des Klienten

In einem früheren Kapitel wiesen wir darauf hin, daß es wichtig ist zu erfahren, ob ein Klient schon einmal beraterische oder therapeutische Hilfe in Anspruch genommen hat. In diesem Kapitel möchten wir uns jenen Problemlösungsversuchen zuwenden, die nicht zum Erfolg führten bzw. keine Besserung nach sich zogen. Es ist zwar vorstellbar, aber sehr unwahrscheinlich, daß ein Klient in eine Beratung kommt, ohne jemals versucht zu haben, sein Problem allein zu lösen. Die allermeisten werden bereits auf verschiedenstem Wege versucht haben, ihr Problem in den Griff zu bekommen. "Was haben Sie in der Vergangenheit unternommen, um mit diesem Problem umzugehen?" oder "Wie haben Sie versucht, dieses Problem zu lösen?" sind geeignete Fragen, um fehlgeschlagene Lösungsstrategien ausfindig zu machen.

Hier das Beispiel eines Klienten, der klagt, unter starkem "Druck" zu stehen und befürchtet zu "platzen". Seine Karriere sei außer Kontrolle geraten. In der Absicht, sich zu vergrößern, habe er sich zu viel Arbeit aufgehalst. Gemessen an seinem Aufwand allerdings verdiene er zu wenig. Er habe sich völlig verzettelt und sein Plan, sich zu vergrößern, sei fehlgeschlagen. Er will wissen, was er unternehmen könne, bevor alles völlig zusammenbreche. Auf die Frage, wie er denn bisher versucht habe, dieses Problem in den Griff zu bekommen (was ihm offensichtlich nicht gelang), antwortet er, er habe Aufträge abgelehnt, mit seinem Partner darüber gesprochen, meditiert, und einfach versucht, die Situation zu akzeptieren so wie sie sei. Nichts von alldem habe geholfen. "War denn alles nutzlos, oder haben einige Versuche besser funktioniert als andere?" – mit dieser Frage erfahren Sie mehr darüber, welche Lösungsstrategien sofort auszuschließen sind und welche eventuell nützlich sein könnten. Bauen Sie auf vergangenen Erfolgen auf und vermeiden Sie die Wiederholung fehlgeschlagener Lösungsversuche. Unser Klient berichtet, daß die Gespräche mit seinem Partner und die Meditationsübungen kurzfristig geholfen hätten. Finden Sie heraus, inwiefern bestimmte Strategien hilfreich waren, andere nicht.

Lösungsversuche, die sich in der Vergangenheit als erfolglos erwiesen, müssen nicht unbedingt wiederholt werden. Wenn ein Klient eine Beratung zum ersten Mal aufsucht, ist das eine für ihn neue Erfahrung, die jedoch nicht unbedingt die entsprechende Motivation nach sich ziehen muß. Zu Hause hat eine Klientin einen sehr verständnisvollen Ehemann, spürt aber, daß "reden allein" sie nicht weiter bringt. Ein anderer hat ein sicheres Auftreten, warum also in der Beratung weiter am Punkt Selbstsicherheit arbeiten? Je nachdem, was ein Klient bereits versucht hat, um ein bestimmtes Problem zu lösen, wird mit darüber entscheiden, wie er auf Lösungsvorschläge des Therapeuten reagiert. Die Klage "Ich weiß nicht, was ich machen soll, nichts funktioniert" deutet eher auf eine allgemeine depressive Verstimmung hin; in diesem Fall müßten vor einer Weiterarbeit erst einmal spezifische Subziele herausgearbeitet und präzise formuliert werden.

Nach mehreren energischen, aber erfolglos gebliebenen Versuchen, ein Problem in den Griff zu bekommen, wäre zu überlegen, ob es nicht hilfreicher seine könnte, langsamer, exploratorischer und entspannter vorzugehen. Andere Klienten geraten in heillose Verwirrung, wenn sie über persönliche Schwierigkeiten sprechen sollen; in diesem Fall sollten Sie sich überlegen, wie der Klient lernen könnte, sich klar und deutlich auszudrücken. Konzentrieren Sie sich in Ihren Lösungsstrategien auf jene, die noch nicht erfolglos ausprobiert wurden. "Ich habe den Eindruck, Sie haben sich völlig verzettelt. Wie wäre es, wenn wir versuchen, uns in jeder Sitzung ruhig und entspannt auf nur einen einzigen Punkt zu konzentrieren?" Der Klient bekommt so ein Gefühl dafür, daß es immer noch neue Möglichkeiten gibt, sich seinem Problem zu nähern, ohne die Hoffnung aufgeben zu müssen. Gerade für einen Klienten, der in der Vergangenheit verzweifelt versucht hat, Dinge zu verändern, ist dies eine wichtige Erfahrung. Kein Klient ist wie der andere, diesen so banalen wie wichtigen Satz haben wir schon mehrfach betont. Wir begegnen daher auch Klienten, die, im Gegensatz zu den gerade beschriebenen, offenbar recht wenig unternehmen, das, worunter sie leiden, zu verändern. Hier werden wir als Berater anders vorgehen müssen, etwa indem wir ihnen helfen, allmählich Eigenverantwortung für ihr Handeln zu übernehmen. Klienten, die auf ihrer Suche nach Problemlösungen gescheitert sind, haben eine ganze Menge an Grübeleien und eigener Seelenforschung hinter sich. Wir alle kennen sie, den Kummerkasten in der Zeitschrift ("Frau Barbara berät"), das Kummertelefon im Radio, Astrologen, Persönlichkeitstests ("Wie stark oder schwach sind sie wirklich?") usw. Warum hat das alles nicht funktioniert? Was haben Sie als Berater an wesentlich anderem anzubieten?

Wie hat Ihr Klient bisher versucht, sein Problem in den Griff zu bekommen? Welche Lösungsversuche haben nicht funktioniert und sollten demnach vermieden werden?

27. Erfolgreiche Problemlösungsversuche des Klienten

In Analogie zum letzten Kapitel stellen wir nun die Frage nach Lösungsversuchen des Klienten, die in irgendeiner Form als positiv und erfolgreich zu bewerten sind. Auf den ersten Blick erscheint die Frage paradox: Wo nach wie vor ein Problem besteht (sonst käme er nicht in die Beratung), kann man da von erfolgreicher Problembewältigung sprechen? Tiefenpsychologisch orientierte Therapeuten würden hier die These vertreten, daß es sich in der Vergangenheit nur um symptomatische Besserungen handelte. Innerhalb unseres Rahmens einer Fokalberatung können wir diese Position nicht vertreten. Wir stimmen vielmehr mit Prochaska und DiClemente (1984) überein, wonach Entwicklung und Veränderung allzuoft zyklisch verlaufen (ein paar Schritte nach vorn, ein paar zurück) und man frühere Fortschritte nicht einfach unter den Tisch fallen lassen sollte. Ein "Alles-oder-Nichts-Denken", was frühere oder aktuelle Fortschritte unserer Klienten angeht, halten wir für unangebracht.

Ein Beispiel: Eine neue Klientin ist sehr in Sorge, weil sie nach mehreren Monaten Abstinenz ein Glas getrunken hat. Für sie bedeutet das einen schweren Rückfall und sie hat starke Schuldgefühle deswegen. Natürlich besteht hier ernsthafte Gefahr, daß die Klientin rückfällig wird, was man als Therapeut dementsprechend thematisieren möchte. Sollen wir in ihre Selbstanklagen miteinstimmen oder uns vielmehr auf jenes Durchhaltevermögen konzentrieren, das sie sechs Monate lang bewiesen hat? An diesem Beispiel wird deutlich, daß ein Ereignis konstruktiv oder destruktiv gesehen werden kann. Wir können in beide Richtungen weitergehen: Entweder wir bauen auf vergangenen Erfolgen auf oder aber verstärken aktuelles "Scheitern".

Sehen wir uns ein anderes Fallbeispiel an: Eine Klientin, die ebenfalls neu in Behandlung ist, berichtet von ihrer Angst, wieder ins Berufsleben einzusteigen, nachdem sie sich mehrere Jahre nur um ihre Familie gekümmert hat. Sie versuchen ihr klarzumachen, daß sie nicht nur vor ihrer Mutterschaft mit Erfolg im Berufsleben stand, sondern danach auch Haushalt und Familie erfolgreich gemeistert hat. Aus diesem großen Erfahrungsschatz kann sie nun schöpfen. Vielleicht ist ihr die Angst noch gegenwärtig, die sie empfand, als sie eine neue Stelle antreten oder zum ersten Mal die Verantwortung für ein Baby übernehmen sollte. Gelingt es ihr, sich zurückzuerinnern und diese Empfindungen für die gegenwärtige Situation zu nutzen? Klienten werten oft ihre positiven Eigenschaften und Fähigkeiten ab ("Ich bin nur Hausfrau"), so daß wir sie darin unterstützen sollten, diese positiven Eigenschaften wiederzuentdecken und anzuerkennen, um uns damit dem eigentlichen Beratungsthema zuzuwenden.

Wir begegnen in unserer Praxis auch Klienten, die die verschiedenen Entwicklungsstadien nach Prochaska und DiClemente (Prä-Kontemplation, Kontemplation, Handeln, Konsolidierung) bereits durchlaufen und ein Problem erfolgreich gemeistert haben. Beispiel: Einer Frau ist es endlich gelungen, ihre selbstzerstörerische Abhängigkeit von gewalttätigen Männern zu durchbrechen. Aber nun taucht eine alte Liebe auf. Sie weiß, dieser Mann "ist nicht gut" für sie, aber sie ist aufgeregt und hat Angst, der alten Anziehungskraft nicht widerstehen zu können. Sie fürchtet, sich hilf- und machtlos zu fühlen. Wie hat sie diese Gefühle in der Vergangenheit in den Griff bekommen? War damals die Anziehungskraft nicht so stark? Was hat sie damals dazu gebracht, die Beziehung zu beenden? Woraus konnte sie ihre Kraft schöpfen? Sie hat die gleiche Situation schon einmal erfolgreich gemeistert und eine notwendige Veränderung herbeigeführt. Uns darauf zu konzentrieren, bedeutet, sie in ihren Bemühungen zu unterstützen, mit der aktuellen Situation fertigzuwerden. Alte und bewährte Bewältigungsstrategien sind hierbei wichtige Ressourcen.

An welchem Punkt begann ihre Entschlossenheit zu schwinden? Was war anders? Wie gelang es ihr, sich so lange von bestimmten Männern fern zu halten und warum erliegt sie der Verführung jetzt? Ist es nur Zufall? Inszeniert sie diese Situationen gemäß einem unbewußten Wiederholungszwang? Gerät sie oft in gefährliche Situationen, die sie dann aber einigermaßen in den Griff bekommt? Spielen in ihrem Leben zur Zeit andere wichtige Faktoren eine Rolle, die sie in ihrer Entschlußkraft schwächen? Wie wurden früher erzielte Fortschritte stabilisiert und was genau zeichnet die gegenwärtige Bedrohung aus? Um zukünfige Krisensituationen gut meistern zu können, muß die Klientin auf frühere Erfolge und ihre persönlichen Kapazitäten zurückgreifen können. Dazu braucht sie Hilfe. Wenn Sie mit ihr über das Beratungskonzept verhandeln, sollten Sie vor allem jene Elemente ansprechen, die sie in ihren bereits erarbeiteten Bewältigungsstrategien unterstützen. Sprechen Sie auch über Wege und Möglichkeiten, wie ein weiteres Zurückfallen hinter bereits Erreichtes vermieden werden kann.

Wie ist eine Klientin/ein Klient in der Vergangenheit mit ihrem/seinem Hauptproblem umgegangen? Wie hat er/sie seine Fortschritte oder Erfolge "gehalten"? Inwieweit werden diese gegenwärtig bedroht? Auf welchen Erfolgen läßt sich aufbauen?

28. Hindernisse auf dem Weg zur Veränderung

Sich oder sein Leben zu verändern ist alles andere als einfach. Diese banal anmutende Wahrheit sollten wir uns in unserer therapeutischen Arbeit immer wieder vergegenwärtigen. Weder Klient noch Berater können oft abschätzen, wohin sie der gemeinsame Weg führen wird. Beide schließen einen Vertrag, sich gemeinsam für einen Wandel im Leben des Klienten einzusetzen; diese therapeutische "Gleichung" besitzt jedoch immer auch einige "Unbekannte", die die gemeinsame Anstrengung boykottieren. Sprechen Sie daher explizit über mögliche Hindernisse, die in Ihrer Arbeit auftauchen könnten. Gleichzeitig müssen wir in unserer praktischen Herangehensweise sowie der Art und Weise, wie wir bestimmtes Material thematisieren, voraussetzen, daß unsere Klienten ein ausreichend hohes Maß an Offenheit und Bewußtheit mitbringen, und daß unbewußte Faktoren nicht so sehr ins Gewicht fallen, daß sie den Wandlungsprozeß völlig unterminieren könnten. Fragen Sie Ihre Klienten direkt: "Welche Hindernisse könnten auftauchen und Sie davon abhalten, Ihr Beratungsziel zu erreichen?" Achten Sie auf Klienten, die Ihnen gefallen wollen und sich als hundertprozentig motiviert und engagiert geben ("nichts kann mich jetzt noch aufhalten") oder die einen eher naiven Eindruck machen ("jetzt, da ich in Beratung bin, kann mir nichts mehr passieren").

Wir wollen uns anhand eines Beispiels ansehen, wie Beratungsziele und mögliche Hindernisse formuliert werden können (siehe Tabelle 1, veröffentlicht mit Erlaubnis der Klientin). Hindernisse und Stolpersteine hat die Klientin in Form von Überzeugungen, Befürchtungen und Verhaltensweisen sowie intrapsychischen Prozessen aufgeführt. Die Klientin kann sich klar und verständlich ausdrücken, psychologisches Denken ist ihr vertraut. Das muß allerdings nicht der Fall sein. Es ist auch nicht nötig, daß Klienten ihre Zielvorstellungen und möglichen Hindernisse auf dem Weg dorthin immer schriftlich formulieren. Manche haben keine Schwierigkeiten damit, diese Methode für sich auszuprobieren, andere brauchen mehr Beispiele, um sich mit dieser Art der Selbstbeobachtung vertraut zu machen. Es geht darum, Zusammenhänge zwischen äußeren Wünschen und Zielerwartungen sowie inneren, erkennbaren Widerständen zu identifizieren. Dies ist der Beginn der Introspektion des Klienten. Darüber hinaus muß an der Formulierung von Beratungszielen gearbeitet werden.

Tabelle 1: Ziele und Hürden auf dem Weg zur Veränderung: Auflistung einer Klientin

Endziel: Heiraten und eine Familie gründen	
Was ich erreichen will	Was mich daran hindert
Beziehungen zu anderen Menschen eingehen können – insbesondere Männern	Unfähigkeit, Gefühle zu zeigen Unfähigkeit, Gefühle von Wärme / Liebe anzunehmen Angst "vereinnahmt" zu werden Überkritisch gegenüber Partnern als Freibrief, meine Gefühle nicht zeigen zu müssen, keine Wärme annehmen zu müssen, nicht "besessen" zu werden, keine engen Bindungen eingehen zu müssen Angst, von anderen in meiner Wahl kritisiert zu werden: – von den Eltern – ist er intellektuell genug? – von Freunden – sieht er gut aus, ist er eine Flasche usw.? Angst, kritisiert zu werden
Meine Gefühle zulassen und Nähe aushalten können	Schüchternheit Angst, einen Teil meines Selbst zu verlieren Kein Gespür für meine Gefühle haben Mich öffnen, so daß andere mich reinlegen können

Fortsetzung Tabelle 1

Was ich erreichen will	Was mich daran hindert
	Fehlen jeglicher praktischer Erfahrung – ich weiß nicht, wie's geht
	Angst, daß meine Gefühle ausgenutzt werden
	→ Angst, verletzt zu werden
Wärme annehmen können	Rationalisierungen:
	Ist er der Richtige?
	Will ich etwas von ihm annehmen?
	Will ich, daß er das Gefühl hat, daß ich ihm gehöre?
	Will ich ihn um mich haben?
	Empfinde ich etwas für ihn?
	Will ich mit ihm gesehen werden?
	Will ich mein Leben mit ihm teilen?
	Will ich meine Unabhängigkeit verlieren?
	Gefühle der Selbstunsicherheit:
	Warum will er mich?
	Was ist Liebenswertes an mir?
	Will er wirklich mich oder ist er nur an meinem Äußeren interessiert?
	Gibt es noch etwas hinter meiner äußeren Fassade?
	Angst, endgültig abgewiesen zu werden
	→ Verletzung
Offen Kritik äußern können (ohne den anderen zu verletzen) anstatt alles in mich reinzufressen, was mir dann wieder erlaubt, Beziehungen zu beenden oder im negativen Sinne aggressiv zu werden	Angst, andere zu verletzen
	Angst vor Auseinandersetzung und Kontrollverlust
	Angst, zurückgewiesen zu werden
	Nicht die richtigen Worte finden
Vertrauen haben, wenn ich neue Leute kennenlerne oder andere um einen Gefallen bitte	Schüchternheit – Zurückhaltung
	Angst vor Verachtung
Vertrauen haben, wenn ich mit Älteren und Erfahreneren spreche, z. B. in der Schule, mit dem Direktor, Schulräten usw.; in der Politik, mit hohen Tieren; in der Musik, mit Dirigenten, bekannten Musikern und berühmten Solisten, usw. Mit Ihnen.	Angst, als unbedeutend und dumm angesehen zu werden.
	Angst, kritisiert zu werden.
	Angst, nicht gemocht zu werden.
	Fehlendes Selbstwertgefühl.
Mich wieder bei alten Freunden melden, die ich aus den Augen verloren habe.	Überzeugung, daß sie mich gar nicht wirklich sehen wollen, mit mir sprechen wollen, usw.
	Überzeugung, daß ich sie nur störe.

Helfen Sie Klienten, allgemeine Hindernisse aufzudecken. Manche sind sich bewußt, daß etwas in ihnen sich gegen Veränderung und Fortschritt sträubt. Andere sehen nur äußere Widerstände. Ein Beispiel: "Ich komme mit anderen einfach nicht klar, sie reden mich ständig dumm an. In meiner Arbeit sind alle so was von hochnäsig, die wollen einen ja gar nicht näher kennenlernen". Überlegen Sie, ob die psychologischen Hindernisse dieses Klienten nicht auch in defizitären sozialen Kompetenzen zu suchen sind. "Gibt es denn irgendetwas, was diese Situation verbessern könnte?" wäre eine Möglichkeit, die Klage des Klienten aufzugreifen, oder: "Es ist durchaus möglich, daß mit Ihren Arbeitskollegen schwer auszukommen ist, aber was können *Sie* denn tun, um das Verhältnis zu verbessern, was Sie ja wollen?" Wir wollen uns ansehen, wie dieser Dialog weitergehen könnte:

Klient: Ich weiß nicht, was ich tun kann.

Therapeut: Was haben Sie denn schon versucht?

Klient: Ich habe neulich versucht, mit Deborah zu reden, aber sie schien nicht sehr interessiert.

Therapeut: Was haben Sie zu ihr gesagt und inwiefern zeigte sie kein Interesse?

Klient: Sie hat einfach weitergetippt, als ob sie das, was ich zu sagen hatte, langweile.

Therapeut: Sie hat weitergetippt. Aber wie können Sie wissen, was sie dabei gedacht hat? Was macht Sie so sicher, daß Sie sie langweilten?

Klient: Warum sonst sollte sie mich wohl ignorieren?

Therapeut: Es gibt mehrere Erklärungsmöglichkeiten, warum sie weitergearbeitet hat, aber Sie bestehen auf Ihrer Version, ohne sie beweisen zu können. Ich denke, ein Hindernis hierbei ist, daß Sie schnell aufgeben. Außerdem glauben Sie sehr schnell den Beweis dafür zu besitzen, daß man sich nicht für Sie interessiert. Sehen Sie die Möglichkeit, daß hier Widerstände in Ihnen am Werk sind und nicht unbedingt in den anderen?

Klient: Ich verstehe, was Sie meinen. Ja, vielleicht haben Sie recht.

Diese Art von Klienten erfordert Geduld und Ausdauer, man muß immer wieder auf bestimmte Punkte zurückkommen. Allerdings gibt es nur wenig Menschen, die sich nicht vorstellen können, daß das, was einem "einfach passiert", nicht auch mit eigenen Anteilen zu tun hat. Zeigen Sie Ihrem Klienten, daß Sie Interesse haben an seinem Leben und erfahren wollen, mit welchen äußeren Schwierigkeiten er zu kämpfen hat. Einem farbigen Klienten werden Sie kaum widersprechen wollen, wenn er soziale Benachteiligungen beklagt, die ihm auf seinem Weg immer wieder begegnen. Sozialer Hintergrund eines Klienten, sein Temperament usw. sind wichtige Indikatoren für mögliche Hindernisse, die den Beratungsprozeß negativ beeinflussen können. Den Aspekt der "Sabotage" betont der transaktionsanalytische Ansatz in seinem Konzept ganz besonders in Form des Skripts: "Scheitern am Erfolg". Stewart (1989) nennt Beispiele, wie Menschen immer wieder Situationen inszenieren, in denen sie letztendlich tragisch scheitern müssen. Er zeigt auf, wie diese Inszenierungen in der Beratung erkannt werden können und wie Berater und Klient sich in ihrem "Vertrag" auf ein konstruktives Ziel einigen. Klienten sind sehr einfallsreich, Widerstände, Entschuldigungen, Ausflüchte, psychosomatische Beschwerden usw. zu produzieren. Geben Sie sich nicht der Illusion hin, daß Veränderung und Weiterentwicklung ohne Schwierigkeiten zu erreichen seien – es ist eher ein Hindernislauf, den Sie mit Ihrem Klienten zu bestreiten haben. Begleiten Sie ihn auf seinem steinigen Weg und achten Sie gemeinsam auf Gräben und Barrieren, die sich vor Ihnen auftun.

Fordern Sie Klienten auf, mögliche Widerstände gegen Veränderungen zu benennen. Berücksichtigen Sie individuelle Unterschiede und rechnen Sie mit Rückschlägen, aber sprechen Sie offen über mögliche Hindernisse. Akzeptieren Sie die Art und Weise, wie Ihr Klient Ziele und Hindernisse formuliert.

29. Problemgerechte Intervention

Viele Berater lehnen die Vorstellung einer "Behandlung nach Wahl" für spezifische Beschwerden oder Probleme ab. Sie weisen es als inhuman zurück, Menschen nach klinisch-diagnostischen Klassifikationsschemata zu kategorisieren und Vorurteilen nachzugeben; sie fordern eine ganzheitliche Betrachtungsweise in Beratung oder Psychotherapie (kein isoliert-trennendes Aufschlüsseln nach dem traditionellen medizinischen Modell). Zahlreiche Therapeuten, auch jene, deren konzeptionelle Ausrichtung psychodynamisch und personenzentriert ist, sehen ihren Ansatz bei jeder Art von Klient als erfolgreich an. "Erfahrungstherapie" (experiental therapy) etwa ist laut Mahrer (1989) für alle Arten von Klienten potentiell geeignet (ausgenommen jene, die sich noch in der Therapie dagegen entscheiden). Da manche Therapiestudien suggerieren, es gebe nur wenig Unterschiede in der Effektivität einzelner Therapieansätze, meinen einige Berater und Therapeuten, alles wirke bei allen. Wenn Sie diese Auffassung vertreten, sollten Sie zumindest in Erwägung ziehen, ob es nicht für eine bestimmte Kategorie von Problemen methodische bzw. therapeutische Vorgehensweisen gibt, die anderen vorzuziehen sind.

In einer Metaanalyse verglichen Frances et al. (1985) Untersuchungsergebnisse verschiedener Effektivitätsstudien, die jeweils von einer der beiden Positionen aus argumentierten. Es gilt einerseits als gesichert, daß in vielen Fällen der Faktor "Beziehung" bzw. nicht-spezifische Variablen ganz entscheidend den Erfolg einer Therapie mitbestimmen. Andererseits gibt es ebenso viele Belege dafür, daß bestimmte Störungen besser durch spezifische Interventionen und Maßnahmen zu beheben sind. Kognitive Therapie funktioniert gut bei Depressionen. Verhaltenstherapie kann bei Eßstörungen, Alkohol- oder Zigarettenabusus mehr ausrichten als eine psychoanalytische Behandlung. Konfrontation in vivo ist bei Phobien effektiver als sich nur in der Vorstellung mit dem phobischen Objekt zu konfrontieren. Zwangsstörungen werden erfolgreicher behandelt, wenn Elemente responsiver Prävention enthalten sind. Ohne Kosultation der jeweiligen Forschungsliteratur oder Metaanalysen bzw. ohne einen Supervisor, der dies für Sie erledigt, werden Sie kaum an diese relevanten Ergebnisse herankommen. Oft ist es gesunder Menschenverstand, der darüber entscheidet, ob ein Klient zu uns und unserem Ansatz "paßt" oder nicht. Andererseits ist es von großem Nutzen, die Erfahrungen und Untersuchungsergebnisse von Kollegen in die eigene Arbeit integrieren zu können. Die Konzeptualisierung von spezifischen Störungen und den jeweils erforderlichen Interventionsmaßnahmen ist Voraussetzung dafür, sich in der eigenen Behandlung schnell und effektiv am konkreten Problem orientieren zu können oder den Klienten weiterzuvermitteln.

Negative Therapieerfahrungen war das Thema einer Untersuchung von Striano (1988), der zahlreiche Interviews mit ehemaligen Klienten und Patienten durchführte, deren Therapien im allgemeinen unbefriedigend verliefen. Viele Betroffene berichteten von unangemessenen Behandlungsmethoden, inklusive organischer Krankheiten, die als psychische Störungen fehldiagnostiziert worden waren, von extrem passiven oder hyperanalytischen Therapeuten, von schlecht eingesetzter Hypnose sowie falsch verschriebener Medikation. Diese Berichte zeigen, daß Therapeuten aller Richtungen Fehler machen. Es geht nicht nur darum, die ärztliche Zunft der Fehler und Irrtümer zu bezichtigen. "Redekuren" sind zwar weniger gefährlich (außer in Fällen, in denen eine ernsthafte Störung übersehen wird), allerdings würde mancher Klient rascher Fortschritte machen, würde eine spezifische Problemanalyse plus einer Analyse der dazu erforderlichen Interventionen durchgeführt.

Welche Intervention für welches spezifische Problem? Für dieses Problem werden Sie in Supervisionsstunden eine Antwort suchen sowie in Ihrer eigenen therapeutischen und beraterischen Erfahrung mehr und mehr Gespür und Urteilskraft entwickeln. In einem kurz bemessenen Zeitrahmen jedoch ist das Sichten von Forschungsliteratur die Methode der Wahl. Eine wertvolle Quelle sind auch Berichte von Betroffenen, die ihre eigenen Erfahrung niedergeschrieben haben, wie etwa Toates (1990) Bericht über Zwangsgedanken und Zwangshandlungen oder Sutherlands (1989) Beschreibung eines psychischen Zusammenbruchs. Bei ihm erfährt man sehr viel Wissenswertes darüber, wie sich Therapieangebot und Therapiewahl aus der Perspektive des "Verbrauchers" darstellen.

Wir wollen Ihnen hier nicht das medizinisch-ärztliche Paradigma überstülpen. An erster Stelle steht der Klient, selbst wenn dies für uns bedeutet, mehr Arbeit investieren zu müssen, umzulernen oder den Klienten weitervermitteln zu müssen. Problemfälle oder Fälle, in denen Sie über einen Klienten im Zweifel sind, sollten Sie in den Supervisionsstunden besprechen. Seien Sie offen und flexibel, was den weiteren Verlauf einer Beratung angeht, aber achten Sie besonders auf jene Fälle, in denen es über längere Zeit zu einer Stagnation oder gar Verschlechterung des Zustands kommt. Wir haben bereits in Abschnitt 6 den Rat ausgesprochen, sich mit Kollegen anderer Richtungen in Verbindung zu setzen, um Erfahrungen auszutauschen. Dieses Bedürfnis, Kollegen und Kolleginnen zu Rate zu ziehen, entsteht regelmäßig bei bestimmten Klienten und sollte dementsprechend ernstgenommen werden. Es ist möglich, daß sich in bestimmten Fällen Beratung nicht als die Methode der Wahl erweist oder durch zusätzliche Maßnahmen, etwa eine spezifische Medikation, gestützt werden muß. Als ich das erste Mal eine schwere Zwangsstörung behandelte (in der der Klient fürchtete, andere Menschen getötet zu haben) habe ich das Problem längst nicht als das begriffen, als das es sich präsentierte. Der Klient hat ohne Zweifel meinen Mangel an Erfahrung gespürt und die Beratung abgebrochen. Ich achte heute in meinen Beurteilungen und Interventionen sehr viel mehr auf jene Anzeichen, die für eine ernsthafte Störung sprechen, als fälschlicherweise anzunehmen, jede Situation und jede Art von Problem mit einer rein klientenzentrierten Vorgehensweise in den Griff bekommen zu können.

Machen Sie sich über die entsprechende Forschungsliteratur mit dem Problem der spezifischen Indikationsstellung vertraut. Seien Sie in der Lage, Ihren Beratungsansatz zu modifizieren und dem jeweiligen Problem anzupassen oder den Klienten weiterzuvermitteln. Besprechen Sie Unsicherheiten und Zweifel immer auch in Ihrer Supervision.

30. Erläuterung des jeweiligen Beratungskonzepts

Problem- und Zielanalyse kommen allmählich zum Ende. Das Bild, das Sie sich von Ihrem Klienten und seinem Anliegen machen, rundet sich mehr und mehr ab, so daß die Formulierung einer Arbeitshypothese und die Ausarbeitung eines spezifischen Beratungskonzepts in Ihrer Vorstellung immer mehr Gestalt annehmen. Wie wollen Sie in der nun eigentlich einsetzenden Beratung vorgehen? Obwohl der Klient generell immer dazu aufgerufen ist, sich reflexiv über das, was im Kontakt mit dem Berater passiert, zu äußern, ist es an der Zeit, daß der Therapeut selbst seine Vorschläge zum weitere Prozedere darlegt. In diese konzeptionellen Überlegungen fließen zahlreiche verschiedene Faktoren mit ein: die eigene konzeptionelle Ausrichtung; das, was wir über den Klienten und seine Probleme wissen; die Beziehung zum Klienten; die Biographie des Klienten sowie die Geschichte seines Problems und seiner Versuche, es zu lösen; Kenntnis der einschlägigen Forschungsliteratur usw. Es ist nicht nur wichtig, für das Problem des Klienten Verständnis zu zeigen, sondern ihm auch zu erläutern, wie wir ihm helfen wollen, es zu lösen.

Ob Ihr Ansatz nun eher klientenzentriert, psychodynamisch, kognitiv-verhaltenstherapeutisch, transaktionsanalytisch oder gestaltorientiert ist – es ist wichtig, dem Klienten zu erklären, wie innerhalb des jeweiligen konzeptionellen Rahmens mit den spezifischen Problem umgegangen wird. Beide, Berater und Klient brauchen eine gleiche Vorstellung davon, wie sie arbeiten werden. Anhang 3 enthält den zweiten Teil des Meinungsfragebogens zu psychologischen Problemen: Wie kann mir mit meinem Problem geholfen werden? Welchen konzeptionellen Ansatz bevorzuge ich dabei? Anhand der verschiedenen Items können Sie dem Klienten Ihr eigenes Konzept veranschaulichen; überlegen Sie jedoch, inwieweit es angesichts der Verschiedenartigkeit von Klienten überhaupt sinnvoll ist, diesen Fragebogen systematisch einzusetzen. Doch zurück zu unserer Ausgangsfrage: Wie wollen wir mit unserem Klienten arbeiten und wie erläutern wir ihm unser Vorhaben?

Am besten beginnen wir mit einer kurzen Zusammenfassung dessen, was wir als das Hauptproblem ansehen und wie wir es angehen sollten. Unsere Erläuterungen sollten klar und deutlich, ohne Fachausdrücke und undogmatisch formuliert sein. Es ist vom Klienten abhängig, ob und inwieweit Sie in Ihren Erklärungen ausholen müssen. Ein eher zwanghafter Klient wird eventuell detaillierter nachfragen als andere; ein im Umgang eher lockerer Klient dagegen ist vielleicht gar nicht daran interessiert, weitere klinische Details zu erfahren.

Was hält der Klient von Ihrem Vorschlag? Hat er in seinen Augen Sinn? Deckt er sich mit seiner Wahrnehmung? Kann er sich vorstellen, auf dieser Grundlage mit Ihnen zusammenzuarbeiten? Ist Ihre Strategie deutlich genug am Hauptproblem orientiert? Möchte der Klient noch eigene. Vorschläge einbringen? Bitten Sie Ihre Klienten um Feedback, nehmen Sie ihre Einwände ernst und achten Sie auf non-verbale Signale, die auf eventuelle Vorbehalte Ihren Vorschlägen gegenüber hinweisen könnten. Sollte ein Klient ablehnend oder zweideutig auf Ihr Angebot reagieren, klären Sie die Situation und modifizieren Sie Ihre Vorschläge soweit wie nötig. Welche Folgen es haben kann, einen Klienten darüber im Dunkeln zu lassen, was man in einer Beratung mit ihm vorhat, zeigt der Zeitungsausschnitt aus dem "Guardian" vom 23. Juni 1987:

Auf Bewährung Freigelassener pfeift auf Apfeltherapie

Yorkshires Ruf als Land der Dickschädligen hat gestern eine schweren Schlag erlitten, als ein junger, auf Bewährung freigelassener Häftling dem Gericht erläuterte, warum er zu den vereinbarten Sitzungen einer Sozialtherapie in einem ambulanten Beratungszentrum nicht mehr erschienen war.

Das Gericht Ihrer Majestät, in dem es Tradition ist, einen vorliegenden Sachverhalt mit dem ihm gebührendem Ernst und Respekt zu behandeln, bekam in diesem Fall zu hören, daß die Therapie von X darin bestand, sich vorzustellen, er sei ein Apfel.

Nun sollte man meinen, daß ein junger, aufgeschlossener Mensch wie unser Angeklagter Gefallen finden würde an derartigen Ausflügen ins kreative Rollenspiel – neben dem Apple Computer würde sich auch eine der zahlreichen Methodistenkapellen Yorkshires zur freien Nachahmung empfehlen – doch dem war nicht so.

Die Crux an der ganzen Sache war, so seine Beraterin Y, "daß er nicht verstehen konnte, was von ihm verlangt wurde. Er genierte sich und kam einfach nicht wieder."

Y erklärt dem Gericht, daß es der Apfel gewesen sei, der dem arbeitslosen, 19jährigen X das Genick gebrochen hätte. Es sei sicher nicht seine Absicht gewesen, die Bewährungsauflagen nicht zu erfüllen, aber er habe einfach nicht verstanden, welche Rolle der Apfel in seinem Therapieplan spielte.

"Er hatte große Schwierigkeiten mit einigen der Rollenspielübungen", sagte sie. "Er wurde gebeten, verschiedene Obstsorten zu spielen, und das letzte Mal, als er an einer Sitzung teilnahm, sollte er eben einen Apfel spielen."

"Ich denke, diese Übungen haben Sinn, aber es war schwierig für ihn, damit umzugehen."

X, der ohne festen Wohnsitz ist und im vergangenem Dezember nach einem Einbruch zwei Jahre auf Bewährung bekommen hatte, gab zu, die Bewährungsauflagen mißachtet zu haben. Er wurde zu 140 Stunden Sozialdienst verurteilt. Die Bewährungshelfer wollten sich gestern zu dieser Sache nicht mehr äußern.

Machen Sie Ihrem Klienten ein Beratungsangebot. Drücken Sie sich in Ihren Erläuterungen dazu klar und verständlich aus. Bitten Sie um Feedback und modifizieren Sie Ihr Angebot entsprechend.

31. "Beratung nach Maß"

Wenn wir uns frühere Kapitel ins Gedächtnis zurückrufen, in denen wir die Unterschiedlichkeit von Klienten sowie die potentiellen Einflußmöglichkeiten von Therapeuten behandelten, wird ersichtlich, daß wir unser therapeutisches Prozedere an jeden Fall individuell anpassen müssen. Sorgen Sie für ein stabiles Arbeitsbündnis, verwenden Sie keine Fachausdrücke und überlegen Sie sich für jeden Klienten und jede Klientin eigene Lösungsstrategien.

Erinnern wir uns, daß Klienten bestimmte Vorlieben haben, was Umgangston, Äußeres, Kompetenz und andere Charakteristika von Therapeuten angeht. Klienten, die sich eher in der traditionellen Vorstellung des Arzt-Patient-Verhältnisses wiederfinden, erwarten einen entsprechend förmlichen Umgangston (siehe Abschnitt 21); es wäre daher unangebracht, diesen Klienten gegenüber, die erwartungsvoll zu uns aufsehen und auf Expertenrat hoffen, einen lockeren, unkonventionellen Ton anzuschlagen. In diesem Fall wäre vielmehr "professionelles" Auftreten gefordert. Versuchen Sie, dem gerecht zu werden, indem Sie etwa Ihre sprachliche Ausdrucksweise den Ansprüchen des Klienten anpassen (soweit es Ihnen nötig erscheint), ihn auf psychologische Fachliteratur hinweisen und Ihre eigenen Erfahrungen in ähnlichen Fällen geltend machen. Wenn der Klient eine didaktische Erklärung verlangt, sollten Sie diesem Wunsch nachkommen (vorausgesetzt, es fördert den Fortschritt des Klienten und nicht Ihre therapeutische Eitelkeit). "Seelenforscher" dagegen (siehe ebenfalls Abschnitt 21; Richert 1983) werden weniger Wert auf autoritative Diagnosen und Prognosen denn Offenheit für neue Erfahrungen legen. Die sachlich-objektive Sprache wird nun ersetzt durch eine farbige und lebendige Ausdrucksweise, in der es sehr stark um die Beschreibung subjektiver Erfahrungen und Empfindungen geht (Manche Therapeuten sehen hier Gelegenheit, ansatzweise eigene Erfahrungen einzubringen: "Das kenne ich von mir; mir hat damals am besten geholfen . . . ").

Wir möchten diese Erläuterungen als Anregung verstanden wissen. Der erste Versuch ist nicht immer ein Treffer, wenn es darum geht, die Probleme unserer Klienten zu erfassen (vor allem, wenn manche aufgeregt vor uns sitzen und uns mit großen erwartungsvollen Augen anblicken). Jedoch werden guter Wille, Erfahrung und kontinuierliche Metareflexion dessen, was in der Beratung passiert, dafür sorgen, daß Sie mit der Zeit sicherer werden. Vergessen Sie nicht, daß Metareflexion bedeutet, das beobachtende Ich einzusetzen, um von einer Position außerhalb des therapeutischen Geschehens die Beziehung zum Klienten zu beobachten und zu beurteilen, inwieweit Zielsetzung und Problemlösungsstrategie von Berater und Klient übereinstimmen.

Achten Sie darauf, Ihren Klienten die jeweilige Behandlungsmethode in angemessenen Worten zu beschreiben und zu erläutern. Fordern Sie Ihre Klienten auf, Feedback zu geben und passen Sie Ihren Arbeitsstil der jeweiligen Persönlichkeit eines Klienten an.

Teil III: Entwicklung und Veränderung

32. Beginn der gemeinsamen Arbeit

Es mag merkwürdig klingen, erst jetzt vom eigentlichen Beginn der gemeinsamen Arbeit zu sprechen. Wir persönlich betrachten die bisherigen Vorbereitungsarbeiten als eine Art Grundsteinlegung, nach der nun mit dem Rohbau begonnen werden kann.

Problem- und Zielanalyse sind soweit abgeschlossen. Sie und Ihr Klient haben sich geeinigt, welches Problem als erstes behandelt werden soll. Auf alles, was passiert, erhalten Sie vom Klienten Feedback. Sie können nun Schritt für Schritt mit Ihrer Arbeit beginnen. Gehen Sie vor wie geplant, verändern Sie nicht plötzlich die Strategie, wenn Ihnen etwas Neues, bisher nicht Bedachtes einfällt. Das würde nur unnötig für Verwirrung sorgen (Inspiration und Intuition haben durchaus ihren Platz, allerdings nicht hier). Ob zuhören, ob an tief verschüttete Gefühle herankommen helfen, ob destruktive Denkregeln und Überzeugungen analysieren – den ursprünglich eingeschlagenen Weg sollten Sie fürs erste nicht verlassen. Technische Interventionen können später immer noch modifiziert werden. In einer sehr aufschlußreichen Studie untersuchten Patten und Walker (1990), wie die Teilnehmer einer Eheberatung auf die Erläuterung einzelner Interventionstechniken reagierten: Ausnahmslos alle interviewten Teilnehmer bezeichneten eine Erklärung als "hilfreich", 20 Prozent als "sehr hilfreich". In einer nachfolgenden Vergsleichsstudie bezeichneten 64 Prozent der befragten Berater es als nützlich, dem Klienten zu erklären, wo der Sinn bestimmter Interventionstechniken liege. Wenn Sie etwas festeren Boden unter den Füßen haben, fragen Sie den Klienten nach seinen Gefühlen und Eindrücken, die diese Art zu arbeiten bei ihm auslösen: "Wie geht es Ihnen damit?", oder "Gibt es etwas, was Sie gerne sagen möchten?" Sie selbst können am besten beurteilen, wann Sie Ihren Klienten auf dessen Eindrücke ansprechen wollen. Ein Klient, der sich mit altem, traumatischem Material konfrontiert sieht, braucht Zeit und Unterstützung; geben Sie ihm genügend Raum und Halt, diese emotional fordernde und anstrengende Erfahrung auszuhalten. Wenn Sie mit einem klientenzentrierten Ansatz arbeiten, stehen zunächst andere Fragen im Vordergrund: Wie erlebt der Klient die Beratungssituation? Wie erlebt er mich als Berater? Wie reagiert er auf mich und die Situation (verbal als auch non-verbal)? Wenn Ihr therapeutisches Vorgehen wie in der Transaktionsanalyse oder der Rational-Emotiven Therapie auf einer Reihe von Lernschritten basiert, die Berater und Klient im Rahmen konkreter "Lehrpläne" durchlaufen, müssen Sie dafür sorgen, daß für diesen Umstrukturierungs- bzw. Lernprozeß ausreichend Zeit zur Verfügung steht. Bei allem, was Sie tun, sollten Sie nie vergessen, sich klar und verständlich auszudrücken. Hat Ihr Klient verstanden, um was es geht und wie Sie weiter vorgehen wollen? Leuchtet ihm die Notwendigkeit dieses speziellen Vorgehens ein?

Stellen wir uns eine Klientin vor, die mit der gegenwärtigen Situation und der Art zu arbeiten gut zurechtkommt. Auch sie ist der Meinung, daß eine nähere Betrachtung ihrer Kindheit einigen Aufschluß über ihre aktuelle Problematik liefern könnte. Und doch scheinen ihre Kindheitserinnerungen in keinster Weise mit dem in Zusammenhang zu stehen, was ihr gegenwärtig zu schaffen macht. Vielleicht fällt es ihr schwer, sich zu erinnern, oder aber sie sieht den Zusammenhang zwischen gestern und heute nicht. Blocken Sie diese Informationen nicht ab. Überlegen Sie, wie Sie Ihr weiteres Vorgehen eventuell modifizieren können, ohne gleich alle ursprünglichen Pläne über den Haufen werfen zu wollen. Manchen Klienten leuchtet der Hinweis durchaus ein, daß die Effektivität einer bestimmten Strategie sich manchmal nicht auf Anhieb erschließt.

Probleme wird es geben, wenn ein Klient den Eindruck hat, gedrängt zu werden. Eine betont konfrontative oder aktive Vorgehensweise kann leicht zu Widerständen beim Klienten führen. Offenheit und Sympathie für die Theorie stoßen nun in der Praxis an ihre Grenzen. Geben Sie dem Klienten genügend Raum und Gelgenheit, auf jede Ihrer technischen Interventionen zu reagieren. Einige Kurztherapiekonzepte versuchen ganz gezielt, die Anfangsängste des Klienten für den therapeutischen Prozeß zu nutzen (z. B. Sifneos 1972). Davanloo (1985) betrachtet die ersten ein bis zwei Sitzungen als "Generalprobe", in der die energische Herausforderung von Abwehrmechanismen einhergeht mit dem Aufbau einer "unbewußten therapeutischen Allianz". Bei diesen hochaktiven, aus der Psychoanalyse abgeleiteten Techniken handelt es sich allerdings um sehr spezielle Interventionsverfahren. Der schnelle Einstieg in das irrationale Denkgebäude des Klienten, wie ihn Ellis praktiziert (Yankura und Dryden 1990), ist ein weiteres Beispiel für den gezielt aktiv-direktiven Beginn einer Therapie. Als Anfänger sollten Sie nicht schneller vorgehen, als es Ihre eigene Entwicklung, Ihre noch begrenzte praktische Erfahrung als Therapeut sowie die Bedürfnisse des Klienten zulassen. Achten Sie darauf, wie es dem Klienten mit Ihrem Rhythmus geht und seien Sie offen für eventuelle strategische Veränderungen.

Beginnen Sie die gemeinsame Arbeit wie geplant. Achten Sie auf eventuell auftretende Schwierigkeiten oder Widerstände. Wie wirkt das, was Sie tun, auf den Klienten? Ändern Sie Ihre Vorgehensweise wenn nötig.

33. Nicht zuviel auf einmal

Verschonen Sie Ihren Klienten vor zu viel Informationen, Fragen oder Anforderungen. Packen Sie nicht zu viel in eine einzige Sitzung. Manche Klienten (die bereits Erfahrung mit ähnlichen Beratungssituationen haben oder einiges zu einem bestimmten Therapieansatz gelesen haben) haben weniger Schwierigkeiten mit bestimmten technischen Interventionen. Aber wieviel hat ein Klient tatsächlich verstanden oder aufgenommen? Hat er eventuell Angst, nachzufragen oder Sie direkt anzusprechen? Fordern Sie Ihre Klienten auf, Sie laut und deutlich zu unterbrechen, sollte es zu schnell gehen.

Wie erlebt der Klient die Beratungssituation: "Wir haben schon einiges geschafft. Wie geht es Ihnen damit?" oder "Wie ist es für Sie mit dem Tempo, in dem wir vorgehen?" In eine ähnliche Richtung geht die Frage: Was hat der Klient verstanden: "Was war wichtig für Sie von dem, was wir eben besprochen haben?" Wir sollten nicht davon ausgehen, daß Klienten mit all den neuen Ideen und Beziehungsalternativen, die wir ihnen anbieten, sofort etwas anfangen können. Genausowenig sollten wir sie mit unnützen Fragen beunruhigen, wenn offensichtlich ist, daß die Beratung gut läuft.

Ein Gefühl dafür entwickeln, was ein Klient gerade braucht, heißt bei manchen auch, unterschiedliche Sitzungslängen in Erwägung zu ziehen. Die berühmten fünfzig Minuten sind nicht unantastbar und es gibt keinen Grund, diese rein konventionelle Regelung in bestimmten Fällen nicht auch zu modifizieren. Wir sprechen von *bestimmten* Fällen, nicht davon, wahllos Stunden zu verkürzen oder auszudehnen. Für manche Klienten sind fünfzig Minuten eine lange Zeit. Menschen, die körperlich in irgendeiner Weise behindert sind, haben manchmal Schwierigkeiten, sich über einen längeren Zeitraum zu konzentrieren oder emotionalen Streß auszuhalten. Anderen ist es unmöglich, sich länger introspektiv mit sich selbst zu beschäftigen; in solchen Fällen tut man den Klienten keinen Gefallen, die Stunden füllen zu wollen. Von Lacan ist bekannt, daß seine Sitzungen häufig nur sehr kurz waren (wenn auch aus unterschiedlichen Gründen). Für Balint et al. (1972) reichten oft nur zehn Minuten, um bei Therapeut und Klient gleichermaßen den "Blitz der Erkenntnis" einschlagen zu lassen und so das Wesentliche einer Sitzung zu treffen.

Was aber, wenn wir länger als fünfzig Minuten mit einem Klienten arbeiten wollen? Mahrer (1989) und zahlreiche andere erlebensorientierte Therapeuten und Berater lassen ihren Klienten in jeder Sitzung ausreichend Zeit, um heftige Gefühle erlebbar und integrierbar zu machen. In der Praxis heißt dies, nicht länger als eineinhalb oder zwei Stunden pro Sitzung zu arbeiten. Vor Beginn der Sitzung wird dies dem Klienten mitgeteilt und erläutert. Ein weiterer Grund, die Sitzungsdauer auszudehnen, sind Krisensituationen und praktische Durchführbarkeit. Es gilt als ungeschriebene Regel, Klienten, die in einer Krise stecken, nicht zusätzlich Stunden zur Verfügung zu stellen, da sie sonst meinen könnten, für Krisen belohnt zu werden (insbesondere für solche, die am Ende einer Sitzung auftreten). Es gibt allerdings Fälle, in denen man von dieser eisernen Regel abweichen muß. Heftige Zusammenbrüche sollten bis zum Ende durchlebt und ausgehalten werden (dürfen), anstatt sie mittendrin abzuwürgen. Klienten, die dabei sind, ihre emotionale Versteinerung zu durchbrechen, erleben es häufig als große Erleichterung, mehr Zeit zur Verfügung zu haben. Es gibt auch praktische Gründe, die für eine Ausdehnung der Sitzungsdauer sprechen, wie lange Anfahrtswege oder mehrwöchige Unterbrechungen der Beratung. Achten Sie in solchen Fällen darauf, daß die äußeren Rahmenbedingungen (z. B. Extra-Honorar) geklärt werden. (Vorsicht ist allerdings geboten, wenn Klienten agieren und versuchen, Sie in ihre Inszenierungen mithineinzuziehen. In diesen Fällen sollten Sie sich mit Ihrem Supervisor besprechen.)

Wie kann der Lernfortschritt eines Klienten stabilisiert werden? Tonbandkopien von Sitzungsprotokollen bieten eine optimale Möglichkeit, die Sitzung Revue passieren zu lassen, nachzuprüfen, ob bestimmte Dinge tatsächlich "begriffen" und integriert wurden oder ob noch Zweifel über die gemeinsame Art zu arbeiten bestehen. Probieren Sie diese Möglichkeit aus und fragen Sie Ihren Klienten, wie es ihm damit ging: "Gibt es noch irgendetwas, was Ihnen unklar ist oder was Sie zur letzten Stunde noch sagen möchten?"

Seien Sie in Ihren Sitzungen nicht übereifrig. Konzentrieren Sie sich auf die tatsächlichen Lernfortschritte des Klienten. Wie geht es ihm mit diesen Erfahrungen, welche Probleme tauchen auf? Sprechen Sie über eine eventuelle Veränderung der Sitzungsdauer.

34. Die Haltung des Beraters/Therapeuten – stützend oder direktiv?

Wir hatten bereits darauf hingewiesen, wie wichtig es ist, den Beratungsstil den jeweiligen Bedürfnissen des Klienten anzupassen. In diesem Zusammenhang möchten wir nochmals Howard et al. (1987) zitieren, die von der stützenden und direktiven Haltung als den beiden Hauptmerkmalen beraterischen Verhaltens sprechen. Stützende Beratung impliziert Aufbau der Berater-Klient-Beziehung, Empathie und Akzeptanz. Manche Klienten "blühen" in einer Atmosphäre des Gestützt- und Gehaltenwerdens förmlich auf, andere wiederum verlangen ein eher direktives Vorgehen seitens des Therapeuten. Dieser direktive Beratungsstil zeichnet sich durch Aufgabenstellung und Zielorientiertheit aus. Obschon (oder gerade weil) wir die Punkte Zielanalyse und Zielorientierung bereits ausführlich besprochen haben, möchten wir an dieser Stelle noch einmal darauf hinweisen, daß die spezifische Haltung des Beraters immer eine Frage der Angemessenheit ist.

Es geht sicher nicht darum, sich für den einen oder anderen Arbeitsstil zu entscheiden, sondern um die Fähigkeit, beide gleichermaßen souverän und effizient einsetzen zu können. Ein Klient hat über längere Zeit unter Ihrer direktiven Anleitung an einem bestimmten Problem gearbeitet; er hat dies als sehr anstrengend und schmerzhaft erlebt, hat aber auch viele Fortschritte gemacht. Doch nun wird deutlich, daß er einen Punkt erreicht hat, an dem die bisher gemachten Lernfortschritte reflektiert und "verdaut" werden müssen. Aus einer vormals sehr direktiven Haltung kann nun eine eher stützende werden, wenn Sie ihm in dieser "Verschnaufpause" beistehen und ihm Anerkennung für das Geleistete zollen.

In Beratungsansätzen, die mit Elementen arbeiten, wie sie im Unterricht verwendet werden (z. B. Reality Therapy), geht der Berater gleichermaßen direktiv als auch stützend vor. Im Gegensatz dazu ist das Maß an direktiver und unterstützender Haltung beim Psychoanalytiker sehr niedrig: Sein Instrument der "gleichschwebenden Aufmerksamkeit" bietet weder erkennbare Struktur noch Unterstützung. Die Frage, ob eher direktives oder stützendes Verhalten angebracht ist, muß von Fall zu Fall entschieden werden. Bis zu einem gewissen Grad fallen diese Arbeitsstile mit Herons (1990) sechs Kategorien der Intervention zusammen, die zu kennen sehr nützlich sein kann. Er spricht von präskriptiven, informativen, konfrontativen, kathartischen, katalytischen und stützenden Interventionen. Je flexibler wir in den ersten Sitzungen auf die wechselnden Bedürfnisse unserer Klienten reagieren, desto fester wird der Grund, auf dem wir uns während der Beratung bewegen. Je mehr wir üben "umzuschalten", umso besser.

Wie direktiv oder supportiv sind Sie während Ihrer Arbeit mit Klienten? Versuchen Sie, beide Arbeitsstile gleichermaßen einzusetzen und lernen Sie, sich dementsprechend an die wechselnden Bedürfnisse Ihrer Klienten während der Sitzungen anzupassen.

35. Arbeit außerhalb der Sitzungen

Hierunter verstehen wir alle Anstrengungen, die ein Klient freiwillig außerhalb der regulären Sitzungen unternimmt, um den Beratungsprozeß zu beschleunigen. Auch wenn bestimmte Beratungskonzepte derartige Elemente nicht enthalten, ist es doch hilfreich, sich die Vorteile im Lichte dessen zu betrachten, was wir in einem früheren Kapitel zum Thema Engagement und aktive Beteiligung des Klienten am Beratungsprozeß ausgeführt haben: Eine Sitzung ist nur eine von 168 Stunden in der Woche des Klienten. Er wird mit allem Möglichem konfrontiert, hat verschiedenste Gelegenheiten, Erfahrungen zu sammeln, sie im Alltag zu integrieren, zu wachsen und sicherer zu werden. "Es ist wichtiger, im Leben zu sein als in Therapie zu sein." Entwickelt ein Klient Zeichen von Abhängigkeit oder Widerstände, die Erfolge und Fortschritte der Beratung in sein Leben "draußen" zu integrieren, kann es ganz hilfreich sein, dieses Motto von Budman und Gurman (1988) zu zitieren. Wenn Sie Beratung primär als einen Prozeß betrachten, in dem der Klient eine intensive Übertragungsbeziehung zum Berater/Therapeuten entwickelt (bzw. entwickeln soll), wird dieser Grundsatz jedoch zu kurz greifen. Allerdings gibt es auch in psychodynamischen Ansätzen Elemente, die (Haus-)Aufgaben vergleichbar sind (Ursano et al. 1991), wie z. B. das Erinnern und Niederschreiben von Träumen.

Unterstreichen Sie die Bedeutung psychologischer Arbeit und Selbstreflexion im täglichen Leben. Fordern Sie Ihren Klienten auf, Beziehungen, Stimmungen, Träumen, Vermeidungshaltungen usw. besondere Aufmerksamkeit zu schenken. Beratung ist nur ein Teil unseres Lebens, ein Handwerksgerät, das uns vorübergehend zur Verfügung steht, um unser Leben besser in den Griff zu bekommen; Beratung heißt nicht, die Schwierigkeiten des Lebens hinter sich zu lassen. Versuchen Sie, dies Ihren Klienten von Anfang an klarzumachen, aber achten Sie wiederum darauf, welchen Klienten Sie vor sich haben und wo dieser gerade steht. Einem Klienten mit hektischem Lebensstil und vollem Terminkalender werden Sie kaum eine lange Liste an Hausaufgaben mitgeben wollen. (Hier wäre vielmehr angebracht, den Klienten dazu zu bewegen, sich zehn Minuten pro Tag "nur für sich" zu reservieren.)

Das Thema Hausaufgaben wird in einem späteren Kapitel noch eingehender behandelt werden. Im Moment geht es um die Frage, was wir selbst von diesem Instrument halten, welche Vorteile es mit sich bringt, wie wir damit arbeiten und unsere Klienten damit vertraut machen wollen. Da es schwierig ist, einmal eingefahrene Muster zu einem späteren Zeitpunkt der Beratung wieder aufzubrechen, schlagen wir vor, sich einen Modellfall zu überlegen, wie Sie Ihrem Klienten gegenüber dieses Thema ansprechen wollen. Zum Beispiel:

Ich weiß, daß Ihnen sehr daran gelegen ist, in der Beratung die Ziele zu erreichen, die Sie sich gesteckt haben. Sie wollen Ihr Büro betreten, ohne von Angst überwältigt zu werden, weil andere Menschen Sie ansehen oder weil Sie glauben müssen, Sie seien in irgendeiner Hinsicht den anderen unterlegen. Wir können uns in den Sitzungen hier eine ganze Menge an Problemen ansehen. Allerdings funktioniert Beratung am besten, wenn wir versuchen, unsere Arbeit in den Alltag "draußen" zu integrieren. Eine Möglichkeit wäre zum Beispiel, all die Gefühle und Gedanken aufzuschreiben, die Sie beim Betreten Ihres Büros haben. Als nächsten Schritt, denke ich, könnten wir dann langsam daran arbeiten, daß Sie gegenüber Ihren Arbeitskollegen etwas selbstbewußter werden und sie zum Beispiel fragen, was sie von Ihnen halten. Im Moment jedoch möchte ich nur, daß Sie sich mit dem Gedanken anfreunden, auch außerhalb unserer Sitzungen bestimmte Dinge auszuprobieren und zu üben.

Diese oder ähnlich lautende Erläuterungen geben dem Klienten eine Vorstellung dessen, was ihn erwartet, und mobilisieren seinen Wunsch, bestimmte Probleme in den Griff zu bekommen bzw. etwas in seinem Leben zu verändern. Machen Sie ihn so früh wie möglich mit diesem Instrument vertraut und weisen Sie darauf hin, daß diese in Eigenregie erfüllten Aufgaben sich positiv auf die Beratung als ganzes auswirken werden (Wenn Sie mit klientenzentrierten oder psychodynamischen Ansatz arbeiten, werden Sie dieses direktive Vorgehen eher ablehnen oder erst zu einem späteren Zeitpunkt darauf zurückgreifen wollen). Es ist wiederum vom Klienten abhängig, wie kurz und "autoritär" Sie sich fassen sollen.

Ein Klient verbringt nur einen Bruchteil seiner Zeit in einer Beratung. Welche Möglichkeiten gibt es, die Fortschritte und Erfolge, die er in der Arbeit mit Ihnen erzielt, auf sein Leben "draußen" zu übertragen und für die Zukunft dauerhaft zu gestalten?

36. Schritt für Schritt in Richtung Zielgerade

Wie reagieren Klienten auf die Beratung? Aus der Theorie im Vorfeld wurde Praxis: Wie erleben Klienten die eigentliche Arbeit mit Ihnen? Klienten wissen zwar theoretisch, um was es geht, erleben aber die Praxis oft ganz anders. Auch wenn dies der Fall ist, sollten Sie zunächst so weitermachen wie geplant, es dauert manchmal, bis eine bestimmte Strategie Wirkung zeigt. Achten Sie währenddessen genau auf die Reaktionen Ihrer Klienten.

Ein Beispiel: Sie sind mit einer Klientin dahingehend übereingekommen, daß es wichtig für sie sei, sich an jene Situationen und Momente zu erinnern, in denen sie das Gefühl hatte, "im Stich gelassen" worden zu sein. Sie willigt ein und versucht, sich entsprechende Erfahrungen ins Gedächtnis zu rufen. Sie weiß auch, daß Klagen wie "alle lassen mich im Stich" nicht sehr hilfreich sind, um den Kern ihres Problems zu erfassen. Begleitet von Ihrer wohlwollenden Ermutigung und viel Zeit macht sie sich an die Arbeit, kommt aber nicht weiter, sondern wird immer frustrierter. Sie mag Ihrem Vorschlag bewußt zugestimmt haben, ist aber auf einer weniger bewußten Ebene wütend auf Sie, weil Sie nicht sofort in ihre Klagen miteinstimmen wollten. Diese Diskrepanz zwischen den reaktiven Gefühlen der Klientin und der Haltung der Beraterin, die ihre Aufmerksamkeit auf die äußere Problemlösestrategie richtet, führt dazu, daß der Beratungsprozeß ins Stocken gerät. Die Klientin ist unruhig, bricht oft in Seufzen aus, tritt gegen den Teppich und behauptet, sich an nichts erinnern zu können. Wie können Sie reagieren?

Wenn Sie zu hartnäckig auf Ihrem Standpunkt beharren oder, im anderen Extrem, sich völlig auf die Widerstände der Klientin einstellen, kann es passieren, daß Sie sich zu einer Entscheidung hinreißen lassen, die der Situation nicht gerecht wird: Entweder Sie drängen die Klientin nun erst recht, Erinnerungen zu produzieren ("Na, es wird doch garantiert Zeiten und Situationen gegeben haben, in denen Sie sich von Ihren Freunden ganz besonders im Stich gelassen fühlten") oder Sie lassen das Thema ganz fallen ("Diese Methode scheint nicht zu funktionieren, also belassen wir's dabei"). Beide Extremhaltungen bringen nichts. In diesem Fall ist es besser, die reaktiven Gefühle genauer unter die Lupe zu nehmen: "Ich merke, wie schwer es Ihnen fällt sich zu konzentrieren. Können Sie mir sagen, was Sie gerade denken?" Die Klientin wird ihrem Ärger über Sie entweder Luft machen oder nicht. Sie können ihr auch vorschlagen: "Wenn wir hier im Moment nicht weiterkommen, können wir es erst einmal auf einem anderen Weg versuchen". Egal, wie Sie reagieren, achten Sie darauf, der Klientin die Möglichkeit zu geben, sich in der einen oder anderen Richtung entscheiden zu können. Wenn Sie beide der Meinung sind, daß der eingeschlagene Weg in eine Sackgasse führt, fragen Sie sie direkt nach ihrer Meinung: "In welche Richtung glauben Sie sollten wir uns orientieren? Was ist nötig, um die Dinge wieder zum Laufen zu bringen?" Eine solche Haltung Ihrerseits trägt zur Konsolidierung des Arbeitsbündnisses bei. Hinweise, daß die Klientin sich zurückzieht, abschweift oder frustriert ist, sollten Sie ernstnehmen, aber nicht pathologisieren. Selbst wenn passiv-aggressive Elemente in ihrer Weigerung sich zu erinnern, enthalten sind, sollten Sie ihre gegenwärtigen Schwierigkeiten damit respektieren. Die Aufforderung, selbst darüber nachzudenken ("Vielleicht bereitet es Ihnen im Moment einige Probleme, sich an bestimmte Situationen und Erlebnisse zu erinnern. Haben Sie denn irgendeine Idee, wie wir dieses Problem noch angehen könnten?") wird zum einen die Bereitschaft der Klientin stärken, sich wieder auf den Beratungsprozeß einzulassen, zum anderen die Flexibilität unterstreichen, die Sie ihr entgegenbringen.

Manchmal spürt man als Berater nur indirekt, daß etwas nicht stimmt. Manche Klienten sind sich dessen selbst nicht bewußt, andere sind zu höflich oder zu schüchtern, Sie darauf anzusprechen. Welche Zweifel und Vorbehalte hat ein Klient? Fragen Sie danach, selbst wenn Sie keine äußeren Anzeichen dafür entdecken können. Das Klima von Offenheit und interessierter Zugewandtheit, das dadurch entsteht, trägt dazu bei, die Dinge beim Namen zu nennen und das weitere therapeutische Vorgehen zu beschleunigen: Je eher Störfaktoren identifiziert, beseitigt oder modifiziert werden können, desto schneller kann man sich wieder dem eigentlichen Problem und seiner Lösung zuwenden.

Phantasieren wir unser Fallbeispiel weiter: Im weiteren Behandlungsverlauf werden nach und nach Erfolge sichtbar. Die Klientin erinnert und beschreibt Situationen, in denen sie von einem Freund "im Stich gelassen" wurde. Wie interpretiert sie "im Stich gelassen werden"? Könnte man manche ihrer Erlebnisse auch anders verstehen? Mit gemischten Gefühlen wird ihr bewußt, daß sie tatsächlich einige Situationen und Ereignisse mißverstanden hat. Mit Hilfe des Therapeuten kann die Klientin allmählich erkennen, daß ihre Erfahrungen nicht den traumatisierenden Charakter hatten, den sie ihnen zugesprochen hatte. Als sie erkennen kann, daß sie an dieser letzten "depressiven" Inszenierung nicht unwesentlich beteiligt war, hebt sich ihre Stimmung. Mit einiger Erleichterung und Hoffnung kann sie nun dem nächsten Treffen mit ihrem Freund entgegensehen. Ihr erstes Ziel ist in Sicht. Sobald sich dieser erste Fortschritt als stabil genug erweist, können Sie darüber nachdenken, ob es sinnvoll ist, in dieser Richtung weiterzumachen oder nicht.

> Bleiben Sie bei Ihrer ursprünglich ausgearbeiteten Strategie und geben Sie ihr Gelegenheit, sich zu bewähren. Wie reagieren Klienten auf den Beratungsprozeß? Welches Feedback geben sie? Gibt es Zweifel an der Art und Weise, wie Sie arbeiten? Stellen Sie sich darauf ein, wenn nötig die Strategie zu ändern. Beobachten und reflektieren Sie den Beratungsprozeß.

37. Hindernisse

Hindernisse jeder Art können zu allen Zeiten in einer Beratung auftauchen. Störfaktoren, die vor allem die Vorbereitungsphase einer Beratung negativ beeinflussen, haben wir in einem früheren Kapitel bereits behandelt. Es ging dabei vor allem um die Frage, ob die Person des Therapeuten und seine Art zu arbeiten für einen Klienten geeignet sind oder ob er Schwierigkeiten damit hat. Hindernisse ergeben sich auch aus der spezifischen Kommunikation zwischen Berater und Klient: Momente des Zögerns, Zweifelns und der ambivalenten Empfindungen, die sich im Gewande non-verbaler und para-verbaler Zeichen offenbaren, sind hier sehr aufschlußreich und deuten auf einen möglichen "Riß" im therapeutischen Arbeitsbündnis hin. Die Frage nach der Natur der therapeutischen Allianz, ihrer Unversehrtheit und Belastbarkeit stellt sich in der Beratungssituation ständig; mögliche Gefahren (Dryden 1989) sollten sofort gezielt bearbeitet und beseitigt werden. Ein Beispiel: Eine Klientin reagiert auf einen Ihrer Vorschläge wenig begeistert und Sie sehen ihr an, daß sie mit ihren Gedanken woanders ist; sprechen Sie sie direkt darauf an: "Ich habe das Gefühl, daß Sie nicht sicher sind, was Sie von all dem halten sollen, was wir hier besprechen. Ist vielleicht ein Teil in Ihnen nicht einverstanden mit dem, was ich eben sagte?"

Der Mensch ist kein unkompliziertes Wesen, daher reichen die Hindernisse und Störfaktoren, mit denen wir in einer Beratungssituation zu tun bekommen, von klassischen Abwehrreaktionen oder Übertragungsphänomenen bis hin zu vernünftigen und bewußten Einwänden gegen bestimmte beratungstechnische Interventionen. Wir sollten uns hüten, jede Störung, die in einer Beratungssituation auftritt, entweder nur als Ausdruck eines unbewußten Konfliktes oder als bloßes pragmatisches Problem zu betrachten. Sowohl Übertragungsreaktionen als auch konkrete interpersonelle Kommunikationsschwierigkeiten zwischen Berater und Klient treten in Beratungssituationen auf. Auch wenn Übertragungsphänomene nicht in jedem Fall beseitigt werden können, besteht doch die Möglichkeit, den Klienten immer wieder zu bitten, offen seinen Vorbehalten Ausdruck zu verleihen. Da dies nicht einfach ist, sollten wir unseren Klienten von Anfang an zeigen, daß unser "Ego" nicht auf dem Spiel steht und daß der spezifische Dialog in der Beratungssituation Klienten oft sehr viel mehr abverlangt als dies in unserer Alltagskommunikation der Fall ist. Geben Sie Ihren Klienten zu verstehen, daß das, was sie zu sagen haben, willkommen ist und daß Sie sie ernst nehmen. Ein Teil unserer Arbeit besteht darin, unseren Klienten zu mehr Autonomie zu verhelfen; dies erreichen wir nur, wenn wir ihnen in ihrem Kampf um die vermeintlich "richtigen" und "falschen" Gefühle beistehen.

Lassen Sie uns dies noch etwas modifizieren bzw. differenzieren. Da Übertragungsreaktionen immer auftreten, wäre es falsch, sie einfach übersehen zu wollen und alles, was in der Berater-Klient-Beziehung an Material auftaucht, für bare Münze zu nehmen. Seien Sie deshalb immer etwas skeptisch. Watkins (1989) unterstreicht, wie wichtig es ist, auftretende Übertragungsphänomene zu erkennen und ernstzunehmen. Refrainartig wiederkehrende Äußerungen, wie "*Sie* hätten damit keine Probleme, nicht wahr?", sind zwar an Sie direkt gerichtet, haben aber eindeutig mit der Beziehung des Klienten zu Ihnen nichts zu tun, sondern sind offensichtlich Ausdruck einer anderen Beziehungserfahrung, die der Klient irgendwann in seinem Leben gemacht hat. Eine mögliche Reaktion Ihrerseits wäre zum Beispiel: "Sie sagen oft, daß ich bestimmte Dinge könnte, was stimmen mag oder auch nicht. Das klingt so, als würden Sie mich sehr gut kennen. Ich frage mich, ob ich Sie an jemanden erinnere?" Oft läßt sich die Übertragung relativ schnell und einfach auflösen, so daß der Klient erkennen kann, an wen im Grunde bestimmte Gedanken und Gefühle gerichtet waren. Genauso oft jedoch gelingt es nicht, sich seiner Übertragungsgefühle bewußt zu werden und sie richtig einzuordnen.

Casement (1985) ist einer der führenden Vertreter des Konzepts der unbewußten Supervision des Beraters durch den Klienten. Er empfiehlt, aufmerksam auf das zu achten, was der Klient sagt und was darin an Gefühlen für den Berater enthalten sein könnte. Ein Klient, der sich nicht verstanden oder sicher fühlt, wird diesem Gefühl indirekt Ausdruck verleihen, via Traumsymbole oder indem er über andere Leute spricht, die ihn nicht verstanden oder beschützt haben. Vor allem im Zusammenhang mit Fragen nach möglichen Hindernissen in der Beratung ist es sehr aufschlußreich, nach solchen indirekten Informationen Ausschau zu halten. Manche Klienten sagen offen heraus "Sie verstehen mich einfach nicht", andere hingegen brauchen das Symbol oder die Umschreibung. Obwohl wir im Rahmen von Kurzberatungen und Kurztherapien nicht dafür plädieren, auf die Errichtung einer Übertragung(sneurose) hinzuwirken, dürfen wir andererseits derartige Übertragungsphänomene nicht außer acht lassen, sondern müssen uns in der schwierigen Kunst üben, jene unbewußten Mitteilungen unserer Klienten zu erkennen. Ryle (1990) betrachtet die Arbeit an der Übertragung als ein Kernstück seines Kurztherapiemodells, eine Auffassung, die auch alle anderen psychodynamisch orientierten Therapeuten teilen (Flegenheimer 1982). Wenn Sie mit einem entsprechendem Ansatz arbeiten, wird Ihnen jede Störung in Form einer Übertragungsreaktion willkommen sein, um Zugang zur intrapsychischen Dynamik eines Klienten zu erhalten. Sie können und sollten sich diesen Zugang verschaffen, allerdings müssen Sie darauf achten, daß im Rahmen einer Kurzberatung jede Übertragungsreaktion so schnell wie möglich aufgelöst werden sollte.

Manchmal treten Hindernisse oder Störungen im Beratungsprozeß in Form eindeutiger Blockierungen auf. Ein Beispiel: Eine Klientin bricht jeden weiteren Dialog ab oder wechselt abrupt das Thema, wenn für sie Schmerzhaftes zur Sprache kommt. Im Gegensatz zur Klientin ist Ihnen schnell klar, welche Dynamik im Spiel ist. Helfen Sie der Klientin, das auszusprechen, was unterdrückt oder verdrängt wird, zeigen Sie ihr verschiedene Wege, das auszuprobieren. Bestätigen Sie ihr, daß es ihr offensichtlich sehr schwer fällt, über bestimmte Themen, wie z. B. ihr Sexualleben, zu sprechen. Respektieren Sie diese Schwierigkeiten, ignorieren Sie sie nicht. Geben Sie ihr zumindest zu verstehen, daß Sie diese Blockierungen wahrgenommen haben. Wenn nötig, können Sie die weitere Exploration neuralgischer Punkte auf einen späteren Zeitpunkt verschieben. Teilen Sie jedoch der Klientin in jedem Fall Ihre Eindrücke mit.

Wenden wir uns nun den eher alltäglichen Hindernissen zu, die sich auf den Beratungsfortgang störend auswirken: Familiensorgen, Probleme am Arbeitsplatz oder praktische Probleme, die das äußere Setting der Beratung betreffen (z. B. Schwierigkeiten, für die Zeit der Sitzungen frei zu bekommen; finanzielle Probleme) fließen unweigerlich in das Therapiegeschehen mit ein, auch wenn Klienten glauben, sie "draußenhalten" zu müssen, da sie (scheinbar) nicht in die Beratung gehören und nichts mit den Problemen zu tun haben, die hier behandelt werden. Phänomene dieser Art sollten nicht automatisch pathologisiert werden; auch wenn in manchen Fällen kurzfristige Lösungen nicht in Sicht sind, ist es entscheidend, sie zu thematisieren, um zu verhindern, daß sie die Qualität der Beratungsarbeit ernsthaft gefährden. Benützen Sie Ihren gesunden Menschenverstand und Einfühlungsvermögen, Probleme dieser Art zur Sprache zu bringen. Es ist weder notwendig noch hilfreich, in jeder Sitzung nach potentiellen Störgrößen Ausschau zu halten, andererseits sollten Sie in der Lage sein, erste Anzeichen dafür frühzeitig zu erkennen.

> Gibt es non-verbale Hinweise dafür, daß ein Klient Schwierigkeiten in der Interaktion mit Ihnen hat? Gibt es Anzeichen für Übertragungsphänomene? Schmerzhaftes Material, das vermieden werden soll? Praktische Probleme? Fordern Sie Ihre Klienten auf, *jeden* Zweifel zu äußern.

38. Das Vergessen und Ausfallenlassen von Stunden – Bedeutung für das therapeutische Arbeitsbündnis

Die meisten Berater und Therapeuten werden in ihrer Praxis die Erfahrung machen, daß ein Klient zu einer Sitzung nicht erscheint, ohne vorher Bescheid gesagt, angerufen oder eine Nachricht hinterlassen zu haben. Die meisten werden auch das frustrierende Gefühl kennen, auf einen Klienten zu warten, der zur ersten oder zweiten Sitzung nicht erscheint. Manche Menschen sind zwar in der Lage, sich in einer akuten Krise an einen Berater oder Therapeuten zu wenden, haben aber dann zu sehr Angst vor den weiteren Folgen, die dieser Schritt für sie bedeutet; oder aber sie haben bereits etwas unternommen, fühlen sich besser und sind der Meinung, daß eine Beratung nun nicht mehr notwendig ist. Zu oft gelingt es dem Berater nicht, die Gründe zu klären, warum ein Klient zur ersten, zweiten oder dritten Stunde nicht (mehr) kommt.

Wir werden uns auch in Teil VI ("Das Ende der Beratung") damit beschäftigen, was passiert, wenn Klienten Stunden nicht wahrnehmen und wie wir als Berater damit umgehen. Doch wie sollen wir zu diesem frühen Zeitpunkt der Beratung reagieren? Wir schlagen vor, einem Klienten, der zur verabredeten Sitzung nicht erscheint, einen kurzen, freundlichen Brief zu schreiben, in dem Sie ihm mitteilen, daß Sie gerne bereit sind, einen neuen Termin zu vereinbaren (falls terminliche Schwierigkeiten der Grund für sein Fernbleiben waren); klären Sie noch ausstehende Honorarforderungen. Bringen Sie Klienten nicht in

Verlegenheit, aber stellen Sie klar, was Sie ihnen nach einem nicht wahrgenommenen Termin anzubieten haben und was nicht. (Überlegen Sie, ob Sie sich wirklich unmißverständlich und unzweideutig ausgedrückt haben, als Sie über das Beratungssetting und den damit einhergehenden Konditionen verhandelten.)

Unserer Meinung nach ist es im Rahmen einer Kurzberatung sehr unwahrscheinlich, daß ein Klient eine Stunde ausfallen läßt und zur nächsten wieder erscheint. Was uns aus Langzeitpsychoanalysen bekannt ist, daß Klienten Sitzungen ausfallen lassen (die sie bezahlen müssen), entweder um ihren Analytiker auf die Probe zu stellen oder um das entsprechende Gefühl kennenzulernen, begegnet uns in Kurzzeittherapien so gut wie nie. Hier rufen Klienten i. d. R. an, um uns mitteilen, daß sie krank sind; entweder sie sprechen selbst mit uns oder lassen es ausrichten. Am Klang ihrer Stimme können Sie oft erkennen, daß sie hin und hergerissen sind, ob sie die Behandlung überhaupt fortsetzen sollen. Manche wagen es nicht, offen zuzugeben, daß sie enttäuscht sind oder Angst haben und erzählen Ihnen die Unwahrheit. Erwarten Sie von Therapieneulingen nicht, daß sie Ihnen sicher und selbstbewußt gegenübertreten und werden Sie nicht ungeduldig, wenn Sie "Entschuldigungen" dieser Art zu hören bekommen. Geben Sie ihnen höflich zu verstehen, daß Sie gerne bereit sind (oder auch nicht), einen Termin zu einem späteren Zeitpunkt zu vereinbaren.

Wenn Klienten Stunden absagen, kann dies als Botschaft an uns verstanden werden. Bei Klienten, die gar nicht mehr erscheinen oder nach der ersten Sitzung wegbleiben, ist es schwierig, den Ursachen dafür auf den Grund zu gehen. In jenen Fällen dagegen, in denen Klienten Stunden absagen oder versäumen, die nächsten Termine jedoch wieder wahrnehmen, sollten wir aufmerksam und empathisch auf das hören, was hier an unausgesprochenen Botschaften enthalten ist (vgl. hierzu Casement (1985) und seine Methode, indirekte Mitteilungen des Klienten an den Therapeuten zu deuten). Manche Klienten spüren, daß bestimmte Handlungen eine deutlichere Sprache sprechen als Worte und daß ihr Fernbleiben etwas zu bedeuten hat, etwa "Wollen Sie mich wirklich sehen?", oder "So leicht werde ich es Ihnen nicht machen" oder "Ich weiß nicht, ob ich überhaupt hier sein will". Die Botschaft, die in solchen Fällen übermittelt werden soll, kann entweder bewußt und direkt an uns gerichtet sein, oder aber unbewußten Schichten des Klienten entstammen und als Wiederbelebung vergangener Erfahrungen (des Verlassenwerdens, des Verlustes wichtiger Bezugspersonen etc.) verstanden werden. Mancher Klient, in dessen chaotischen Familienverhältnissen "Unzuverlässigkeit" an der Tagesordnung ist, reinszeniert diese Erfahrung in der Beziehung zum Therapeuten. Das Ausfallenlassen und Versäumen von Stunden, die Bedeutung, die dahinter steckt und die möglichen Folgen für das therapeutische Arbeitsbündnis können auch im Rahmen einer nicht psychodynamisch orientierten Beratung oder Therapie thematisiert werden (Dryden 1989). Es ist in jedem Fall äußerst wichtig, das Fernbleiben eines Klienten, sein Zuspätkommen, seine Unzuverlässigkeit und andere Anzeichen einer ambivalenten Haltung der Beratung und dem Berater gegenüber ihrer idiosynkratischen Bedeutung nach zu verstehen.

Sherman und Anderson (1987) nennen mehrere Möglichkeiten, einem frühzeitigen Behandlungsabbruch entgegenzuwirken. Nach Durchsicht der einschlägigen Forschungsliteratur zu diesem Thema kamen sie zu dem Schluß, daß das Versenden von "Mahnungen" nach einem nicht wahrgenommenen Termin die Abbrecherrate während des ersten Behandlungsmonats von 51% auf 28% zurückgehen ließ. Sie stellten außerdem fest, daß der Einsatz von "Imaginations-Explanations-Techniken" die Abbrecherzahl verringerte. Diese imaginative Technik besteht darin, sich vorzustellen, mindestens vier Sitzungen erfolgreich zu beenden. Sie können Ihre Klienten aber auch danach fragen, wie sie es erleben, "dranzubleiben" und Aufgaben zu bewältigen, die anfangs als sehr schwierig erschienen. Wenn Sie Grund zu der Annahme haben, daß es einem Klienten/einer Klientin schwerfallen könnte "durchzuhalten" oder er/sie zu jenen Kunden gehört, die eine genaue Beschreibung dessen brauchen, was Beratung ist und wie sie funktioniert, dann sollten Sie vorbeugende Maßnahmen dieser Art in Erwägung ziehen. Überlegen Sie in jedem Fall: Was teilt mir der Klient auf non-verbale Art und Weise mit? Wie kann ich am besten reagieren, um unser Arbeitsbündnis zu festigen?

Schreiben Sie Klienten, die abbrechen, eine kurze Nachricht, aber respektieren Sie ihre Entscheidung. Was steckt dahinter, wenn ein Klient eine Stunde versäumt oder ausfallen läßt? Welche kulturellen, idiosynkratischen oder psychodynamischen Faktoren spielen hierbei eine Rolle? Thematisieren Sie dieses Problem zum gegebenen Zeitpunkt.

39. Das nächste Ziel wird in Angriff genommen

Sobald absehbar ist, daß ein Klient ein für ihn wichtiges Ziel erreicht hat oder kurz davor steht, sollten Sie sich darauf einstellen, den nächsten Punkt ins Auge zu fassen. Zu diesem und auch späteren Zeitpunkten besteht die Gefahr, sich von den Erzählungen des Klienten ablenken zu lassen und den eigentlichen Behandlungsfortgang aus den Augen zu verlieren. Erinnern Sie sich an die Prioritätenliste, die Sie in den ersten Sitzungen gemeinsam erarbeitet haben. Haken Sie nicht einfach einen Punkt nach dem anderen ab, sondern überzeugen Sie sich, daß erste Lernfortschritte erkannt und verdaut worden sind, bevor Sie zum nächsten Punkt übergehen.

Wenn Sich sich dem nächsten Problemkomplex zuwenden, muß dieser nicht unbedingt mit dem ersten zu tun haben. Fragen Sie den Klienten, ob er bestimmte Zusammenhänge sieht. Ein Beispiel: Eine Klientin ist dank der Beratung endlich in der Lage, sich mit ihrem Chef auseinanderzusetzen. Das nächste Ziel, das sie sich gesteckt hatte, besteht darin, ihr übermäßiges Essen zu kontrollieren. Auf den ersten Blick scheint zwischen diesen beiden Aspekten kein Zusammenhang zu bestehen. Allmählich wird jedoch deutlich, daß ihre gesteigerte Fähigkeit, Schwierigkeiten zu konfrontieren und auszuhalten (sich mit ihrem Chef auseinanderzusetzen) Hand in Hand geht mit der Fähigkeit, das Problem des übermäßigen Essens in Angriff zu nehmen. Über den Aspekt der Generalisierung könnte das Eßproblem auf die gleiche Art und Weise angegangen werden wie das Vorgesetztenproblem. Wenn Sie den Eindruck haben, daß die Klientin kurz davor ist, einen möglichen Zusammenhang zu erkennnen, können Sie ihr auf die Sprünge helfen: "Ich frage mich, ob es nicht möglich ist, die Lernerfahrungen, die Sie in bezug auf Ihren Chef gemacht haben, auch auf Ihr Eßproblem zu übertragen."

Natürlich laufen die Dinge nicht immer so glatt. Die Klientin mag ihr Chefproblem befriedigend gelöst haben, kann aber zum Problem des übermäßigen Essens keinen Zusammenhang herstellen. Versuchen Sie vorsichtig, sie auf mögliche Parallelen im Umgang mit beiden Problemen hinzuweisen und fragen Sie sie, was sie von dieser Interpretation hält. Wenn deutlich wird, daß die Klientin beide Aspekte als voneinander unabhängige Phänomene betrachtet, sollten Sie dies respektieren und sich diesem Problem von einem neuen Blickwinkel aus zuwenden: Worin genau besteht das Problem? Was hat die Klientin dazu zu sagen? Versuchen Sie, das Problem einzukreisen, handeln Sie eine Arbeitsdefinition aus und überlegen Sie gemeinsam, wie Sie am sinnvollsten vorgehen.

Das Fokussieren unterschiedlicher Problempunkte ist eine sehr anspruchsvolle Aufgabe für den Therapeuten. Da nur begrenzt Zeit zur Verfügung steht und Sie diese optimal nützen wollen, werden Sie erkennen, wie wertvoll es ist, mit generalisierbaren Lernerfahrungen arbeiten zu können. Andererseits setzt dies ein gut funktionierendes Arbeitsbündnis voraus, das Sie nur erfüllen können, wenn Sie das Bezugssystem Ihres Klienten ständig hinterfragen. Es gehört zum Wesen der Beratung, daß Klienten angesichts unlösbar scheinender persönlicher Probleme oft in Verwirrung oder Verzweiflung geraten. Als Berater sehen Sie oft mehr; Sie erkennen eindeutige Parallelen zwischen bestimmten Aspekten und können es kaum erwarten, Ihren Klienten den Zusammenhang begreiflich zu machen. Bei einigen Klienten mögen Sie Glück haben, bei anderen weniger.

> Seien Sie bereit, wenn nötig, ein neues Problem in Angriff zu nehmen. Helfen Sie Ihren Klienten, Lernerfahrungen zu generalisieren und so die Fortschritte bei der Lösung eines Problems auf andere zu übertragen. Wo dies nicht unmittelbar möglich ist, sind getrennte Lösungsstrategien notwendig.

40. Von einzelnen Problempunkten zu Themenkomplexen

Unter einem Thema verstehen wir jene Grundannahmen, Skripts oder Refrains, die in der Arbeit mit einem Klienten immer wieder auftauchen, sie gleichsam wie ein roter Faden durchziehen. Verschiedene Problempunkte werden häufig unter einem Thema zusammengefaßt. Über das Thema gelangt man, wie über eine Brücke, zu den einzelnen Punkten. Von dieser Brücke aus hat man einen besseren Überblick. Ein Beispiel: Eine Klientin berichtet von Situationen, in denen sie sich von ihrem Vater, ihrem Ehemann und ihrer besten Freundin kritisiert fühlte. Für diese Klientin handelt es sich um drei verschiedene, voneinander unabhängige Phänomene (Personen), die ihr Probleme bereiten. Im weiteren Verlauf gelangen Sie zu der Hypothese, daß diese Klientin grundsätzlich sehr empfindlich auf Kritik reagiert. Wir scheinen es hier mit einem "Thema" zu tun zu haben.

Therapeut: Ich würde hier gerne einhaken. Ich frage mich, ob hier nicht ein gewisser Zusammenhang besteht, und zwar insofern, als es Ihnen allgemein schwer zu fallen scheint, Kritik auszuhalten. Wir sprachen davon, wie Ihr Vater, Ihr Mann und Ihre beste Freundin anscheinend überkritisch mit Ihnen sind. Wäre es möglich, daß Sie überempfindlich auf Kritik reagieren? Wenn ja, können wir uns anschauen, welche Gedanken Sie in solchen Momenten haben, wenn Sie sich besonders kritisiert fühlen.

Das Thema wird der Klientin in Form einer Hypothese angeboten. Die Klientin muß nachvollziehen können, wie Sie zu dieser Hypothese gelangten. Sie muß die Möglichkeit haben, die Hypothese abzulehnen oder nachzufragen. Ein Thema herausarbeiten heißt, bestimmte Elemente aus der Geschichte der Klientin in einen Zusammenhang bringen. "Wir haben über die Situationen x, y, und z gesprochen. Können Sie hier irgendeinen Zusammenhang erkennen?" Wenn die Klientin das nicht kann, müssen Sie entweder Ihre Hypothese umformulieren oder die Verifizierung auf einen späteren Zeitpunkt verschieben. Achten Sie sorgfältig auf diese roten Fäden und machen Sie Ihre Klientin darauf aufmerksam. Selbst wenn ihr der Zusammenhang nicht unmittelbar einleuchten mag, wird sie doch über Ihre These nachdenken und eventuell zustimmen wollen. Gehen wir zurück zu unserem Beispiel: Das Thema unserer Klientin könnte darin bestehen, daß sie jede Kritik an ihr als Zeichen der eigenen Wertlosigkeit interpretiert:

Therapeut: Wenn Sie sich das nächste Mal ärgern, fragen Sie sich, "Ärgere ich mich über die Kritik? Wenn ja, welche Gedanken habe ich in diesem Moment?" Ich möchte gerne, daß Sie diese Gedanken aufschreiben und wir das nächste Mal darüber sprechen.

Diese Aufforderung zielt auf die selbständige Identifizierung, Beobachtung und Verifizierung eines Themas. Dadurch soll Zeit gespart und der Fortschritt der Klientin maximiert werden. Die Alternative wäre, jeden einzelnen Problempunkt gesondert zu behandeln, was nicht nur sehr viel Zeit kosten, sondern der Behandlung auch viel von ihrem Schwung nehmen würde.

Es gibt Fälle, in denen mehrere (Lebens)Themen eine Rolle spielen, mehrere rote Fäden zusammenlaufen. Einige Therapieansätze, wie die Transaktionsanalyse, sind darauf "spezialisiert", bestimmte Skripten oder Lebenspläne, Mini-Skripten, Fahrer und andere Instanzen wichtiger Themen im Leben eines Klienten zu identifizieren. Die TA arbeitet mit der Prämisse, daß es einen "Hauptfahrer" und eventuell ein oder zwei "Beifahrer" gibt. Stewart und Joines (1987) sprechen vom "Aufspüren des Fahrers", jener Kunst, die darin besteht, Anzeichen für wiederkehrende Themen zu erkennen und verfolgen. Auch wenn Sie nicht in TA ausgebildet sind, werden Sie in der Lage sein, immer wiederkehrende Verhaltens- oder Denkmuster eines Klienten wahrzunehmen. Der Ansatz der kognitiven Therapie (Blackburn und Davidson 1990) arbeitet mit dem Konzept bestimmter Schemata, die ein Klient immer wieder verwendet, um sich seine Wirklichkeit zu konstruieren. Blackburn und Davidson empfehlen, jene "Themen und Texte", die sich über einen längeren Zeitraum durch die Beratung ziehen, zu entschlüsseln und dem Klienten zu übersetzen. Mit welchem Ansatz Sie auch arbeiten, mit der Zeit werden Sie ein Gefühl dafür entwickeln, welche Erfahrungen und Erlebnisse Klienten zu einem roten Faden verknüpfen und wie sie sich immer wieder in diese Fäden verstricken.

Gibt es bestimmte Muster, die sich wie ein roter Faden durch das Leben des Klienten ziehen? Welche einzelnen Problemaspekte lassen sich unter einem bestimmten Thema zusammenfassen? Begeben Sie sich auf die Suche nach derartigen Mustern; zeigen Sie Ihren Klienten, wie diese Ihr Leben und ihren Alltag bestimmen und wie sie sie ändern können.

Teil IV: Hausaufgaben

41. Warum Hausaufgaben?

Es gibt Berater und Therapeuten, die die Arbeit mit Hausaufgaben ablehnen. Je mehr ein therapeutischer Ansatz die Beziehung selbst zwischen Berater und Klient in den Mittelpunkt seiner Arbeit stellt, desto ungeeigneter scheint das eher pädagogisch orientierte Instrument der Hausaufgaben zu sein. Macaskill (1985) unterscheidet die "Um zu . . . "-Ansätze in der Psychotherapie von den sich am "Gemeinsam im Hier und Jetzt" orientierenden Therapieschulen, erwähnt aber auch, daß einige psychodynamisch orientierte Therapeuten (die eigentlich der zweiten Gruppe zuzurechnen sind), wie z. B. Ryle (1990) und Wolberg (1980), durchaus das Element der Hausaufgaben in ihre Arbeit integrieren und daß auch Davanloo (1985) den Nutzen dieses Instruments anerkennt. Für die klientenzentrierte Therapie schlägt Rice (1984) vor, in bestimmten Fällen Klienten außerhalb der Sitzungen nach jenen emotionalen Situationen bzw. Konstellationen Ausschau halten zu lassen, die gerade Thema der Therapie sind. In der kognitiven Verhaltenstherapie und -beratung gehören Hausaufgaben zur therapeutischen Grundausstattung (Blackburn und Davidson 1990). Unserer Meinung nach fördert der explizite Einsatz von Hausaufgaben den therapeutischen Prozeß und sollte daher zu den Grundfertigkeiten eines Therapeuten/Beraters gehören.

Was spricht für Hausaufgaben? Wir wiederholen uns, wenn wir an dieser Stelle nochmals darauf hinweisen, daß eine Sitzung nur eine von 168 Stunden in der Woche des Klienten ist. Die Beratung selbst dauert eventuell nur wenige Monate. Wenn wir nicht Zufallsfaktoren (d. h. "nicht-spezifische" Beziehungsvariablen) für den Erfolg einer Behandlung verantwortlich machen wollen, müssen wir uns fragen, wie Veränderung zustande kommt. Therapiestudien zur Kurzpsychotherapie (Koss und Butcher 1986) nennen eine Vielzahl von Einflußgrößen, die für das Ergebnis einer Therapie/Beratung entscheidend sind; dazu zählt auch der Grad an aktiver Beteiligung seitens des Klienten. Lernerfahrungen und der Versuch, neu erlernte Verhaltensmuster anzuwenden, verstärken wiederum das Engagement des Klienten und seinen Wunsch nach Veränderung. Die Interaktion zwischen den Therapiesitzungen einerseits und dem Alltag "draußen" andererseits bestätigt die Klienten in ihrem Wissen, ihr Schicksal selbst in die Hand nehmen zu müssen. Diese Interaktion kann explizit gemacht werden und wir halten dies im Rahmen psychologischer Kurzberatung für sehr vernünftig. Wenn wir unseren Klienten nicht zeigen, wie man Lernerfahrungen praktisch umsetzt und welchen Nutzen sie daraus ziehen können, laufen wir Gefahr, "Trockenschwimmer" aus ihnen zu machen, die den Sprung ins Wasser niemals wagen werden.

Wir müssen unsere Klienten darüber aufklären, daß es sehr hilfreich sein kann, sich zwischen den einzelnen Sitzungen mit etwas Beratungsrelevantem zu beschäftigen. Sie müssen diese Beschäftigung nicht unbedingt "Hausaufgabe" nennen. Der Begriff "Hausaufgaben" hat für viele eine eher negative Konnotation, durch die sie sich an die Hausaufgaben ihrer Schulzeit erinnert fühlen. Begriffe wie "Aufgaben", "praktische Übungen", "Training", "Auftrag", "Zwischenarbeit" sagen das gleiche aus. Bei Klienten, die gerne aktiv sind, werden Sie mit *jedem* dieser Begriffe auf Entgegenkommen stoßen. Oder aber Sie versuchen es mit einer Umschreibung. "Vielleicht haben Sie eine Idee, wie Sie sich auf unsere nächste Sitzung vorbereiten könnten?" kann als Aufforderung an den Klienten verstanden werden, Hausaufgaben zu erledigen, ohne jedoch diesen Begriff zu verwenden. Auch Vergleiche, etwa mit dem Erlernen von Klavierspielen, sind hilfreich: Die Stunde ist wichtig, aber das Üben während der Woche gibt den Ausschlag. Hausaufgaben müssen nicht unbedingt "verhaltensorientiert" sein: Jede Art von Beschäftigung mit der Beratung und der angestrebten Veränderung kann nützlich sein, inklusive Reflektieren über das, was in der Beratung passiert und was noch besprochen werden soll. Helfen Sie Ihren Klienten, sich als aktive Forscher zu betrachten, die ihre Kognitionen und Emotionen, ihr Verhalten und ihre intrapsychische Welt nicht nur im Beratungszimmer, sondern auch zu Hause und im Büro genauer unter die Lupe nehmen.

In kognitiv-analytischen Therapien werden Hausaufgaben dahingehend eingesetzt, "den Patienten zu seinem eigenen Co-Therapeuten zu machen und somit dessen Grad an Bewußtheit und Selbst-Disziplin zu erhöhen sowie regressiven Tendenzen vorzubeugen" (Ryle 1990, 30). Wenn Sie mit Ihrem Klienten problemlösungsorientiert arbeiten, wird es Ihnen nicht schwerfallen, ihm gute Gründe für Übungen außerhalb der Sitzungen zu nennen. Wenn Sie jedoch selbst Vorbehalte gegen Hausaufgaben haben, wird Ihr Klient dies merken. Wir plädieren deshalb dafür, das Thema Hausaufgaben erst dann mit Klienten zu besprechen, wenn Sie sich selbst mit den Vorzügen dieses Instruments als Grundbestandteil therapeutischen Arbeitens vertraut gemacht haben. Wenn Sie das Thema in der Beratung zur Sprache bringen, achten Sie auf die non-verbalen Reaktionen seitens der Klienten und bitten Sie sie, diese in Worte zu fassen. Respektieren Sie mögliche Vorbehalte und korrigieren Sie eventuell auftretende Mißverständnisse.

Wie stehen Sie selbst zum Thema "Hausaufgaben"? Welche Gründe sprechen dafür, welche dagegen? Erläutern Sie Ihren Klienten den Nutzen dieses Instrumentariums und verwenden Sie dabei, wenn nötig, angemessene Umschreibungen. Unterstreichen Sie, daß Übungen außerhalb der Sitzungen den Beratungsfortgang als Ganzes fördern und dem Klienten dazu verhelfen, sein eigener Berater zu werden. Achten Sie auf Feedback.

42. Verschiedene Arten von Hausaufgaben

Wir wissen bereits, daß Hausaufgaben in unterschiedlichster Form gestellt werden können. Einige Möglichkeiten wollen wir hier vorstellen: Literaturarbeit, Schreibübungen, Fragebögen, Monitoring, Verhaltensübungen und imaginative Verfahren.

Literaturarbeit

Zu Therapiekonzepten, die auf der Unterweisung bestimmter Schemata basieren, wie etwa in der Transaktionsanalyse oder der Rational-Emotiven Therapie, finden sich in der entsprechenden Fachliteratur häufig sehr gute und aufschlußreiche Beschreibungen und Erläuterungen. Daher erscheint es wünschenswert, den Klienten aufzufordern, einige dieser Fachtexte zu lesen. Wenn Klienten dem nachkommen, fördern sie nicht nur den Beratungsprozeß und sparen Stunden, sondern nehmen aktiv an der Um- und Neugestaltung ihrer Situation teil. Einige Berater (z. B. Scott 1989) geben Klienten mit ganz bestimmten Problemen spezielle Literatur an die Hand. Depressiv verstimmte Klienten zum Beispiel bekommen bei Scott ein kurzes Handout mit dem Titel "Es gibt Hoffnung" überreicht. Auch für Klienten mit bestimmter Suchtproblematik sind solche kurz abgefaßten Texte oft sehr nützlich. Andere Berater wiederum plädieren für eher größere "Dosen" an Literatur, was mitunter den Charakter einer Art Bibliotherapie annimmt. Sie müssen genau unterscheiden zwischen den Klienten, die von dieser Art "Hausaufgabe" profitieren und jenen, für die diese Methode ungeeignet ist. Analphabeten oder Klienten, die an sich schon sehr viel Zeit mit Lesen verbringen (müssen), z. B. Studenten, werden von dieser Art der "Selbstbeteiligung" an der Beratung weniger begeistert sein. Stimmen Sie das Quantum auf jeden einzelnen Klienten individuell ab, um Frustrationen zu vermeiden.

Schreibübungen

Es kann sehr befreiend sein, über sich selbst zu schreiben. Die Möglichkeiten dieses Mediums sind vielfältig. Am einfachsten sind aktuelle Lageberichte in der ersten Person, etwa "Was erwarte ich mir von der Beratung?" In manchen Therapiesettings fordert man Klienten auf, einen ausführlichen "Lebenslauf" zu schreiben, der in der darauffolgenden Stunde besprochen wird. Personal-Construct-Therapeuten (Fransella und Dalton 1990) bitten ihre Klienten um eine Selbstdarstellung aus der Perspektive eines Dritten, der den Kienten so gut kennt wie man ihn nur kennen kann. Diese und zahlreiche andere Übungen werden auch in der Kognitiv-Analytischen Therapie (KAT) angewandt. Dazu gehören Schreibübungen wie etwa Briefe an den Therapeuten. Ryle (1983) vertritt die Ansicht, daß Schreibübungen gut in psychodynamische Therapiekonzepte integriert werden können. In manchen Fällen zeigen auch Briefe an Mütter und Väter oder andere wichtige Bezugspersonen (die nicht unbedingt abgeschickt werden müssen) kathartische und instruktive Wirkung.

Fragebögen

Wir haben an früherer Stelle bereits auf die Einstellungsfragebögen von Baker et al. hingewiesen (Anhang 2 und 3), mittels derer Einstellungen von Klienten in bezug auf Beratung und Therapie erfaßt werden können. Es gibt natürlich eine Vielzahl verschiedener Fragebögen, die zum Ziel haben, psychologisch interessante und relevante Informationen zu sammeln. Bekannte Beispiele hierfür sind der *Beck Depression Inventory*, der v. a. in kognitiven Verhaltenstherapien Verwendung findet; der *Psychotherapy File* aus der Kognitiv-Analytischen Therapie; die *Strukturelle Profilanalyse* der Multimodalen Therapie. Alle diese Erhebungsbögen sind direkte Befragungsinstrumente, die wertvolles Informationsmaterial liefern, das dann in den Sitzungen fokusartig bearbeitet wird. Es erübrigt sich fast, darauf hinzuweisen, daß es sowohl unter den Klienten als auch unter Beratern/Therapeuten einige gibt, die dieses Instrument ablehnen. Seien Sie daher vorsichtig, wenn Sie Frage- und Erhebungsbögen einsetzen wollen, und erläutern Sie Ihren Klienten ausführlich deren Nutzen und Vorzüge.

Monitoring

Dieses Instrument wird in der kognitiven Verhaltenstherapie regelmäßig angewandt. Der Klient wird aufgefordert, außerhalb der Therapiesitzungen das eigene Verhalten zu beobachten und aufzuzeichnen, insbesondere jene Gedanken und Reaktionen, die in schwierigen oder streßreichen Situationen auftreten und mit denen spezifisches Verhalten einhergeht. Dies kann in Form eines Tagebuchs geschehen oder in Form eines offiziellen "Tagesprotokolls über dysfunktionale Gedanken" oder eines "Wochenprotokolls" (siehe Blackburn und Davidson 1990). Strukturierte Übungen dieser Art sind vor allem für depressive Klienten geeignet, die Schwierigkeiten haben, sich auf bestimmte Problempunkte zu konzentrieren.

Verhaltensmodellierung

Übungen auf der verhaltensspezifischen Ebene gehen sowohl in die Richtung sehr einfacher verhaltensmodifizierender Aufgabenstellungen als auch systematisch aufgebauter Verhaltensstrategien. Übungen wie früher aufstehen, mehr Ausdauer bei der Arbeitssuche aufbringen oder 10 Minuten pro Tag die Wohnung aufräumen, reichen bereits aus, um beim Klienten ein Gefühl von mehr Autonomie und Bewältigungsmöglichkeiten zu bewirken. Allgemeines Selbstsicherheitstraining (z. B. sich klar und deutlich ausdrücken lernen, "Nein"-Sagen-Lernen ohne den anderen abwerten zu müssen) gehören ebenso zum Bereich der Verhaltensmodellierung und des Verhaltenstrainings wie etwa die Aufgabe, eine Frau zum Essen einzuladen, beim Chef um eine Gehaltserhöhung zu bitten oder dem Bruder zu sagen, wie sehr man ihn mag. Selbstkontrollierte Desensibilisierung und Flooding zählen hier zu den formalen Techniken der Verhaltensmodellierung (siehe Bellack und Hersen 1987).

Imaginative Verfahren

Manche Klienten sprechen besonders auf imaginative Techniken an. Entspannungsübungen etwa könnnen mit Hilfe des Instruments der Visualisierung eingeleitet werden: "Sie spazieren durch eine wunderschöne Landschaft, es ist ein herrlicher Tag, warm, die Sonne strahlt und Ihre Sorgen haben sich in Luft aufgelöst." Klienten, denen diese imaginativen Techniken sehr liegen und die hier schnell "einsteigen", können mit ähnlichen Phantasiereisen auch im Alltag arbeiten. Manche Berater zeichnen ihre Instruktionen auf Band auf und stellen dieses ihren Klienten zur Verfügung. Unter imaginative Techniken fallen auch Zeichen- und Malübungen, bei denen Klienten aufgefordert werden, Bilder zu Papier zu bringen, die von besonderer Bedeutung sind und die dann in einer der darauffolgenden Sitzungen besprochen werden. Imaginative Techniken werden oft dann eingesetzt, jene Gefühle auszudrücken, für die man keine Worte findet.

Diese Aufzählung erhebt keinen Anspruch auf Vollständigkeit, sondern soll als Anregung dienen, eigene Übungskonzepte zu entwerfen. Da jeder Klient unterschiedliche Lernerfahrungen mitbringt, ist auch das Thema Hausaufgaben in jedem Fall neu zu verhandeln: Welche Übung könnte bei diesem Klienten die Blockierung lockern und die Dinge wieder zum Laufen bringen? Ist es an der Zeit, daß diese Klientin mehr Eigenverantwortung übernimmt? Wie kann jener Klient lernen, mit den emotionalen Erschütterungen, die nach jeder Stunde auftreten, besser umzugehen? Wie kann der Druck, unter dem diese Klientin in manchen Situationen leidet, verringert werden? Welche Übungsaufgaben sind für jenen Klienten geeignet? Um diese oder ähnliche Fragestellungen geht es in diesem Zusammenhang; sie werden auch oft in Supervisionen thematisiert.

> Machen Sie sich mit den vielfältigen Möglichkeiten an Übungen bzw. Hausaufgaben vertraut. Stimmen Sie sie auf den jeweiligen Fall ab. Welche Möglichkeiten und Wege gibt es überhaupt, Hausaufgaben in Ihr Beratungskonzept zu integrieren?

43. Das Thema Hausaufgaben in den Sitzungen

Nehmen Sie sich genügend Zeit, mit Klienten über das Thema Hausaufgaben zu sprechen. Warten Sie einen geeigneten Zeitpunkt ab, das Thema anzuschneiden und erläutern Sie ihnen, worum es dabei geht. Wenn ein Klient sich einverstanden erklärt, auch außerhalb der Sitzungen zu "arbeiten", ist es hilfreich, in jeder Stunde die letzten fünf Minuten für die Besprechung der Hausaufgaben zu reservieren. Wenn Sie das nicht tun, ist es leicht möglich, daß Klienten sich gedrängt fühlen, daß sie den Eindruck bekommen, Hausaufgaben seien kein wirklicher Bestandteil der Beratung und sie keine Möglichkeiten haben, über dieses Thema als gleichberechtigter Partner mitzuentscheiden. Sollte am Ende einer Stunde keine Zeit mehr sein, über die Hausaufgaben zu reden, ist es besser, das Thema ganz fallen zu lassen, anstatt es schnell "durchziehen" zu wollen.

Sollten Ihnen oder Ihrem Klienten während der Sitzung Ideen zu möglichen Aufgabenstellungen kommen, notieren Sie sie und besprechen Sie sie am Ende der Stunde. Ein Klient berichtet: "Ich würde die Frau so gerne ansprechen, aber ich weiß nicht wie?" Darauf anworten Sie: "Das ist ein Punkt, den wir weiterverfolgen sollten. Wollen wir am Ende der Stunde gemeinsam überlegen, wie Sie diese Frau ansprechen können?" Sie können am Ende der Stunde bestimmte Aspekte noch einmal aufgreifen und geeignete Übungsaufgaben daraus entwickeln.

Paradoxerweise erfahren wir von Albert Ellis, dem Vater der Rational-Emotiven Therapie, in der gezielt mit Hausaufgaben gearbeitet wird, daß er selbst dieses Thema ab und zu vergißt anzusprechen (Yankura und Dryden 1990). Er fordert zwar seine Klienten regelmäßig auf, sich über RET weiterzubilden (sei es über eines seiner Bücher oder Kassetten), muß aber einräumen: "Manchmal vergesse ich, einen Klienten nach seinen Hausarbeiten zu fragen, . . . weil ich zu sehr mit dem beschäftigt bin, was bei ihm an irrationalem Material auftaucht. Meine Vergeßlichkeit diesbezüglich ist mein Problem – und rührt vielleicht von meiner eigenen schwach ausgeprägten Frustrationstoleranz her." Auch wir werden in unserer Arbeit mit Klienten so manches vergessen, aber vielleicht hilft dieser Ausspruch Ellis', uns an unsere eigenen Hausaufgaben zu erinnern.

Warten Sie mit dem Thema Hausaufgaben immer bis zum Ende der Stunde, nehmen Sie sich dann aber genügend Zeit, wenigstens fünf Minuten, darüber zu sprechen. Achten Sie darauf, Ihren Klienten nicht zu drängen.

44. Spezifische Gründe für Hausaufgaben

Über die allgemeinen Gründe, auch außerhalb der regulären Stunden mit bestimmten Übungen zu arbeiten, haben wir bereits gesprochen. Wenn es um die konkrete Ausarbeitung und Anwendung solcher Übungen geht, wird die Sache schon schwieriger. Manche Klienten (vor allem die sehr "braven" unter ihnen) erklären sich schnell einverstanden, allerdings weniger aus konkreten Überlegungen, sondern eher, um ihrem Therapeuten einen Gefallen zu tun. Wir müssen uns also immer fragen, inwieweit ein Klient tatsächlich Sinn und Zweck derartiger Übungen nachvollziehen kann und er bereit dazu ist, in Eigenregie damit zu arbeiten.

Ein Beispiel: Sie sind am Ende der zweiten Sitzung mit einem Klienten. Er hatte davon berichtet, daß Druck in der Arbeit ihn sehr verletzlich und angreifbar mache und er den Wunsch habe, sich in derartigen Situationen "entspannter" und "weniger defensiv" fühlen zu müssen. Sie haben damit begonnen, sich genauer anzuschauen, welche Gedanken in den entsprechenden Situationen auftauchen und wie er darauf reagiert. Sie schlagen ihm nun vor, diese Gedanken und Reaktionen aufzuschreiben. Was genau denkt er bevor, während und nachdem er im Büro von den anderen "unter Druck" gesetzt wird? Erklären Sie ihm, daß wir aufgrund früherer Lernerfahrungen Ereignisse häufig falsch interpretieren; wir glauben, scheitern zu müssen, obwohl wir Erfolg haben. Wäre es nicht möglich, daß die anderen ihn weniger unter Druck setzen als er zu spüren glaubt? In welchen Situationen und mit welchen gedanklichen Konstruktionen setzt er sich selbst unter Druck, verkrampft sich und begibt sich in die Defensive? Bitten Sie ihn, diese Situationen und Gedanken im Auge zu behalten und seine Beobachtungen niederzuschreiben. Der Zusammenhang zwischen den Ereignissen im Büro, seinen parallel dazu laufenden Gedanken und Gefühlen und seiner vermeintlichen "Verletzlichkeit" wird ihn erkennen lassen, daß Ursachen und Lösungen seines Problems in ihm selbst liegen.

> Erklären Sie Ihrem Klienten, warum Sie ihm gerade diese oder jene Übung vorschlagen, welche Überlegungen Ihrem Vorschlag zugrundeliegen und wo der Zusammenhang zum Beratungsziel zu suchen ist.

45. Aushandeln

Manchmal sind Klienten mit unseren Vorschlägen nicht einverstanden. Oder aber sie stimmen dem zu, was wir uns an Hausaufgaben für sie überlegt haben, ärgern sich aber, daß wir uns anmaßen, genau zu wissen, was sie angeblich brauchen. Gute Ideen zum Thema Hausaufgaben ist eine Sache, sie umzusetzen eine andere. Manche Klienten sind besonders empfindlich, was das Thema Autorität angeht; wenn sie das Gefühl haben, etwas von Ihnen übergestülpt zu bekommen, werden sie mit den entsprechenden Widerständen reagieren. Unsere Arbeit basiert auf unserem Respekt für die Autonomie des Klienten; es wäre kontraproduktiv, diese Autonomie zu untergraben.

Beschreiben Sie die Art von Hausaufgaben, die Sie sich für Ihren Klienten vorstellen können. Was hält er von Ihrem Vorschlag? Wie sind seine non-verbalen Reaktionen darauf? Wenn Sie den Eindruck haben, seine Zustimmung ist nur halbherzig, sprechen Sie ihn darauf an. Wo liegen seine Zweifel? Würde er den Vorschlag gerne abändern? Welche Möglichkeiten sieht er persönlich, außerhalb der Sitzungen zu "arbeiten"? Seien Sie offen für seine Einfälle. Weisen Sie nochmals auf die Bedeutung und Nützlichkeit von Hausaufgaben hin, aber unterstreichen Sie auch, daß Sie zu diesem Thema nichts im Alleingang entscheiden werden. Berater und Klient sollen gemeinsam über geeignete Methoden nachdenken.

Allerdings birgt dieses Konzept des Aushandelns (im Gegensatz zu einer autoritativen Entscheidung, die man dem Klienten präsentiert) die Gefahr, daß die ursprüngliche Idee, Hausaufgaben als eigenständiges Element in die Beratung einzusetzen, verlorengeht oder stark verwässert wird. Manche Klienten sind die geschickteren Verhandlungspartner! Wenn Berater und Klient in irgendeiner Weise Schwierigkeiten miteinander haben, werden sich diese auch am Thema Hausaufgaben manifestieren. Sollte dies der Fall sein, ist es wichtig, von einer Metaebene aus das Geschehen zu beobachten und zu reflektieren. Welche Einwände hat ein Klient gegen Hausaufgaben und die Art und Weise, wie Sie damit umgehen, vorzubringen? Wenn er sich an der Art und Weise stört, wie Sie das Thema Hausaufgaben "bringen", sollten Sie auch an mögliche Übertragungsreaktionen denken. Macaskill (1985) und andere psychodynamisch orientierte Therapeuten vertreten die Auffassung, daß Hausaufgabenverhandlungen immer Übertragungsreaktionen auslösen, die dann in der Beratung gesondert bearbeitet werden sollten. Andererseits ist es denkbar, daß umso weniger Probleme mit Hausaufgaben entstehen, je mehr Sie die Verantwortung dafür in die Hände des Klienten selbst legen. Hat ein Klient die Möglichkeit, selbst über das zu entscheiden, was er an zusätzlicher "Arbeit" zwischen den Sitzungen leisten will, wird er sich ernstgenommen und respektiert fühlen. "Wie könnten Sie das, was wir heute besprochen haben, bis zum nächsten Mal in die Praxis umsetzen?" wäre eine Möglichkeit, Verhandlungen zum Thema Hausaufgaben einzuleiten.

Präsentieren Sie Ihre Vorschläge zu Hausaufgaben nicht in Form von Befehlen. Respektieren Sie die Autonomie des Klienten und bitten Sie ihn, Ihre Einfälle zu kommentieren. Modifizieren Sie Ihr Angebot und fordern Sie Ihren Klienten auf, eigene Vorschläge zu unterbreiten. Konzentrieren Sie sich auf mögliche Störfaktoren, die in diesem Zusammenhang auftreten.

46. Die Aktualität von Hausaufgaben

Wenn wir nach einer Sitzung über den Klienten und seine Problematik reflektieren, glauben wir oft, die "ideale" Hausaufgabentechnik für ihn gefunden zu haben, die wir ihm dann in der nächsten Stunde vorstellen wollen. Oder wir erfahren von einer neuartigen Übungsmethode, die uns als geeignet erscheint und sind versucht, sie auszuprobieren. Es ist besser, diesen "Versuchungen" nicht nachzugeben, sondern Einfälle dieser Art zu notieren und bei passender Gelegenheit vorzustellen.

Es ist wichtig, daß zwischen spezifischen Hausaufgaben und dem aktuellen Material der jeweiligen Sitzung ein enger Zusammenhang besteht. Hier heißt es nicht nur, kreativ zu sein, sondern auch, sich mit der Vielfalt an möglichen Aufgabenstellungen, Methoden und Übungen vertraut zu machen, um für jeden Klienten zu jedem Zeitpunkt der Behandlung individuell die beste Lösung zu finden. Versuchen Sie, zum jeweiligen Material, das vom Klienten in einer Sitzung thematisiert wird, mögliche Übungen und Hausaufgaben zu assoziieren. Diese werden umso wirksamer sein, je ungebrochener sie sich aus dem Stoff der Sitzung ableiten lassen. Die einzelnen Sitzungen, die Grundproblematik des Klienten sowie allgemeine und spezifische Beratungsziele werden so direkt miteinander verknüpft.

In den frühen Phasen der Behandlung ist es ratsam, auf (heraus)fordernde Aufgaben und Übungen zu verzichten, da man als Berater sonst riskiert, den Klienten unnötig zu verschrecken. Wir haben bereits mehrmals darauf hingewiesen, wie wichtig es ist, dem Klienten genügend Raum und Zeit zu geben, sich mit der Arbeit in der Beratung selbst vertraut zu machen sowie die verschiedenen Fäden, die in seinem Problem zu einem Knäuel zusammenfließen, zu entwirren. Hausaufgaben sollten demzufolge dem jeweiligen Stand und den jeweiligen Lernerfahrungen des Klienten entsprechen. Achten Sie darauf, ihm nur solche Aufgaben zu stellen, die er auch in der Lage ist zu erfüllen. Passen Sie sie an den aktuellen Problemstand an. Ein Beispiel: Eine Klientin kommt zu Ihnen in die Beratung, um ihre sozialen Ängste zu überwinden. In einem frühen Stadium der Behandlung können Sie ihr vorschlagen, ihre Gedanken zu beobachten und sich Szenen und Situationen ins Gedächtnis zu rufen, in denen sie diesen Ängsten begegnete. Wenn sie in einer Sitzung von "komischen Gefühlen" berichtet, die immer im Zusammenhang mit einem bestimmten Ort auftraten, an dem sie sich öfter aufhielt, könnte sie ihre Gedanken und Erinnerungen aufzeichnen, die diesen ganz bestimmten Ort betreffen. Zwischen dem "Hier und Jetzt" und dem "Dort und Damals" wäre somit eine Brücke geschlagen, die Verbindung zwischen den einzelnen Problemaspekten, die während der Sitzungen thematisiert werden, und dem übergeordneten Problem der Klientin wäre hergestellt. Diesen Zusammenhang braucht sie, um besser verstehen zu können, warum sie in bestimmten Situationen bestimmte Ängste entwickelt. In einer späteren Phase der Behandlung kann dann zu eher konfrontativen Übungen übergegangen werden: Die Klientin begibt sich selbst in angstauslösende Situationen, um sich direkt mit ihrer Angst zu konfrontieren. (Diese Übung wäre in den frühen Phasen der Behandlung unangebracht.)

> Widerstehen Sie der Versuchung, Ihnen interessant erscheinende Übungen anzubieten, wenn diese bezüglich Zeitpunkt und Stand des Klienten unangemessen wären. Stellen Sie eine Verbindung her zwischen Hausaufgaben und den jeweiligen Themen in den Stunden. Achten Sie darauf, wo Ihr Klient gerade steht und verknüpfen Sie Hausaufgaben mit den Problemen des jeweiligen Entwicklungsstandes.

47. Hausaufgaben und die individuellen Fähigkeiten, situativen Umstände, Lernstile und Lerngeschichte des Klienten

Bei der Ausarbeitung spezifischer Hausaufgaben müssen wir uns immer die Frage stellen, inwieweit unser Klient überhaupt in der Lage ist, diese oder jene Übung auch praktisch durchzuführen. Die beste Idee ist nutzlos, wenn ein Klient außerstande ist, sie in die Praxis umzusetzen. Nehmen wir das Beispiel schriftlicher Übungen. Für Sie oder die meisten Ihrer Klienten mag es ein Leichtes sein,

Dinge niederzuschreiben, für andere trifft dies nicht zu. Im Extremfall ist Ihr Klient Analphabet oder hat große Schwierigkeiten, etwas zu Papier zu bringen. Manch einer wird dies vor Ihnen auch nicht zugeben wollen. Wenn Sie nicht sicher sind, sollten Sie vorsichtig und einfühlsam nachfragen und versuchen, eine andere Möglichkeit zu finden. Ziehen Sie auch andere defizitäre Kompetenzen in Betracht. Einige mögen sehr offensichtlich sein, andere wiederum nicht. Wenn Ihr Klient große Schwierigkeiten hat, sich zu konzentrieren oder strukturiert und systematisch zu denken, sollten Sie ihn nicht mit anspruchsvollen und komplizierten Selbstbeobachtungsübungen überfordern. Verlangen Sie nicht mehr Fexibilität und Mobilität seitens Ihrer Klienten als diese verkraften können. Manche körperlichen Behinderungen machen längere physische oder psychische Anstrengungen unmöglich. Wenn derartige Behinderungen bestehen, muß ebenfalls nach anderen Wegen gesucht werden.

Hindernisse sind nicht nur personenspezifisch, sondern auch situationsabhängig, wie etwa die finanzielle Lage eines Klienten. Sie mögen diesen Punkt mit Ihrem Klienten bereits besprochen haben, es ist aber möglich, daß er Sie nicht restlos über seine finanzielle Lage aufgeklärt hat. Ein Beispiel: Eine Klientin berichtet über ihren Wunsch, mehr Männer kennenzulernen. Sie machen ihr den Vorschlag, es über Bekanntschaftsanzeigen in der Zeitung zu versuchen. Manche Klienten werden diese Idee sofort aufgreifen wollen. Sie kostet allerdings Geld. Es ist gut möglich, daß Ihre Klientin gerade noch das Honorar für die Sitzungen mit Ihnen bezahlen kann, daß sie andere finanzielle Verpflichtungen zu erfüllen hat, oder daß sie von der Sozialhilfe lebt. Wir dürfen also nicht ohne weiteres voraussetzen, daß unsere Klienten über die gleichen (finanziellen) Möglichkeiten verfügen wie wir (ebensosehr sollten wir uns vor dem Motto mancher Therapeuten hüten "Es geht alles, wenn man nur will"). Informieren Sie sich, wo und wie Ihre Klienten leben und inwieweit dies Einfluß auf mögliche Hausaufgaben hat. Was, wenn Sie einer Klientin Meditationsübungen vorschlagen, ohne über ihre beengten und lauten Wohnverhältnisse Bescheid zu wissen? (Vielleicht wird die Klientin zu einem späteren Zeitpunkt, mit Hilfe von Selbstbehauptungsübungen, diese äußere Situation ändern können; schwierig bleibt sie allemal). Was, wenn Sie einem Klienten Tonbandprotokolle Ihrer gemeinsamen Sitzungen anbieten und nicht wissen, daß der einzige Rekorder, zu dem er Zugang hat, Teil einer Stereoanlage ist, die im Aufenthaltsraum seiner Wohnung steht und die er sich mit mehreren Mitbewohnern teilt? Was, wenn Sie einer Klientin gegenüber betonen, wie wichtig es sei, auszugehen, Kurse zu belegen, sich zu amüsieren, ohne darüber informiert zu sein, daß diese Klientin in einem kleinen Dorf wohnt, ohne Auto und mit größten Schwierigkeiten wegzukommen?

Ein weiterer wichtiger Punkt, den wir in unserer Arbeit immer berücksichtigen müssen, ist der kulturelle Hintergrund unserer Klienten und die damit verbundenen Wertvorstellungen. Für uns scheint es relativ einfach, unsere Väter zu "konfrontieren", in anderen Kulturkreisen gilt es als schier unmöglich, die Autorität der Väter in Frage zu stellen. Bestimmte politische und religiöse Überzeugungen oder andere Loyalitäten schließen bestimmte Verhaltensmuster von vornherein aus. Natürlich müssen diese Punkte im Rahmen einer Beratung angesprochen werden, aber wir sollten uns vor Pathologisierungen in acht nehmen und unsere Wertvorstellungen nicht als Maßstab anlegen.

Unsere nächste Frage gilt den unterschiedlichen Lernstilen unserer Klienten. Lernt ein Klient über Lesen und Reflektieren oder eher über den Sprung ins kalte Wasser? Spricht er mehr auf imaginative Verfahren an? Liegen ihm eher hoch strukturierte Übungen oder mag er lieber Aufgaben, bei denen er seiner Phantasie freien Lauf lassen kann? Wenn sich die Antworten auf diese Fragen nicht direkt aus der gemeinsamen Arbeit ableiten lassen, sollten Sie nachfragen: "Wie lernen Sie am besten?" Nennen Sie einige Beispiele für bestimmte Lernerfahrungen und erkundigen Sie sich nach früheren Erfahrungen: Wie hat der Klient in der Vergangenheit am effektivsten gelernt? Welche Lernerfahrungen waren besonders spannend, aufregend oder angenehm? Welche waren am unergiebigsten oder besonders beängstigend?

Ein wichtiges Prinzip, das es im Zusammenhang mit Hausaufgaben zu beachten gilt, ist das, was Dryden (1991) "Herausforderung ohne Überforderung" genannt hat. Hausaufgabenkonzepte müssen dem individuellen Stand des Klienten angemessen sein, so daß ein optimales Maß an Motivation und Lernerfahrung erreicht wird, ohne den Klienten mit Angst zu überfluten und völlig zu blockieren. Teilen Sie dem Klienten Ihre Ideen mit und diskutieren Sie dann, wie weit die Übung gehen soll. Es ist wichtig, Klienten voll und ganz in diesen Entscheidungsprozeß miteinzubeziehen. Um entsprechenden Lernerfolg zu erzielen und Widerstände des Klienten zu vermeiden, muß eine Übung einerseits weit genug von der täglichen Routine des Klienten entfernt, andererseits praktisch durchführbar und "bekömmlich" sein. Achten Sie auf non-verbalen Reaktionen auf Ihre Vorschläge: Eine Klientin berichtet von ihrer Angst, Auto zu fahren, die selbst nach bestandener Führerscheinprüfung nicht nachläßt. Sie schlagen ihr vor, am kommenden Dienstag einmal um den Block zu fahren; von der Klientin kommt keine sichtbare Reaktion. Sie bieten ihr die Stadtautobahn im Berufsverkehr an; Entsetzen macht sich auf ihrem Gesicht breit. Für diese Übung scheint ein ruhiger Sonntagnachmittag am angemessensten. Die richtige "Dosis" können Sie nur finden, wenn Sie mit Ihren Klienten darüber sprechen, was noch "geht" und was nicht mehr. Bedenken Sie auch, daß Klienten ganz bestimmte Erwartungen an Aufgaben dieser Art knüpfen: "Kann ich das? Bin ich überhaupt in der Lage dazu, diese Übung zu machen?" (Fragen nach den eigenen Fähigkeiten), oder "Hilft das? Wird das mein Problem lösen?" (Fragen nach der Effektivität).

Als letzten Punkt sollten wir uns noch die Lerngeschichte des Klienten in bezug auf Hausaufgaben näher ansehen. Manche Klienten haben eventuell Erfahrung mit der Art Hausaufgaben, wie wir sie in Beratungen und Therapien einsetzen. Wenn nicht, so kennt doch jeder Hausarbeiten aus der eigenen Schulzeit oder Berufsausbildung. Die Erfahrungen, die in der Vergangenheit damit gemacht wurden, stehen in unmittelbarem Zusammenhang mit Einstellungen und Verhaltensweisen heute.

Ist ein Klient in der Lage, bestimmte Hausaufgaben zu erfüllen? Hat er die nötigen Kapazitäten (z. B. in finanzieller Hinsicht)? Sind seine Wohnverhältnisse und die Umgebung, in der er lebt, geeignet? Wie lernt er für gewöhnlich? Ist die Übung herausfordernd oder bereits überfordernd? Wie wirken sich vergangene Erfahrungen mit Hausaufgaben auf das Lernen heute aus?

48. Versteht der Klient Sinn und Zweck sowie den Inhalt einer Übung?

Manchmal stimmen Klienten unseren Vorschlägen zu Hausaufgaben und Übungen bereitwillig zu, ohne sie jedoch ganz zu erfassen. Es gibt eine Menge, worüber Klienten während einer Sitzung nachdenken, so daß sie am Ende einer Stunde, wenn wir uns dem Thema Hausaufgaben zuwenden, mit ihren Gedanken oft noch woanders sind. Durch das gemeinsame Ausarbeiten und Aushandeln von Hausaufgaben stellen sich Berater und Klient optimal aufeinander ein. Aber ist das wirklich immer der Fall? Versteht Ihr Klient wirklich, warum Sie gerade diese Übung empfehlen? Begreift er Sinn und Zweck dessen, was Sie meinen, oder nickt er nur geistesabwesend?

Manche Berater und Therapeuten empfehlen, Einfälle zu möglichen Übungsaufgaben kurz zu notieren. Im Bereich der Gesundheitspsychologie hat man herausgefunden, daß schriftlich formulierte Verhaltensanweisungen in der Therapie einen positiv verstärkenden Effekt auf den Wunsch nach Veränderung haben. Omer (1990) spricht vom Konzept der "gesteigerten Erwartungshaltung": Ein gewichtiger Tonfall soll die Bedeutsamkeit bestimmter Ankündigungen vermitteln. "Ich gebe Ihnen jetzt die Hausaufgaben für die nächste Woche" ist ein Beispiel für diese Art einer eher offiziellen und förmlichen Ankündigungen. Gegen dieses Konzept spricht das minimale Engagement, das der Klient in diesem Fall für die Ausarbeitung seiner Hausaufgaben aufbringen muß. Allerdings sollte gerade der Anteil nicht unterschätzt werden, den der Klient an der Formulierung und Diskussion spezifischer Übungen hat.

Seien Sie nicht überrascht, wenn ein Klient nicht sofort Sinn, Zweck und Inhalt bestimmter Übungen begreift. Überlegen Sie, ob Sie Hausaufgaben schriftlich formulieren und somit ihre Bedeutung unterstreichen wollen.

49. Wann und wo?

Auch wenn unser Klient den Eindruck macht, Sinn und Zweck sowie Inhalt einer besprochenen Übung verstanden zu haben, so heißt das nicht, daß er auch eine klare Vorstellung davon besitzt, wie er diese Übung in die Praxis umsetzen soll. Das, was ihm während der Sitzung einfach und einleuchtend erschien, erhält nun, im nüchterenen Lichte des Alltags betrachtet, eine andere Qualität.

Um dieser Verwirrung und Ratlosigkeit vorzubeugen, ist es hilfreich, auch das "Wann" und "Wo" von Hausaufgaben anzusprechen, etwa mit der Frage: "Wann glauben Sie, können Sie das in Angriff nehmen?" Wenn die Antwort des Klienten darauf vage und ambivalent bleibt, wie "Ach, irgendwann unter der Woche, wenn ich Zeit habe", sollten Sie überlegen, ob Sie ihn nicht zu einer etwas konkreteren Aussage bewegen wollen, z. B. durch die Bemerkung: "Es ist oft hilfreich, einen bestimmten Zeitpunkt für derartige Aufgaben ins Auge zu fassen." Das gleiche gilt für die Frage nach dem "Wo". Ermuntern Sie den Klienten mit der Frage: "Wo wäre denn ein geeigneter Platz für diese Übung?", darüber nachzudenken. Sprechen Sie darüber, welche Hindernisse in bezug auf Zeit und Ort auftreten könnten. (Gibt es tatsächlich nur die laute Wohnung der Klientin oder sieht sie andere Möglichkeiten, einen ruhigen Raum für sich zu finden?) Das Thematisieren dieser praktischen Gesichtspunkte unterstreicht nochmals die Bedeutung von Hausaufgaben, es ermöglicht dem Klienten, sich konkrete Situationen vorzustellen und einen geeigneten zeitlichen und situativen Rahmen zu finden. Dadurch fällt es weniger leicht, Hausaufgaben zu vergessen oder den Widerständen dagegen zu erliegen.

Welcher Zeitpunkt und welcher situative Rahmen sind am besten für Hausaufgaben geeignet?

50. Der Unterschied zwischen "versuchen" und "tun"

Stewart (1989) beschreibt, auf welch verschiedene Art und Weise sich ein Klient gegen tatsächliche Veränderungen in seinem Leben zu schützen versucht. Eine der wichtigsten Vermeidungsstrategien liegt im berühmten "Ich werd's versuchen". Sie sollten einhaken, wenn ein Klient davon spricht, er wolle versuchen, eine bestimmte Übung zu machen. In diesem "Ich werde es versuchen", steckt alles und nichts; als Zuhörer ist man geneigt, es ernst zu nehmen, bis man bei genauerem Hinsehen die eigentliche Vermeidungshaltung entdeckt. Auf die Frage "Werden Sie das tun?" gibt es entweder ein klares "Ja" oder "Nein". Wenn auf diese Frage mit einem "Ich versuche es" geantwortet wird, verbirgt sich dahinter meist ein "Ich stehe nicht voll und ganz hinter dieser Idee und ich bezweifle, daß ich sie wirklich ausprobieren werde". Oft ist auch der Aspekt enthalten "Ich könnte schon, aber wenn ich es nicht schaffe, kann ich hinterher immer noch sagen, daß es nur ein Versuch war".

Achten Sie auf diese oder ähnliche Sätze, in denen sich die ganze Ambivalenz des Klienten manifestiert (Das gilt auch für "Ich möchte gerne", "Ich denke schon" oder "Das geht schon"). Wenn Sie diese Ambivalenz spüren, konfrontieren Sie Ihren Klienten damit. "Sie sagten, Sie wollten es versuchen, aber werden Sie es wirklich tun?", oder "Ich fragte nicht, ob Sie es versuchen würden, sondern ob Sie es tun werden?" Das Wort "versuchen" riecht nach Halbherzigkeit, deshalb sollten Sie Motivation und Engagement des Klienten genauer unter die Lupe nehmen. Wenn Sie dem Klienten einen "Versuch" gestatten, könnte dies als ein Nicht-Ernstnehmen seiner Anstrengungen interpretiert werden. Den Klienten mit seiner ambivalenten Haltung zu konfrontieren, darf nicht heißen, in einen anklagenden Tonfall zu verfallen. Ein offener Hinweis (mit leicht ironisch-humorvollen Unterton) zeigt dem Klienten, daß Ihnen sein Fortschritt am Herzen liegt. Oft begreift er erst jetzt den wahren Unterschied zwischen "Versuchen" und "Tun". Wenn nicht, bitten Sie ihn zu "versuchen", mit den Fingern zu schnippen, ohne aber tatsächlich zu schnippen. Bitten Sie ihn dann, es tatsächlich zu "tun". Spätestens hier wird ihm der Unterschied zwischen dem Versuch und der "Tat" selbst klarwerden.

Stewart rät, auch auf subtilere Manifestationen von Ambivalenz und verstecktem Widerstand zu achten. Ein Klient kann zwar davon sprechen, daß er eine Übung machen werde, allerdings glaubt man aus seinem Tonfall und seiner Körperhaltung ein ". . . aber wundern Sie sich nicht, wenn ich es doch nicht tue" herauszuhören. Achten Sie auf non-verbale Reaktionen, in denen sich Widerstände manifestieren und teilen Sie Ihre Eindrücke dem Klienten mit, etwa mit der Frage "Sind Sie sicher? Sie hörten sich etwas unentschlossen an." Sprechen Sie über Motivation und Engagement für die gemeinsame Arbeit in der Beratung, aber "verfolgen" Sie Ihren Klienten nicht damit!

Lassen Sie Ihren Klienten nicht mit einem "Ich werd's versuchen" entwischen. Machen Sie ihn auf seine ambivalente Haltung aufmerksam und sprechen Sie seine Bereitschaft an, gemeinsam ausgearbeitete Hausaufgaben und Übungen auch durchzuführen.

51. Andere Widerstände gegen Hausaufgaben

Das ambivalente "Ich werd's versuchen", ist nur eine von mehreren Möglichkeiten, Widerstände gegenüber Hausaufgaben manifest werden zu lassen. Manche sind offensichtlich, andere nehmen erst im Laufe der Behandlung Gestalt an.

Liegen die Widerstände im Klienten selbst oder sind sie eher in äußeren Widrigkeiten zu suchen? Manche Klienten stoßen sich vielleicht an der Art und Weise, wie Sie als Berater das Thema "Hausaufgaben" behandeln. Andere wiederum geben recht freimütig zu "Ich merke gerade, daß mir eben der Gedanke kam, daß ich diese Hausaufgabe bestimmt nicht machen werde", oder "Ich ertappe mich gerade dabei, wie ich mir eine Entschuldigung für nächste Woche überlege, warum ich keine Zeit hatte, die Hausaufgaben zu machen". Nicht alle Klienten werden so offen sein. Vielleicht müssen Sie als Berater etwas nachbohren. Wenn ein Klient bei bestimmten Hausaufgaben auf die Hilfe anderer angewiesen ist, wie könnte er diese Tatsache als Entschuldigung mißbrauchen? Wenn sich die äußeren Rahmenbedingungen für bestimmte Aufgaben als ungeeignet erweisen, ist es wichtig, noch vor dem Ende der Sitzung über mögliche Alternativen zu diskutieren bzw. bestehende Hindernisse, so weit es geht, aus dem Weg zu räumen.

Manche Widerstände erschließen sich direkt aus dem Gespräch mit dem Klienten. Manche wechseln abrupt das Thema, andere blicken Sie verständnislos oder finster an. Vielleicht hat Ihnen ein Klient bei verschiedenen Gelegenheiten von seinen Schwierigkeiten mit "Autoriätspersonen" berichtet. Die Frage: "Könnte es sein, daß Sie so etwas hier auch erleben?" wäre ein guter Aufhänger, den Klienten auf mögliche Verweigerungstendenzen hin anzusprechen. Diese Fragen können in durchaus humorvoller Art und Weise gestellt werden, ohne an Bedeutung zu verlieren. Die Aufgabe in diesem Stadium der Beratung besteht darin, Widerstände so weit wie möglich abzubauen und die Bereitschaft des Klienten zu maximieren, sich auf die Beratung einzulassen.

Fragen Sie Ihre Klienten, wo mögliche Widerstände und Hindernisse liegen könnten, die die Erledigung von Hausaufgaben vereiteln könnten und gehen Sie ihnen so weit wie nötig auf den Grund.

52. Mentales Training

Klienten, die sich auf ihre Hausaufgaben vorbereiten wollen, vor allem auf jene, die für sie mit Risiko und einer gewissen Überwindung verbunden sind, unterstützt man nicht selten mit Hilfe eines mentalen Trainings. Sie werden als Therapeut häufig den Satz zu hören bekommen: "Ich kann mir überhaupt nicht vorstellen, daß ich das jemals tun werde!" Daß sie sich es wahrscheinlich sehr wohl vorstellen können, selbst wenn Angst mit im Spiel ist, ist Ihre Aufgabe, Ihrem Klienten zu demonstrieren.

Mahrer (1988) beschreibt die ideale Sitzung im Rahmen einer erlebensorientierten Therapie als ein vierstufiges Modell, dessen letzte Phase darin besteht, "neue Verhaltensmuster prospektiv zu phantasieren". Der Klient hält die Augen geschlossen und visualisiert sich als aktiv Handelnden. Ein Beispiel: Eine Klientin sagt, sie könne sich nicht vorstellen, einen Mann zum Essen einzuladen. Mit Hilfe einer kurzen Visualisierung geleiten Sie die Klientin just zu jener Szene. Sie merkt es und muß lachen. Fragen Sie sie, was gerade passiert; bitten Sie sie, das Bild weiterzuspinnen. An welchem Punkt wird es schwierig? Begleiten Sie sie so weit wie möglich durch diese Übung; achten Sie darauf, an welchen Stellen Schwierigkeiten auftauchen und wie diese überwunden werden können. Dieses szenische Antizipieren und Üben bestimmter Inhalte erhöht die Effektivität von Hausaufgaben. Die Klientin sieht, daß diese Übung etwas sehr Wesentliches für sie bewirkt. Allerdings müssen Sie ihr klar zu verstehen geben, daß das, was sie vor ihrem geistigen Auge inszeniert, nicht unbedingt "in Erfüllung" gehen muß. Es geht vielmehr darum, ihr zu zeigen, daß Entwicklung und Veränderung in ihrer Macht liegen und daß diese Technik ihr dabei helfen kann, mögliche Hindernisse vorherzusehen und Lösungen dafür zu suchen.

Fordern Sie Ihre Klienten auf, anstehende Hausaufgaben zu visualisieren, inklusive der Probleme und Schwierigkeiten, die dabei auftreten. Setzen Sie dieses imaginative Verfahren als Hausaufgabenhilfe ein und unterstützen Sie damit Problemlösungsversuche des Klienten.

53. Kriterien des Erfolgs

Die Frage, die uns als nächste beschäftigt, betrifft das Gelingen bzw. Mißlingen von Hausaufgaben: Woran erkennnen wir, ob Hausaufgaben etwas gebracht haben? Was macht den Erfolg aus? Erarbeiten Sie gemeinsam mit Ihrem Klienten entsprechende Kriterien, die ihm als Maßstab dienen können. Wir wollen nochmals o. g. Beispiel bemühen: Die Klientin möchte mit einem Mann ausgehen und selbst die Initiative ergreifen. Sie kennt diese Erfahrung nicht und hatte sich nicht vorstellen können, jemals dazu in der Lage zu sein. Jetzt aber läßt sie sich durch nichts davon abhalten, die gefürchtete Einladung auszusprechen. Ab welchem Punkt sollen wir von einer gelungenen Hausaufgabe sprechen? Wieviel Erwartungen verbindet die Klientin mit ihrer Hausaufgabe? Spricht sie erst von Erfolg, wenn der Auserwählte die Einladung annimmt? (Was leicht zu Enttäuschungen führen kann, da sie immer mit einem "Nein" rechnen muß.) Oder ist für sie das Wichtigste, überhaupt den Mut aufzubringen und die Initiative zu ergreifen? (Sagt er "Ja", ist dies ein zusätzlicher Erfolg, sagt er "Nein", hat sie es trotzdem geschafft!)

Hausaufgaben, bei denen der Klient auf die Unterstützung und Hilfe anderer angewiesen ist, erweisen sich oft als besonders problematisch. In solchen Fällen müssen wir unseren Klienten klar machen, daß Erfolg nur an dem gemessen werden kann, was sie für sich persönlich erreichen. Für eine Klientin, deren größter Wunsch es schon immer war, in der Öffentlichkeit zu singen und die nun all ihren Mut zusammennimmt, um sich diesen Wunsch zu erfüllen, bedeutet dies einen großen persönlichen Erfolg, auch wenn der überwältigende Applaus fehlt. Sie muß verstehen, daß ihre Umgebung und andere Menschen nicht mehr in ihrem Einflußbereich liegen. Andererseits muß sie sehen können, daß sie ihre Aufgabe erfolgreich bewältigt hat – was immer auch danach kommt.

Ein absehbares Problem bei manchen Klienten sind ihre perfektionistischen Idealvorstellungen. Wenn wir kurz das Beispiel der "Sängerin" weiterphantasieren: Die Klientin möchte nicht nur öffentlich auftreten können, sondern eine perfekte Vorstellung geben oder zumindest so gut wie andere sein. In diesem

Fall ist es an uns, ihr zu helfen, ihre perfektionistischen Erwartungen auf ein realistisches Maß zurückzuschrauben. Erfolg haben hieße dann, den Auftritt oder den richtigen Ton bis zum Ende durchzuhalten. Hier hat sie mehr Einfluß auf das Ergebnis. Einen Bombenerfolg beim Publikum erzielen zu wollen dagegen ist kein realistisches Ziel. Bei diesen Klienten, die von ihren stark perfektionistischen Idealen geleitet werden, müssen Erfolg und Mißerfolg besonders sorgfältig definiert werden: Das Tun allein macht den Erfolg, nicht die brilliante Durchführung. In manchen dieser Fälle kann es durchaus hilfreich sein, eine gewisse Mittelmäßigkeit trainieren zu lassen, um auch für diese Anteile ein Gefühl wohlwollender Akzeptanz zu entwickeln.

Ab wann betrachten Klienten eine Hausaufgabe als gelungen? Welche Kriterien legen sie als Maßstab an? Achten Sie darauf, daß diese Kriterien nicht außerhalb der persönlichen Einflußmöglichkeiten der Klienten liegen und nicht durch perfektionistische Idealvorstellungen von vorneherein boykottiert werden.

54. "Sie gewinnen immer!"

Auf unserer Suche nach sinnvollen und wirksamen Aufgaben und Übungen dürfen wir nicht vergessen, daß Beratung ein wertneutrales Unterfangen darstellt. Als Berater oder Therapeut kann uns nicht daran gelegen sein, das alte Wertsystem eines Klienten durch ein neues zu ersetzen, demzufolge es ihm nur gut geht, wenn er erfogreich ist, und schlecht, wenn ihm etwas mißlingt. Das Ziel, mit Hausaufgaben zu arbeiten, besteht darin, neue Lernerfahrungen zu beschleunigen und zu konsolidieren, allerdings nicht um den Preis, das Gefühl des Scheiterns beim Klienten zu verstärken.

Es gibt drei Möglichkeiten, mit Hausaufgaben umzugehen:

1. Die Klienten machen sie gut, werden sich daher wahrscheinlich gut fühlen, und alles ist in Ordnung.
2. Sie machen sie schlecht und fühlen sich dementsprechend. In diesem Fall sollte man sich genauer anschauen, was passiert ist.
3. Sie machen die Hausaufgaben gar nicht. Auch in diesem Fall sollten Berater und Klient das Warum genauer unter die Lupe nehmen.

Wie auch immer das Ergebnis einer Übung aussieht: In jedem Fall wird der Klient etwas daraus gelernt haben. Das ist mit "Sie gewinnen immer" gemeint. Es wird viele Klienten beruhigen, daß man die Dinge auch aus dieser Perspektive betrachten kann. Das heißt allerdings nicht, daß sich Klienten nicht anstrengen sollen, ihre Sache gut zu machen. Erfolg ist durchaus erstrebenswert, aber beharren Sie nicht darauf. Wir alle kennen das paradoxe Phänomen, daß wir gerade dann über uns hinauswachsen, wenn keiner von uns gute Leistungen verlangt. Unser Motto "Sie gewinnen immer" werden vor allem ängstliche Klienten als wohltuend empfinden.

Hausaufgaben, ob gut oder schlecht oder gar nicht erledigt, bergen in jedem Fall einen Lerneffekt für den Klienten.

55. Hausaufgabenkontrolle

Mit Hausaufgaben zu arbeiten, heißt nicht nur, sie zu konzipieren und sie zu machen, sondern auch, sie in einer darauffolgenden Stunde zu besprechen. Wenn Sie dies versäumen, laufen Sie nicht nur Gefahr, beim Klienten ein Gefühl des Nicht-ernstgenommen-Werdens entstehen zu lassen. Sie riskieren auch, Ihre Autorität als Berater sowie den Respekt des Klienten für Sie und Ihre Arbeit zu untergraben.

Hausaufgaben sollten zu Beginn der jeweils folgenden Sitzung besprochen werden. "Wir wollen zuerst über das sprechen, was wir uns letzte Woche für Sie als Übung überlegt haben. Wie ist es denn gelaufen?" – dies ist eine direkte Aufforderung an den Klienten, seine Erfahrungen mitzuteilen. Scheuen Sie sich nicht, so direkt nachzufragen. Unsere Klienten erwarten von uns, daß wir uns erkundigen und somit ihren Anstrengungen Respekt zollen. Das heißt nicht, daß wir sie mit Fragen löchern.

In der Regel sollte die Hausaufgabenbesprechung an den Anfang der Stunde gestellt werden. Kommt allerdings ein Klient aufgrund unvorhergesehener Ereignisse völlig aufgelöst und verzweifelt in die Stunde, müssen wir erst dafür Raum schaffen. Lassen Sie Ihren gesunden Menschenverstand entscheiden, wann und inwieweit Sie in solchen Fällen des Thema Hausaufgaben besprechen wollen. Aber bedenken Sie auch, daß manchen Klienten daran gelegen sein könnte, gerade vom Thema Hausaufgaben abzulenken.

Versäumen Sie es nicht, die Hausaufgaben zu besprechen. Was haben Klienten aus ihren Übungen gelernt? Welche Fortschritte haben sie gemacht? Überlegen Sie, wann der beste Zeitpunkt für diese Besprechung ist.

56. Wurden Hausaufgaben erfolgreich erledigt?

Was hat ein Klient aus seinen Hausaufgaben gelernt? Wir wollen jene Fallgeschichte weiterverfolgen, in der unsere Klientin auf ein langersehntes Rendezvous mit ihrem Angebeteten hofft. Sie kommt in die nächste Sitzung und berichtet: "Ich hab's getan, ich habe ihn tatsächlich gefragt, ob er mit mir ausgehen möchte, und er hat ja gesagt. Ich war völlig überrascht." Die Klientin hat gelernt, ihre Wünsche zu formulieren und ist dafür belohnt worden. Es hätte auch anders ausgehen können. "Ja, ich habe ihn gefragt, ob er mit mir ausgehen möchte. Er war sehr nett, hat aber gesagt, daß er bereits eine feste Beziehung habe." Was lernt die Klientin aus dieser Episode? Sie hat den Mut und ist in der Lage dazu, etwas Neues auszuprobieren. Sie hat längst nicht so viel Angst, wie sie immer gedacht hatte. Nur seine Bemerkung, er habe bereits eine feste Beziehung, hinterließ einen seltsamen Nachgeschmack.

Hat die Klientin das gelernt, was sie lernen wollte (einen Mann einladen, nicht auf mögliche Reaktionen achten, und dadurch mehr Selbstbewußtsein gewinnen?). Oder war es etwas anderes? Was, wenn der Angebete die Einladung annimmt und unsere Klientin nach einiger Zeit voller Erstaunen feststellt, daß sie gar nicht so interessiert an ihm ist wie sie gedacht hatte? Für die Beratung ergeben sich hieraus weitergehende Fragestellungen. Was, wenn die beiden sich treffen und er ihr gesteht, daß auch er ihr schon lange sagen wollte . . . ? In diesem Fall bestünde der Lerneffekt darin, daß unsere Klientin einiges über die Universalität von sozialen Ängsten erfährt; daß sie plötzlich erkennt, daß sie ihr ganzes Leben damit zugebracht hat, bestimmten Dingen aus dem Weg zu gehen, oder daß sie die banale Erkenntnis hat: "Der Mann ist nicht mein Typ."

Wenn Ihnen Klienten von ihren gelungenen Übungen berichten, sollten Sie es vermeiden, Sie persönlich dafür zu loben. Anstatt zu sagen "Toll, das haben Sie wirklich gut gemacht", ist es angemessener, neutraler zu bleiben, etwa "Das war wirklich gut". Dieser Kommentar hebt die Handlung an sich in den Vordergrund, nicht die Person. Er unterstreicht den Gedanken, daß Handlungen mehr oder weniger wünschenswert sind, daß aber Menschen nicht nach ihren Leistungen beurteilt werden (sollen).

> Welche Lernerfahrungen macht ein Klient mit seinen Hausaufgaben? Hat er das gelernt, was er lernen wollte? Heben Sie den Erfolg hervor, aber richten Sie Ihr Lob eher auf die Tat als auf die Person.

57. Mißlungene Hausaufgaben und die Gründe dafür

Ein Klient kommt in die Stunde und berichtet, es sei ihm nicht gelungen, seine Hausaufgaben wie besprochen zu erledigen. Was genau meint er damit? Hat er einen Versuch gestartet, der dann mißlang, oder scheiterte er bereits im Vorfeld aufgrund ambivalenter Gefühle den Übungen gegenüber, die nicht aufzulösen waren?

Was ist passiert? Wie weit ist er gekommen? Welche Gedanken liefen ihm durch den Kopf, als er sich "an die Arbeit" machte? Gab es einen bestimmten Punkt, an dem es ihm klar wurde, daß er es nicht schaffen würde? Hat ihn etwas in seiner Umgebung daran gehindert oder hatte er selbst einen Widerstand? Kehren wir zu unserer Klientin zurück: Sie erzählt, daß sie im Begriff war, besagten Mann um eine Verabredung zu bitten, dann aber die Nerven verlor, als sie einen Termin ausmachen wollten. Für ihren Versuch hat sie Anerkennung verdient.

Aber woran genau lag es, daß die ganze Sache kippte? Im folgenden erzählt sie uns, daß sie vor kurzem eine Verabredung mit einem Bekannten hatte, den sie sehr mag; auf dem Weg zum vereinbarten Treffpunkt bekam sie einen Panikanfall und kehrte nach Hause zurück. Diese Episode zeichnet ein ganz anderes Bild von unserer Klientin als das, das wir bisher im Kopf hatten. Auf Nachfragen erfahren wir nun, daß sie auch in anderen Situationen Panikattacken bekommt. Diese wichtige Neuinformation veranlaßt uns zu überlegen, wie wir in diesem Fall weiterarbeiten sollen, ob nicht eventuell eine Neuorientierung in der Behandlungsstrategie notwendig ist. Denkbar ist auch, daß die Klientin selbst ihr Unterfangen unbewußt sabotierte: Der Wunsch nach einem Treffen stimmte nicht mit der Art und Weise überein, wie sie diesem Wunsch Ausdruck verlieh. Loben Sie das Erreichte, wie wenig es auch immer sein mag, und versuchen Sie, die genauen Gründe für das Mißlingen herauszufinden, um eventuell bestehende Probleme zu lösen.

Erinnern Sie die Klientin an das Motto "Sie gewinnen immer", und sagen Sie ihr, daß ihre verschiedenen Anläufe wichtige Informationen zutage gefördert haben, mit denen Sie weiterarbeiten können. Überlegen Sie dann, wie Sie im weiteren Verlauf verfahren wollen. Je nach den Umständen können Sie die gleiche Übung für die nächste Sitzung wiederholen lassen oder Änderungsvorschläge machen. Es ist nützlich nachzuprüfen, ob zwischen mißlungenen Hausaufgaben und Widerständen seitens der Klienten ein Zusammenhang besteht. Weisen Sie auf diese Möglichkeit hin, um die Bedeutung von Hausaufgaben noch einmal zu unterstreichen. Besteht ein Zusammenhang, gibt er uns wertvolle Hinweise darauf, wie wir mit der Klientin weiterarbeiten sollten. Wir möchten betonen, daß es völlig in Ordnung ist, in manchen Dingen zu scheitern; auf lange Frist gesehen ist es jedoch notwendig und ratsam durchzuhalten, um grundlegende Veränderungen zu ermöglichen.

> Woran genau lag es, daß die Hausaufgaben nicht gelangen? Loben Sie die Anstrengungen und Versuche der Klienten, nicht ihre Person. Wie lassen sich aus den Einzelinformationen, die hier ans Tageslicht gefördert werden, mögliche Lösungen ableiten?

58. Hausaufgaben, die erst gar nicht in Angriff genommen werden

Dryden (1990) nennt verschiedene Gründe, warum sich Klienten an den abgesprochenen Übungen erst gar nicht versuchen (Anhang 4). Dazu zählt er inhaltliche Mißverständnisse, "Entschuldigungen", Rationalisierungen, Widerstände gegen den Aufwand, der damit verbunden ist, Vergeßlichkeit, Depression, der plötzliche Gedanke, daß diese Übung doch nichts für einen sei. Wenn Ihre Klienten keine Gründe dafür angeben können, warum es mit den Übungen nicht geklappt hat, können sie es mit dieser Aufzählung versuchen.

Auch in diesem Kontext geht es im wesentlichen darum, jene Gedanken und

Widerstände zu identifizieren, die den Klienten daran hindern weiterzuarbeiten. An welchem Punkt genau hat er beschlossen, es bleiben zu lassen? Welchen Argumenten ist er dabei gefolgt? Wie geht es ihm jetzt mit dieser Entscheidung? Ist tatsächlich über die Übung verhandelt worden, oder hat der Berater allein entschieden? Wenn ja, wie ging es ihm damit? Es ist wichtig für die Arbeit mit Klienten, diesen Fragen nachzuspüren und auf das zu achten, was auch nicht erledigte Hausaufgaben an bedeutsamen Material liefern. Wie sollen wir es verstehen, wenn ein Klient seine Hausaufgaben nicht macht? War es die Wut, etwas aufgezwungen zu bekommen? War es die Angst, dem Berater sagen zu müssen, daß man die Aufgabe eigentlich gar nicht machen möchte, so daß dann nur noch der Umweg über das Nicht-Machen blieb? Je nach Interpretation ergeben sich neue Einsichten und Orientierungsmöglichkeiten für die Beratungsarbeit. Überlegen Sie sich neue oder modifizierte Aufgabenstellungen.

> Aus welchem Grund hat der Klient erst gar nicht den Versuch unternommen, seine Hausarbeiten zu machen? Wo lagen die Widerstände? Welche Gefühle und Gedanken hatte er? Welche Möglichkeiten gibt es, Hausaufgaben um- oder neuzuformulieren?

59. Eigenregie und Eigenverantwortung

Das Aushandeln von Hausaufgaben und geeigneten Übungen außerhalb der Sitzungen vermittelt unseren Klienten eine Vorstellung davon, wie man dieses behandlungstechnische Instrumentarium wirksam in der Beratung einsetzt. Klienten beobachten ihre Berater und die Art und Weise, wie diese Aufgaben und Übungen konzipieren, und werden nach und nach die dafür notwendigen Fertigkeiten entwickeln. Die Bereitschaft, sich auf bestimmte Übungen einzulassen, wächst mit dem Wissen um ihren therapeutischen Nutzen und den möglichen Lernerfolgen. Verlassen Sie sich jedoch nicht automatisch darauf, daß ein Klient die Verantwortung für seine Hausaufgaben selbst übernimmt.

Selbst wenn ihm Sinn und Zweck einleuchten, wenn ihm Art und Weise des Konzipierens und Aushandelns klar sind, so braucht es doch manchmal einen letzten Anstoß, die Dinge selbst in die Hand zu nehmen. "Wie stellen Sie sich Ihre Hausaufgaben für diese Woche vor?", kann deutlich als Anregung verstanden werden, über mehr Eigenverantwortung in Sachen Hausarbeit nachzudenken. Ein Beispiel: Eine Klientin steht vor einer schwierigen Situation, die sie als große Herausforderung erlebt; welche Art von Übung kommt ihrer Meinung nach für sie in ihrer speziellen Situation in Frage? Nehmen wir an, sie soll eine Rede vor einem großen Auditorium halten und hat große Angst davor. Was wollen Sie ihr raten? Beschränken Sie sich in Ihren Vorschlägen auf Ideen und Anregungen (etwa eine Übung im Sinne einer Desensibilisierung: In einem leeren Theater oder vor ihren Vorgesetzten im Büro die Rede üben), aber überlassen Sie ihr die Entscheidung.

Sollte die Phantasie der Klientin versagen, können Sie sie fragen, was Sie als Berater ihrer Meinung nach vorschlagen würden. Oder Sie versuchen es mit Brainstorming: "Welche Möglichkeiten sehen Sie, sich auf diese Rede vorzubereiten? Überlegen Sie nicht lange, sondern schreiben Sie auf, was Ihnen einfällt, wie seltsam die Einfälle auch sein mögen!" Die Klientin kann dann aus dieser Liste realistischer und unrealistischer, komischer und weniger komischer Einfälle den Weg auswählen, der ihr als der wirksamste und geeignetste erscheint. Die Komik, die nicht selten in diesen Phantasien steckt, macht den Umgang damit oft zum Vergnügen. Allerdings sollte neben dem Spaß nicht vergessen werden, daß das Ziel der Beratung darin besteht, dem Klienten zu mehr Autonomie zu verhelfen: Je eigenverantwortlicher Hausaufgaben gehandhabt werden, desto besser. Sprechen Sie mit Ihren Klienten über diese Dinge offen und unvoreingenommen, immer mit Blick auf mögliche Hindernisse und Widerstände.

Ermuntern Sie Ihre Klienten, in Sachen Hausaufgaben mehr Eigenverantwortung zu übernehmen. Bieten Sie sich als Modell an. Schaffen Sie eine lockere Atmosphäre, um über mögliche Alternativen zu sprechen.

60. Der Berater und seine Hausaufgaben

Man erwartet von Beratern und Therapeuten im allgemeinen, daß sie über eigene Therapieerfahrung verfügen und wissen, was es heißt, sich in der Position des Klienten zu befinden. Diese Erfahrung schließt den Umgang mit Hausaufgaben ein. Der Blick von der anderen Seite des Zauns gibt die Sicht frei auf spezifisch behandlungstechnische Implikationen, die die Arbeit mit Hausaufgaben mit sich bringt. Es wird nachvollziehbar, was es bedeutet, sich auf eine Beratung einzulassen, Eigenverantwortung für sich und seine weitere Entwicklung zu übernehmen und den therapeutischen Prozeß, zum Beispiel durch Hausaufgaben, mitzugestalten. Nur durch eigene Erfahrung können wir uns angemessen in unsere Klienten einfühlen, ihre Phantasien und Ängste verstehen lernen, die auch im Zusammenhang mit bestimmten Übungen auftreten können. Die Vor- und Nachteile von Hausaufgaben, das Problem des Aushandelns und Entscheidens darüber begreifen wir besser, wenn wir selbst als Klienten damit zu tun hatten.

Welche Aufgaben sollen wir uns selbst aufgeben? Wie wollen wir diese in unsere Arbeit integrieren? Zum einen können wir uns gezielt auf Sitzungen mit Klienten vorbereiten (z. B. durch entsprechendes Literaturstudium). Zum anderen können wir uns fragen, wo wir selbst im Moment stehen, was uns zu schaffen macht, wo wir uns chronisch blockiert fühlen und wie dies eventuell unsere Arbeit beeinflusst. Selbst wenn uns keine akuten Krisen erschüttern, gibt es doch meistens etwas in unserem Leben, das uns beschäftigt und das wir gerne ändern würden. Neigen wir dazu, Dinge vor uns her zu schieben oder bestimmte Sitationen zu meiden? Machen wir uns ständig kleiner als wir sind? Leiden wir verstärkt an depressiven Verstimmungen oder leichten Angstzuständen? Wenn dem so ist, sollten wir unsere Fähigkeit zur Introspektion nutzen und uns genauer anschauen, wo bestimmte Probleme liegen und wie wir diese, z. B. anhand bestimmter Übungen, für uns selbst in den Griff bekommen können.

In manchen Fällen werden wir es mit Problemen zu tun bekommen, die unsere eigene Situation widerspiegeln und unter denen wir selbst zu leiden haben. Wenn wir unserem Klienten zu verstehen geben, daß wir dieses oder jenes Problem sehr gut kennen, wenn wir ihm von unseren Schwierigkeiten, unseren Erfolgen und Mißerfolgen diesbezüglich berichten, kann das in einzelnen Fällen durchaus positive Wirkung auf den Beratungsprozeß haben. Es wäre zu überlegen, ob in solchen Fällen ein Berater nicht parallel zu seinem Klienten bestimmte Hausaufgaben übernehmen kann, um näher am Problem zu sein, die Nöte des Klienten besser zu verstehen und besser beurteilen zu können, welche Art von Hausaufgaben in welchen Fall in Frage kommt (vgl. Abschnitt 42).

Berater, die mit eigenen Hausaufgaben arbeiten, fördern nicht nur ihre eigene Entwicklung, sondern vertiefen auch den Kontakt zum Klienten.

Teil V: Der Hauptteil der Beratung

61. Themenorientiertes Arbeiten und Konsolidierung von Lernerfahrungen

Beginn und Abschluß einer Beratung können zeitlich eindeutig bestimmt werden. Nicht so das mittlere Stadium des Beratungsprozesses, was daran liegen mag, daß in den einzelnen Kurztherapien und Kurzberatungen sowie Fokaltherapien die Behandlungsdauer erheblich variiert. Der Hauptteil einer Beratung, den wir in diesem Teil unseres Buches etwas eingehender betrachten wollen, zeichnet sich dadurch aus, daß in der Beziehung zwischen Berater und Klient ein hohes Maß an Vertrautheit und Intimität herrscht. Gemeinsam haben sie eine bestimmte Behandlungsstrategie erarbeitet, nach der nun vorgegangen wird; tieferliegendes Material kommt zum Vorschein und kann bearbeitet werden. Allerdings kommt es zuweilen gerade in dieser Phase zu Schwierigkeiten zwischen Berater und Klient: Der Beratungsprozeß gerät ins Stocken, Berater und Klient manövrieren sich in eine Sackgasse, die Arbeit wird blockiert.

Wenn ein gutes und stabiles Arbeitsbündnis den Beratungsprozeß trägt, werden wichtige Lernerfahrungen den Fortschritt des Klienten bereits eingeleitet haben. Darauf aufbauend ist es wichtig, diese neuen Lernerfahrungen in einen breiteren Kontext einzuordnen, um sie in den unterschiedlichsten Situationen in die Praxis umsetzen zu können. In diesem Zusammenhang dürfen wir die grundlegenden Problemkomplexe des Klienten nicht aus den Augen verlieren. Wir haben bereits in einem früheren Kapitel darauf hingewiesen, daß es mehr darauf ankommt, bestimmte Themen herauszuarbeiten, die sich wie ein roter Faden durch das Leben des Klienten ziehen (darunter verstehen wir bestimmte "Skripts", Lebenspläne oder überragende dysfunktionale Glaubenssysteme und Überzeugungen), als sich auf einzelne Problempunkte im Leben des Klienten zu konzentrieren. Gerade in diesem Stadium der Beratung werden wir oft Gelegenheit haben, aus dem reichhaltigen Material, das der Klient in die Sitzungen mitbringt, bestimmte Themen herauszuarbeiten, um möglicherweise einen roten Faden zu entdecken und uns in unserem weiteren Vorgehen gezielt darauf zu konzentrieren. Der Beratungsprozeß lebt davon, daß wir auf gemeinsame Lernerfahrungen aufbauen und nicht mit jeder neuen Sitzung zum Anfang zurückgehen.

Ein Beispiel: Eine Klientin berichtet wiederholt von ihrer Angst, sich der Kritik oder Mißbilligung anderer auszusetzen. Inwieweit ist sie selbst mit ihren eigenen Gedanken und Glaubenssätzen an der Entstehung dieser Ängste beteiligt? Kann sie lernen, daß Auseinandersetzungen und Kritik sehr wohl auszuhalten sind? Wenn es gelingt, ihr in der Beratung (etwa anhand entsprechender Hausaufgaben) die Erfahrung zugänglich zu machen, daß sie von der absoluten Zustimmung anderer weitaus unabhängiger ist als sie immer gedacht hatte, wird dieser erste wichtige Lernerfolg als Grundlage dafür dienen, dieses Thema auf andere Situationen im Leben der Klientin zu übertragen. Welche Bereiche gibt es noch, in denen ihr die Zustimmung anderer Personen unverzichtbar erscheint? Die Klientin mit diesen themenorientierten Fragen zu konfrontieren, heißt nichts anderes, als ihr eine bestimmte Methode oder Technik oder einen bestimmten philosophischen Zugang zu eröffnen, sich mit ihrem Leben und ihren Problemen auseinanderzusetzen. Auch wenn im Rahmen einer Kurzberatung oder Kurztherapie nur fokussierend gearbeitet werden kann, haben wir als Berater/Therpeuten zumindest die Chance, die nötigen Grundlagen für zukünftige Entwicklungen und Veränderungen im Leben des Klienten zu schaffen. In Beratungen und Therapien werden oft Prozesse und Entwicklungen eingeleitet, deren eigentliches Veränderungs- und Heilungspotential erst nach Beendigung der Beratung/Therapie zum Tragen kommt. Jeff Zeig (1990) bezeichnet diese Interventionstechnik als Seeding.

Zuweilen werden wir die Erfahrung machen, daß unsere ursprüngliche Behandlungsstrategie, so erfolgreich sie bisher gewesen sein mag, modifiziert werden muß, um dem jeweiligen Stand des Beratungsprozesses gerecht zu werden und entsprechende Lernerfahrungen nicht zu blockieren. Wie Beratungsprozeß und jeweiliger Entwicklungsstand in der Beratung optimal aufeinander bezogen werden können, erfahren wir von Dryden (1990) anhand eines Beispiels aus der Rational-Emotiven Therapie. Behandlungstechnisches Vorgehen soll jedoch nicht nur phasengerecht und problemorientiert sein, sondern sich auch nach klientenspezifischen Aspekten richten; das heißt, wir müssen immer in Betracht ziehen, daß verschiedene Klienten unterschiedlich auf verschiedene Behandlungstechniken reagieren. Ein Klient, der im Rahmen einer Rational-Emotiven Therapie positiv auf imaginative Verfahren anspricht, wird sich mit den streng verbal und logisch orientierten Techniken, die dieser Ansatz auch bietet, schwertun. In anderen Fällen entwickeln Klienten ein vordringliches Bedürfnis, Aspekte ihrer Vergangenheit mit dem Hier und Jetzt in Beziehung zu setzen, was sie eher auf Ansätze des Psychodramas ansprechen lassen wird. Wenn die Vorlieben eines Klienten für bestimmte Verfahren oder Techniken (z. B. imaginative oder streng verhaltenstherapeutische Ansätze) in dieser Phase des Beratungsprozesses deutlich zutage treten (Lazarus 1981), sollten wir uns in unserem weiteren Vorgehen darauf einstellen und dem Klienten verstärkt jene technischen Ansätze anbieten, die für ihn größtmögliche Effektivität bedeuten.

Ohne seine Hauptproblempunkte aus den Augen zu verlieren, müssen wir in diesem Teil der Beratung unseren Klienten darin unterstützen, Lernerfahrungen und -erfolge umfassend zu generalisieren und auf andere Situationen zu übertragen. Dabei ist wichtig, themenorientiert vorzugehen und jene Ansätze zu identifizieren, mit denen ein Klient am effektivsten arbeitet.

62. Keine Ablenkungsmanöver

Wenn wir dafür plädieren, dem Klienten generalisierende Lernerfahrungen bzw. themenzentriertes Lernen zu ermöglichen, müssen wir uns der Nachteile, die dieses Vorgehen mit sich bringt, gewahr sein. Themenorientiertes Arbeiten, das sich eher am roten Faden denn an Einzelaspekten orientiert, birgt die Gefahr, daß die Kernprobleme (die den Klienten überhaupt erst in die Beratung geführt haben) aus den Augen verloren oder vorzeitig für erledigt gehalten werden, oder daß ein Klient oberflächlich von einem Punkt zum nächsten springt, ohne sie ausreichend zu bearbeiten. (Dieser Aspekt wird häufig von Kritikern vorgebracht, die der Kurzberatung bzw. Kurztherapie vorwerfen, oberflächliches Problemlösen und Flucht in die Gesundheit zu propagieren und zu fördern, und dabei dem Klienten die Möglichkeit zu nehmen, sich eingehender mit schmerzhaftem, stark verdrängtem und abgewehrtem Material zu beschäftigen.) Wir müssen demnach versuchen, den Bezug zum Kernproblem des Klienten so oft herzustellen als es uns nötig erscheint, um ein "Springen" des Klienten zu verhindern. Kurztherapeuten arbeiten zwar nach dem Prinzip der selektiven Aufmerksamkeit, allerdings nicht um den Preis absichtlicher Vermeidung bestimmter Inhalte.

Der Versuch des Klienten, zwanglos Konversation zu betreiben, dient ebenso Abwehrzwecken wie das Bestreben, den Berater in weitschweifige Diskussionen zu verstricken. Ablenkungsmanövern, Fallen oder Widerständen dieser Art sollten wir ebensoviel Aufmerksamkeit zollen wie die Psychoanalyse dies tut. Wissen Klienten in solchen Situationen, was sie tun? Ist Ihnen bewußt, daß sie versuchen, das Gespräch in völlig andere Bahnen zu leiten? Verspüren sie Angst? Manche Vermeidungsstrategie ist leichter zu durchschauen, wenn ein Klient offensichtlich das Thema wechselt, um bestimmten Inhalten und therapeutischen Aufgabenstellungen aus dem Weg zu gehen. Schwieriger wird es, wenn sich Widerstand und Abwehr über die Compliance des Klienten manifestieren. In solchen Fällen wird ein Klient nur zu bereitwillig Hinweise und Vorschläge des Beraters aufnehmen, die darauf abzielen, themenorientiert zu arbeiten und Lernerfahrungen zu generalisieren; er glaubt damit, unangenehmen oder schmerzvollen Gefühlen, die mit bestimmten Inhalten oder Problemen in Beziehung stehen, ausweichen zu können.

Die Kernproblematik sollte so lange immer wieder angesprochen werden, bis Berater und Klient sicher sind, sie ausreichend behandelt zu haben. Achten Sie auf Ablenkungsmanöver, die im Dienste der Abwehr stehen.

63. Zielorientiertheit versus Beziehungsebene in der Beratung

Eines der Hauptaugenmerke unseres Buches liegt auf der fokussierten Betrachtungweise des dargebotenen und zu behandelnden Materials, betont also die inhaltliche Ebene des Beratungsprozesses. Die Bedeutung der Beziehungsebene andererseits wird häufig auf das Anfangsstadium einer Beratung oder Therapie beschränkt, wenn es darum geht, ein tragfähiges Arbeitsbündnis zwischen Berater und Klient aufzubauen. Wenn wir allerdings der Versuchung erliegen, die Rowan (1989) als "zielfixiert" beschreibt (d. h. um jeden Preis Resultate erzielen wollen), riskieren wir, jenes Potential, das die Bezeihung zwischen Berater und Klient birgt, ungenützt zu lassen. Clarkson (1990) weist auf die Vielschichtigkeit psychotherapeutischer Beziehungen hin. Dazu zählt er Aspekte des "Ich – Du"-Konzepts, Arbeitsbündnis, Übertragungsbeziehung, Beziehungen mit stützender und haltender Funktion und transpersonale Beziehungen. Mit Aspekten des Arbeitsbündnisses sowie Übertragungsphänomenen haben wir uns in früheren Kapiteln bereits eingehender beschäftigt. Ebenso erwähnt haben wir die Bedeutung, die Martin Buber (1947) der Begegnung zweier Menschen (Ich und Du) zu einem bestimmten Zeitpunkt zumißt. Gemeinsames Reflektieren dessen, was in der Beratung selbst abläuft, basiert auf Respekt gegenüber dem Klienten und dem Bedürfnis nach gegenseitigem Verstehen. Wir halten dies für ebenso unverzichtbar wie die Fähigkeit des Beraters, sich seiner vielfältigen Beeinflussungsmöglichkeiten auf den Klienten bewußt zu werden und angemessen damit umzugehen. In manchen Fällen sind es nicht so sehr bestimmte Behandlungsziele oder spezifische Interventionen, die den Fortschritt des Klienten ausmachen, sondern die Beziehung zum Berater selbst. Es ist wichtig, die Anzeichen dafür zu erkennen und sich als Berater entsprechend darauf einzustellen.

Emotional korrigierende Beziehungserfahrungen betreffen laut Clarkson (1990, 153) vor allem "jene Aspekte frühkindlicher Beziehungen, die sich als traumatisierend für das Kind erwiesen (etwa infolge Abwesenheit wichtiger Bezugspersonen), und die nun, in verdichteter Form im Rahmen einer Psychotherapie, durch die Person des Psychotherapeuten emotional korrigiert werden". Obwohl vor allem in Langzeitbehandlungen sogenannter "Frühstörungen" dieser Aspekt der "emotional korrigierenden Erfahrung" als integrativer Bestandteil therapeutischen Vorgehens von Bedeutung ist, können Beziehungsfaktoren auch im Rahmen einer Kurztherapie wichtige Erfahrungsmomente für den Klienten beinhalten. Viele Klienten, deren Beziehung zu den eigenen Eltern sehr schlecht ist, machen in einer Beratung oder Therapie zum ersten Mal die Erfahrung, ernstgenommen, respektiert und mit wohlwollendem Interesse behandelt zu werden. Konkrete Probleme (z. B. in Form einer Eßstörung) mögen sie zum Berater oder Therapeuten geführt haben, doch mit der Erfahrung, grundlegende zwischenmenschliche Beziehungserfahrungen – wie Verständnis und Wohlwollen – entbehrt zu haben, werden sie meist erst im Laufe der Behandlung schmerzlich konfrontiert werden. Dinge, die man als Kind schmerzlich vermißte oder um die zu bitten man nie wagte, sei es eine bloße Umarmung oder ein simples Gespräch, erhalten nun eine völlig neue Qualität.

Bei manchen Klienten stehen nicht so sehr emotional korrigierende Beziehungserfahrungen im Vordergrund, sondern spirituelle Dimensionen ihres Beziehungserlebens. Diese "transpersonalen Beziehungsaspekte" müssen von uns als solche erkannt und ernstgenommen werden. Wir sollten uns davor hüten, sie vorschnell als primitive Abwehr zu pathologisieren (obwohl nicht wenig Klienten und Berater sich mit Hilfe spirituellen Denkens gegen eigenes Leid zu schützen suchen). Wenn Spiritualität zum Thema wird, müssen Berater und Klient gemeinsam entscheiden, ob der gegenwärtige therapeutische Rahmen geeignet ist, diese neue Dimension in die gemeinsame Arbeit zu integrieren; notfalls muß noch einmal neu über die weiterführende Behandlungsstrategie verhandelt werden. Wenn Ihnen als Berater daran gelegen ist und Sie ausreichend vertraut sind mit analytischer Psychologie, Psychosynthese oder anderen, spirituell ausgerichteten Ansätzen, spricht nichts dagegen, auch diesen Aspekt in Ihre Arbeit zu integrieren. Andererseits haben Sie in diesen Fällen auch die Möglichkeit, einen Klienten an geeignetere Stellen weiterzuvermitteln, sei es an einen Therapeuten oder Berater, der spirituell orientiert arbeitet oder einen Priester. Heron (1990) beschreibt, wie manche Klienten mit "transpersonalen Beziehungsansprüchen" in einer Sitzung schlagartig in einen "veränderten Bewußtseinszustand" geraten können; Haltung und Gesichtsausdruck verändern sich plötzlich, Bilder und Phantasien sind von einer völlig anderen Qualität. Obgleich die meisten Klienten, die sich an einen Berater oder Therapeuten wenden, nicht auf der Suche nach derartigen transzendierenden Erfahrungen sind, heißt dies noch lange nicht, daß bestimmte Erfahrungen innerhalb der Beratung nicht doch zu einer spontanen Bewußtseinsveränderung führen können. Gerade die Beziehung zwischen Berater und Klient bildet den Nährboden für bestimmte Bedürfnisse und Wünsche, mit deren Entstehung man zu Beginn einer Behandlung nicht unbedingt gerechnet hätte.

Wie wirkt sich die Beziehung zum Berater auf den Klienten aus? Wann ist zielorientiertes Vorgehen die Strategie der Wahl, wann braucht ein Klient eher Respekt und wohlwollendes Entgegenkommen? Manche Klienten legen Wert auf spirituelle Erfahrungen. Wollen Sie diesen Aspekt in Ihre Arbeit integrieren oder den Klienten weitervermitteln?

64. Blinde Flecke und die Möglichkeit der Supervision

Wir alle werden die Erfahrung machen, bestimmte Themen mehr oder weniger bewußt vermeiden zu wollen. Dies gilt für Berater und Klienten gleichermaßen. Die Gründe dafür können vielfältiger Natur sein. Vielleicht wollen wir die angenehme Atmosphäre, die endlich zwischen uns und unserem Klienten herrscht, nicht zerstören oder fühlen uns bei manchen Klienten, die uns besonders am Herzen liegen, an gute alte Freunde erinnert. Wir haben es hier mit klassischen Gegenübertragungsphänomenen zu tun (wobei unter Gegenübertragung in diesem Fall all jene Gefühle verstanden werden, die der Therapeut gegenüber einem Klienten empfindet: Rowan 1989; Watkins 1989). Als Therapeut erkennt man nicht immer unmittelbar, daß etwas in der Beziehung zum Klienten nicht stimmt. Alles scheint nach Plan zu laufen, wir kommen gut mit dem Klienten zurecht, der Klient hat keine Schwierigkeiten mit uns. Beide sind wir zufrieden über die offensichtlichen Fortschritte in der Behandlung.

Wie kommt man den berühmten blinden Flecken auf die Spur? Den Klienten direkt darauf anzusprechen, ist ein Weg: "Was meinen Sie, haben wir etwas Wichtiges vergessen zu besprechen?" Eine andere Möglichkeit besteht darin, die eigenen Gegenübertragungsgefühle genauer unter die Lupe zu nehmen: Wie stimmig erlebe ich die Beziehung zum Klienten? Wird langsam alles zu harmonisch? ("Wir scheinen hier recht gute Fortschritte zu machen, was an sich erfreulich ist, allerdings kann dies zuweilen ein Zeichen dafür sein, daß bestimmte Dinge nicht ausreichend berücksichtigt werden. Was meinen Sie dazu?") Welchen Grund könnten Sie als Therapeut haben, die Dinge sich so und nicht anders entwickeln zu lassen? Was könnte Sie dazu veranlassen, dem Klienten gegenüber eher eine tröstende und stützende Rolle einzunehmen anstatt ein konkretes Arbeitsprogramm mit ihm durchzugehen? Warum fürchten Sie, ihn mit konflikthaftem Material zu konfrontieren?

Auf Tonband aufgezeichnete Sitzungsprotokolle sind eine große Hilfe, zum Beispiel in Supervisionsstunden der Frage nach Gegenübertragungsgefühlen nachzugehen. Gibt es Anzeichen dafür, daß Sie bestimmten Themen aus dem Weg gehen? Schonen Sie Ihren Klienten (und sich selbst), indem Sie konfrontatives Vorgehen meiden? Gegenübertragungsphänomene sind umso schwieriger zu identifzieren, je unbewußter sie ablaufen und je unerkannter sie unsere Arbeit beeinflussen. Von Ausbildungskandidaten bekommt man in Supervisionsstunden häufig zu hören, daß es nichts zu besprechen gebe, daß dieser oder jener Klient völlig unproblematisch sei. Manche Klienten werden in einer Supervision gar nie vorgestellt. Um zu vermeiden, sich hier von Gegenübertragungsgefühlen aufs Glatteis führen zu lassen, ist es von Vorteil, alle Klienten in der Supervision vorzustellen und zu besprechen und die Möglichkeit in Anspruch zu nehmen, sich vom Supervisor auf eigene blinde Flecken aufmerksam machen zu lassen.

Ist die Beziehung zum Klienten übermäßig harmonisch oder tröstend? Scheuen Sie in irgendeiner Weise davor zurück, den Klienten zu fordern und zu konfrontieren? Besprechen Sie alle Fälle in Ihrer Supervision.

65. Abhängigkeit von Berater und Beratung versus Stärkung des Selbstvertrauens und Förderung der Autonomie

Obwohl Berater in der Regel ihre Klienten über das Wesen sowie den Sinn und Zweck einer Kurzberatung aufklären und oft sehr bald das Ende der Behandlung thematisieren, kann es in manchen Fällen zu starken Abhängigkeitstendenzen seitens des Klienten dem Beratungsprozeß und dem Berater gegenüber kommen. Es ist ein Unterschied, ob zwischen Berater und Klient ein gesundes Maß an Intimität und Zuneigung herrscht, oder ob die Abhängigkeit bereits schädigende Ausmaße erreicht hat. Natürlich haben wir es immer wieder mit Klienten zu tun, die erst die Fähigkeit entwickeln müssen, sich auf den Prozeß der Beratung einzulassen, ihre Unnahbarkeit ein Stück weit abzubauen, ohne vorzeitig "auszusteigen". Allerdings wollen wir uns im Moment mehr auf jene Klienten und Klientinnen konzentrieren, die ihre Therapie sowie ihre Therapeuten zum Mittelpunkt ihres Daseins umfunktionieren wollen.

Man kann davon ausgehen, daß in nicht wenigen dieser Fälle zwischen den einzelnen Sitzungen kaum etwas bis gar nichts seitens des Klienten unternommen wird, den Beratungsprozeß voranzutreiben und die eigene Entwicklung zu fördern. "Ich habe über dieses Problem nachgedacht und frage mich, was Sie wohl davon halten", kann oft als untrügliches Anzeichen dafür gelten, daß Sie auf dem besten Weg sind, die Stelle eines Privatgurus Ihres Klienten zu übernehmen. "Was glauben Sie denn, hätte ich gesagt, wenn ich da gewesen wäre?" ist eine adequate Möglichkeit, ihn darauf hinzuweisen, daß es nicht Ihre Aufgabe ist, sein Leben in die Hand zu nehmen, sondern er selbst all die notwendigen Anstrengungen unternehmen muß, sich zu ändern. Sorgen Sie dafür, nicht immer wieder in die Rolle des weisen Beraters gedrängt zu werden, sondern ermutigen Sie Ihren Klienten, das, was er gelernt hat, als seinen Verdienst anzuerkennen und in seinem Alltag umzusetzen. Um Sheldon Kopps (1974) lapidaren Ratschlag hier anzubringen: "Triffst Du einen Buddha, töte Buddha." Auf die Allwissenheit und Omnipotenz anderer zu vertrauen, heißt immer, die eigene Entwicklung und die eigenen Lernerfahrungen zu mißachten und zu untergraben. Natürlich brauchen Sie auf oben genannte Bitte nicht mit einem hölzernen "Sie wollen, daß ich Ihnen sage, was Sie tun sollen" antworten. Rufen Sie dem Klienten ins Gedächtnis zurück, was Sie bereits an gemeinsamer Arbeit geleistet haben. Erinnern Sie ihn an jene Themen, die Eingang in die Behandlung gefunden haben und ermutigen Sie ihn, seinen eigenen Anteil an Arbeit und Selbsthilfe zu übernehmen. Fragen Sie ihn "Was hätte ich in dieser Situation gesagt oder getan?", aber bitten Sie ihn gleichzeitig, den eigenen "inneren Berater" um Rat zu fragen und zu Wort kommen zu lassen (d. h. weisen Sie ihn auf seine eigenen Möglichkeiten hin, Entscheidungen zu treffen). Ermuntern Sie ihn, in sich Szenen und Situationen wachzurufen, in denen die Lösung eines Problems darin bestand, sich auf den "weisen" Rat bestimmter Menschen zu verlassen. Bitten Sie ihn dann, sich die gleiche Situation noch einmal vor seinem inneren Auge zu vergegenwärtigen, mit dem Unterschied, daß die Lösung für sein Problem nun seiner eigenen Vorstellungskraft entspringen soll.

Lassen Sie Ihre Klienten nicht darüber im Unklaren, daß eine Kurzberatung tatsächlich "kurz" sein soll. Geben Sie ihnen das Gefühl, daß sie es schaffen können. Wenn eine Klientin beklagt, sie sei zu schwach, um allein mit allem fertig zu werden, oder längst noch nicht so weit, an das Ende der Beratung zu denken, sollten Sie überlegen, ob nicht eine Änderung des therapeutischen Settings angebracht ist. "Wer weiß, ob das überhaupt der Fall ist. Wir könnten ausprobieren, ob Sie tatsächlich so schwach sind, wie Sie sich fühlen, und eine zweiwöchige Pause einlegen, um zu sehen, wie Sie damit zurechtkommen." Die Klientin hat die Möglichkeit, ihre Befürchtungen an der Realität zu messen und einer empirischen Prüfung zu unterziehen. (Diesen Weg einzuschlagen würden wir allerdings nur empfehlen, wenn keine echte Krisensituation vorliegt.) In anderen Fällen führt das nahende Ende einer Behandlung dazu, daß ein Klient entweder darauf besteht, nicht mehr mit Ihnen zusammenarbeiten zu können, oder aber nachdrücklich auf zusätzlichen Stunden beharrt. Manchmal kann man als Berater oder Therapeut nicht umhin, die Entscheidung, keine zusätzlichen Stunden anzubieten, mit einigem Nachdruck zu verteidigen (Budman und Gurman 1988, 362). Angesichts der Unnachgiebigkeit mancher Klieten und Klientinnen ist es sinnvoll, klar und unmißverständlich darlegen zu können, warum Sie eine zeitliche Begrenzung der Behandlung für angebracht halten. Unterstreichen Sie die Bedeutung und Fähigkeit, eigene Copingstrategien zu entwickeln und lassen Sie nicht unerwähnt, daß positive Entwicklungen und Fortschritte, die durch die gemeinsame Arbeit in Gang gesetzt wurden, auch nach Beendigung der Beratung weiterhin wirksam sind. Erinnern Sie Ihre Klienten daran, daß Beratung und Therapie als Werkzeuge zu betrachten sind, das Leben besser zu meistern. All das können Sie natürlich nur propagieren, wenn Sie vom Inhalt dessen, was Sie sagen, selbst überzeugt sind! In manchen Fällen allerdings werden Sie den Wunsch haben, einen Klienten oder eine Klientin in eine Langzeittherapie zu überweisen.

Gibt es Anzeichen dafür, daß ein Klient oder eine Klientin eine übermäßige Abhängigkeit von Ihnen als Berater oder dem Beratungsprozeß entwickelt? Wird das, was in der Beratung an neuen Lernerfahrungen gemacht wird, auch tatsächlich im Alltag umgesetzt? Legen Sie Behandlungspausen ein, um dem Klienten die Möglichkeit zu geben, seine Erfahrungen einer Realitätsprüfung zu unterziehen.

66. Verschlechtert sich der Zustand eines Klienten? Wenn ja, wie soll angemessen reagiert werden?

Als Berater werden wir immer wieder damit zu rechnen haben, daß der Zustand eines kleinen Prozentsatzes von Klienten sich mit fortschreitender Behandlung zu verschlechtern beginnt. Im Falle eines vormals angespannten, ausdruckslosen Klienten, der nun zusehends zusammenbricht und seinen Tränen freien Lauf läßt, werden wir versucht sein, diese sichtliche Verzweiflung als ersten Vorboten therapeutischen Fortschritts verstehen zu wollen; in bestimmten Fällen mag diese Interpretation durchaus angebracht sein. Manche Klienten jedoch laufen eindeutig Gefahr, in die Regression abzurutschen, so daß Weinkrämpfe, innere Qualen und Somatisierungstendenzen (etwa in Form von Migräneanfällen) nicht mehr als Zeichen dafür interpretiert werden sollten, daß ein Klient nun endlich "Zugang zu seinen Gefühlen" gefunden hat.

Mays und Franks (1985) Untersuchung zu negativen therapeutischen Effekten enthält eine ganze Anzahl von "Symptomen" der Verschlimmerung als Folge therapeutischer Fehler. Dazu gehören depressive Zusammenbrüche, destruktives Ausagieren, verstärkte Angst, übermäßige Somatisierung, erhöhtes Schuldbewußtsein und Verwirrung, gesunkenes Selbstwertgefühl. Colson et al. (1985, 72) vertreten die These, daß "Therapeuten und Analytiker oft erst zu spät erkennen, welche aktuellen persönlichen und therapeutischen Bedürfnisse diese Risikopatienten haben". Somit versäumten sie es, das therapeutische Vorgehen entsprechend abzuändern und von den Techniken einer expressiven Psychotherapie auf hochstrukturiertes und stützendes Arbeiten "umzusteigen". Als konfrontativ und aufdeckend arbeitender Therapeut müssen Sie vor allem in der Phase der Problemanalyse große Sorgfalt walten lassen; prüfen Sie genauestens die Reaktionen all Ihrer Klienten und besprechen Sie Ihre Fälle ausführlich in Ihrer Supervision. Fragen Sie sich immer wieder, ob Sie einem Klienten nicht zu viel abverlangen und schließen Sie angesichts dramatischer kathartischer Reaktionen nie die Möglichkeit aus, zu schnell zu tief an chaotisches und schmerzhaftes Material gerührt zu haben. Sollte dies doch einmal der Fall sein, ist es wichtig, dem Klienten mehr Struktur anzubieten (mehr über seine Probleme und Gefühle zu sprechen oder seine täglichen Stimmungen verstärkt unter die Lupe zu nehmen etc.).

Während die einen von unfähigen und schwachen Therapeuten um Fortschritt und Besserung gebracht werden, verschlechtert sich der Zustand der anderen infolge therapeutisch zu ambitionierter Berater. Wo liegen Ihre Grenzen und wo die Ihrer Klienten? Fälle, in denen Klienten sehr schnell oder sehr häufig in Zustände der Verzweiflung oder Verwirrung geraten, sollten Sie in Ihrer Supervision besprechen. Überlegen Sie, wo oder wen Sie außerdem um Rat fragen können. Im Falle schwer depressiver Patienten etwa ist es nicht mehr ausreichend, sie aufzufordern, einfach "dicht zu machen" (Stewart 1989). Holen Sie psychiatrischen Rat ein; bitten Sie den Klienten, einen Arzt aufzusuchen; ziehen Sie die Möglichkeit in Betracht, ihn an einen anderen Berater oder Therapeuten zu überweisen. Auch wenn Sie zu jenen Beratern gehören, die psychopharmakologische Interventionen ablehnen, muß doch eingeräumt werden, daß Antidepressiva bei bestimmten Klienten durchaus indiziert sind; darüber hinaus können Psychopharmaka sehr wohl in Kombination mit psychotherapeutischen Maßnahmen eingesetzt werden. Bringen Sie in Erfahrung, welche psychiatrischen Beratungsstellen es in Ihrer Umgebung gibt, an die Sie sich im Notfall wenden können. Achten Sie genau darauf, welche Klienten oder Klientinnen unter welchen Bedingungen Anzeichen einer drohenden Verschlimmerung zeigen. Setzen

Sie sich vor allem mit jenen Ängsten auseinander, die Ihren Status als Berater oder Therapeut betreffen: Wenn Sie Zweifel plagen, ob Sie für bestimmte Klienten geeignet sind, sollten Sie dies in Ihrer Supervision besprechen und nicht zögern, besagte Klienten zu überweisen.

> Welchen Anzeichen gibt es, daß sich der Zustand eines Klienten verschlimmert? Bedenken Sie, daß das Aufbrechen tiefliegender Gefühle nicht unbedingt mit therapeutischem Fortschritt gleichzusetzen ist. Behalten Sie diese Fälle besonders im Auge, besprechen Sie sie in Ihrer Supervision und überweisen Sie, wenn nötig.

67. Kriseninterventon

Im Laufe einer jeden Behandlung können Ereignisse im Leben des Klienten auftreten, die für ihn Anlaß zu großer Sorge sind oder ihn in eine tiefe Krise stürzen. Oft trifft es die Beratung unvorhergesehen und überfallartig. Eine Klientin, die wegen ihrer Eßstörung in Behandlung ist, erfährt vom tödlichen Autounfall ihrer Freundin. Schmerz und Trauer über den Verlust sowie der Versuch, damit fertig zu werden, stehen nun sehr viel mehr im Vordergrund als die ursprüngliche Problematik der Eßstörung (vorausgesetzt, der Zustand der Klientin selbst ist soweit gefestigt, daß der Schmerz über den Tod ihrer Freundin zugelassen werden kann).

Dramatische Lebensereignisse im Laufe einer Beratung können das Ergebnis der gemeinsamen Arbeit entscheidend beeinflussen (positiv wie negativ). Reagieren Sie einfühlsam auf derartige Ereignisse und überlegen Sie, ob nicht eine Änderung der therapeutischen Abmachungen notwendig ist. "Ich habe den Eindruck, daß wir Raum schaffen müssen, um über all dies zu sprechen. Was meinen Sie, sollen wir die anderen Themen erst einmal zurückstellen?" Stellen Sie keine Mutmaßungen darüber an, wie durcheinander oder nicht die Klientin ist, sondern halten Sie Ausschau nach non-verbalen Anzeichen verleugneter Trauer oder anderen Reaktionen.

Es gibt Zufallsereignisse, die eher die Beratung selbst als den Klienten in eine Krise stürzen. Wie reagieren Sie auf eine Klientin, die viel Geld im Lotto gewinnt, völlig aus dem Häuschen und felsenfest überzeugt ist, all ihre Probleme hätten sich somit in Luft aufgelöst? Sie können natürlich in das Frohlocken Ihrer Klientin miteinstimmen, wenn Sie der Meinung sind, daß eine Fortsetzung der Behandlung nicht unbedingt nötig sei. Sie täten allerdings gut daran, sie darauf hinzuweisen, daß die gegenwärtige Euphorie nicht ewig währt und Sie für sie da sind, sollte sie zu einem späteren Zeitpunkt wiederkommen wollen.

Eine wieder andere Qualität krisenhafter Situationen bieten sogenannte Unfallpersönlichkeiten oder histrionische Persönlichkeitsstrukturen. Die Krise scheint nicht "wirklich" oder wird vom Klienten unbewußt "in Szene gesetzt". Sie werden in Ihrer Praxis nicht sehr oft mit Klienten und Klientinnen dieser Art zu tun haben, einige Charaktere jedoch, die als Persönlichkeitsstörungen bekannt sind, werden sie an ihren Inszenierungen erkennen, die eingesetzt werden, um Aufmerksamkeit zu erlangen. Andere Klienten wiederum gehen soweit, sich selbst Schaden zuzufügen. Sie sollten in diesen Fällen ernsthaft darüber nachdenken, ob eine Zusammenarbeit mit diesen Klienten in dem Rahmen, den Sie anbieten, noch möglich ist, oder ob eine Überweisung nicht die bessere Entscheidung wäre. Um eines kommen Sie sicher nicht umhin, nämlich diese Ereignisse ernst zu nehmen. Klienten oder Klientinnen, die regelmäßig "Krisen" inszenieren, müssen in ihrem Verhalten gespiegelt werden. Die Frage ist, ob die Form der Kurzberatung noch Sinn hat, wenn keine oder nur sehr wenig Einsicht in die eigenen Verhaltensmuster besteht.

Achten Sie auf genuine Krisensituationen und stellen Sie sicher, daß Ihr Klient oder Ihre Klientin die Unsterstützung und Hilfe erhält, die er oder sie im Moment braucht, um die Krise adäquat verarbeiten zu können. Vergegenwärtigen Sie sich die verschiedenen Formen krisenhafter Situationen und Ereignisse sowie den entsprechenden Umgang damit.

68. Evaluierung des bisher Erreichten

Flauten im Hauptteil des Beratungsprozesses sind keine Seltenheit. Der therapeutische Enthusiasmus, von dem beide Partner bisher getragen wurden, beginnt zu erlahmen, die Stunden werden fast zur Routine. Nehmen Sie diese Zeichen ernst und regen Sie einen Rückblick über den bisherigen Verlauf der Beratung an. Für manche Berater gehört eine formelle Rückschau mittlerweile zum Inventar ihrer therapeutischen Tätigkeit. Wir halten dieses Vorgehen für durchaus empfehlenswert, vorausgesetzt, es verkommt nicht zum leeren Ritual gegenseitiger Lobpreisungen. Nach welchen Kriterien sollen derartige Evaluierungen, seien sie nun formell oder informell, aufgebaut werden?

Überprüfen Sie zunächst, inwieweit ursprüngliche Zielvorgaben erreicht wurden. Hat ein Klient ein gewünschtes Ziel vollständig oder nur teilweise erreicht? Welche Hindernisse existieren noch? Inwieweit haben implizite Gedankengebäude und Konstrukte des Klienten oder der Klientin für eine Annäherung an die Zielerwartung gesorgt? Ein Beispiel: Wenn das Hauptziel des Klienten darin bestand, seine Angst abzubauen, wie hat er dies erreicht? Ist er seinen irrationalen Glaubenssystemen auf die Spur gekommen? Ist es ihm gelungen, sie zu konfrontieren? Wie weit reichen die Fortschritte eines Klienten bis zu diesem Zeitpunkt der Beratung? Was bleibt noch zu tun? Inwieweit werden Sie als Berater oder Beraterin als hilfreich oder nicht erlebt? Wie können Sie Ihre Unterstützung noch effektiver gestalten?

In eine Evaluierung fließen quantitative Komponenten ebenso mit ein wie qualitative. Eine kontinuierliche Metareflexion dessen, was in der Beratung abläuft, ist ebenso "bewertend" wie ein streng formelles Vorgehen. Sutton (1989) etwa ist ein Vertreter genauer Erhebungen der Veränderungsvariablen im therapeutischen Geschehen. Diese Art von Messungen sind allerdings nur dann sinnvoll, wenn Berater und Klient sich zu Beginn der Behandlung klar und unmißverständlich auf die zu erreichenden Ziele einigen sowie darauf, wann eben dieses Ziel als erreicht angesehen werden darf. Einfache graphische Darstellungen, wie in Anhang 6 aufgeführt, sind für diesen Zweck ebenso geeignet wie etwas ausgefeiltere Modelle, in denen Berater und Klient mehrere verschiedene Bewertungen abzugeben haben (Ryle 1990).

Es ist uns nicht unbekannt, daß vielen Beratern und Therapeuten die Vorstellung mißfällt, ihre Arbeit nach quantitativen Kriterien oder vorgegebenen Erhebungsverfahren zu bewerten. Im humanistischen Bereich gibt es Rowans (1990) "Kriterienkatalog für gute therapeutische Arbeit", der Beratern als Anregung zur Verfügung steht. Klientenzentrierte Therapeuten werden sich zwar ebensowenig auf formelle Evaluierungsmethoden einlassen, es sei denn, ein Klient oder eine Klientin bittet darum, können aber die Fortschritte und Entwicklungschritte (sowie Stagnationen und fehlende Entwicklungen) ihrer Klienten gemäß dem "7-Stufen-Plan" nach Rogers (1990) beurteilen. Rogers Kontinuum beginnt mit der Selbsteinschätzung nach festen Regeln und endet mit der Fähigkeit des Klienten, eigene Gefühlszustände und Wahlmöglichkeiten differenziert wahrnehmen und schätzen zu lernen. Rogers war der Meinung, daß diese Stufen vor allem in zeitlich begrenzten Therapien deutlich zutage treten (hier zitiert er Lewis et al. 1959), und es scheint, daß sogar die Evaluierungsmethoden des klientenzentrierten Ansatzes praktischen Nutzen aufweisen. Bis zu einem gewissen Grad bleibt es Ihrem Geschmack überlassen, wie Sie Evaluierungen strukturieren. Auch Prochaska und DiClementes (1984) Modell der verschiedenen Stufen der Veränderung kann hier herangezogen werden. Hat ein Klient das Stadium der Kontemplation durchlaufen und die Handlungs- oder Konsolidierungsebene erreicht, ist der Erfolg deutlich sichtbar. Beziehen Sie Ihre Klienten so weit wie möglich in Ihre Evaluierung mit ein und legen Sie dar, wo Sie der gleichen Meinung sind und welche Punkte Sie anders bewerten würden.

Was, wenn Sie nun erfahren, daß Ihr Klient mit dem bisherigen Ergebnis der Beratung unzufrieden ist? Das kann einmal bedeuten, daß tatsächlich nur wenig Fortschritte gemacht wurden (was an der Motivation des Klienten sowie den spezifischen Interventionen des Therapeuten liegen kann) oder aber daß unrealistische Phantasien über das, was die Beratung bewirken und verändern kann, den Klienten beherrschten. Prüfen Sie jede dieser Möglichkeiten sorgfältig. Garfield (1989) empfiehlt explizit ein Gespräch über die Enttäuschung und Frustration des Klienten. Er argumentiert, daß die Art und Weise, in der Klienten mit Enttäuschungen umgehen (oder sie sogar inszenieren), ähnliche Phänomene ihres Lebens widerspiegelt. Diese Tatsache darf natürlich nicht dazu benutzt werden, begründete Kritik an Ihrer Beratungsarbeit von vorneherein abzuwehren. Schenken Sie dem, was Ihre Klienten zu Ihrem Arbeitsstil zu sagen haben, Beachtung. "Wenn in der Behandlung eines Klienten, der die allgemeinen Kriterien für die Indikation zur Kurzpsychotherapie erfüllt, nach fünf oder sechs Sitzungen kein erkennbarer Fortschritt zu sehen ist, sollte der Therapeut den Fall einer genauen Prüfung unterziehen" (Garfield 1989, 100). Nehmen Sie sich in solchen Fällen genügend Zeit, auch um mögliche Ursachen der Stagnation nicht zu übersehen.

Entweder Sie machen die "Manöverkritik" von entsprechenden Anzeichen abhängig oder planen ganz formell eine Extra-Stunde dafür ein. Welche Möglichkeiten gibt es, das bisher Erreichte einer genauen Prüfung zu unterziehen? Wie können laufende Reflexion und formelle schriftliche Beurteilungsmethoden integriert werden? Verwenden Sie Erhebungsverfahren, die sowohl Ihrem Ansatz als auch den Bedürfnissen Ihrer Klienten entsprechen. Sprechen Sie über eventuelle Enttäuschungen und Frustrationen über den bisherigen Verlauf der Beratung.

69. Probleme hinter den Problemen und das Neuverhandeln von Therapiezielen

Das Material, das Klienten in die Beratung oder Psychotherapie mitbringen, ist oft nicht das, wonach es aussieht. Kurzpsychotherapeuten und Berater sollten nicht weniger als Langzeittherapeuten in der Lage sein, hierfür ein Auge zu haben. Fokussierend zu arbeiten bedeutet, sich auf bestimmte Inhalte zu konzentrieren und dabei Gefahr zu laufen, andere wichtige Sachverhalte zu übersehen. Manche Klienten verschweigen bewußt bestimmte Themen, andere wiederum haben ein unbewußtes Interesse daran, bestimmte Dinge nicht "hochkommen" zu lassen, was in beiden Fällen dazu führen kann, daß zu einem späteren Zeitpunkt gerade diese Inhalte sich ihren Weg in der Beratung suchen.

Auf der bewußten Ebene werden absichtlich bestimmte Themen nicht zur Sprache gebracht, um Sie nicht unnötig zu "belästigen"; schmerzbesetztes Material kann noch nicht behandelt werden oder es wird die Unwahrheit gesagt. Reagieren Sie behutsam, wenn Ihnen ein Klient eröffnet, bestimmte Dinge ansprechen zu wollen, wozu er sich bisher nicht in der Lage sah. Achten Sie sorgfältig auf dieses neue Material und helfen Sie Ihrem Klienten zu entscheiden, welchen Stellenwert er diesem im weiteren Verlauf der Beratung einräumen will. Seien Sie nicht wertend oder verurteilend, sondern reagieren Sie mit Interesse und Wohlwollen, wenn Klienten gestehen, bestimmte Dinge verschwiegen zu haben. Lag es an Ihnen oder Ihrer Art, daß es so schwierig war, diese Dinge anzusprechen? Überarbeiten Sie, wenn nötig, ursprüngliche Therapieziele, handeln Sie neue aus und überlegen Sie gemeinsam, ob und wie diese in den bisherigen Ansatz integriert werden können.

Wie sich Probleme hinter Problemen verbergen können, beschreibt John Marziellier anhand eines Fallbeispiels (Dryden 1992). Marzillier versuchte anhand verhaltenstherapeutischer Interventionstechniken, einen Klienten von seinen Schwierigkeiten, öffentliche Toiletten zu benutzen, zu befreien. Zusammen besuchten sie ein Pub und der Klient sollte viel trinken, um die örtliche Toilette aufsuchen zu müssen. Während sie warteten und die Flüssigkeit ihren Weg gehen ließen, sprachen sie ganz zwanglos über dies und jenes, über das Leben des Klienten, über seine Schwierigkeiten, Familie und Karriere unter einen Hut zu bringen. Marzillier berichtet von nur geringen Fortschritten des Klienten in der Behandlung, die er dann beendete, um auf Reisen zu gehen. Zufällig trafen sie sich zwei Jahre später wieder und Marzillier war überrascht, als sich der Klient zunächst nicht mehr an sein (Toiletten-) Problem erinnern konnte, dann aber eingestand, daß es immer noch nicht besser, aber von geringer Bedeutung war. Diese Fallgeschichte lehrt uns, daß Weg und Ziel therpeutischen Vorgehens nicht immer greifen müssen, vor allem, wenn die eigentlichen Probleme und Schwierigkeiten eines Klienten tiefer liegen. Manche psychodynamisch orientierte Therapeuten vertreten die Auffassung, alle Probleme seien ausnahmslos auf eine tieferliegende Dynamik zurückzuführen, die entsprechend an die Oberfläche geholt und thematisiert werden müsse. Obwohl dieser Standpunkt unsere Position nicht wiedergibt, möchten wir doch den Rat aussprechen, auf "Unterströmungen" im Material des Klienten zu achten.

Was passiert, wenn diese Unterströmungen zu sichtbaren Wellenbewegungen an der Oberfläche führen? In den meisten Fällen wird ein Klient das Bedürfnis haben, zusätzliche Stunden zu vereinbaren. Wie reagieren, wenn aus den anfänglichen agoraphobischen Angstanfällen in der U-Bahn sexueller Mißbrauch in der Kindheit wird? Nur wenn, wie in diesem Fallbeispiel, triftige Gründe vorliegen, sollten Sie die ursprüngliche Abmachung einer psychotherapeutischen Kurzzeitbehandlung ändern und sich mit Ihrem Klienten über eine Verlängerung der Therapie absprechen. Vorher jedoch sollten sie entsprechende Fälle in Ihrer Supervision zur Sprache bringen, wenn Sie eine Indikation zur Langzeitbehandlung für gegeben halten. Allerdings liegen nicht in allen Fällen derart zwingende Gründe vor, die gemeinsame Arbeit auszudehnen. Zahlreiche Klienten wehren sich gegen das nahende Ende der Beratung oder Therapie, indem sie versuchen, neue Abhängigkeitsstrukturen zwischen sich und dem Berater aufzubauen, und immer neues problembeladenes Material produzieren. Um nicht in kollusive Beziehungsmuster mit Ihren Klienten verstrickt zu werden, sollten Sie diese Fälle mit Ihrem Supervisor besprechen. Wenn Sie sich entschließen, die Arbeit mit einem Klienten langfristig fortzusetzen, ist es unbedingt erforderlich, um bei o. g. Beispiel des sexuellen Mißbrauchs in der Kindheit zu bleiben, sich der eigenen Kompetenz in diesem Bereich sicher zu sein. Halten Sie sich für geeignet, diese Thematik zu bearbeiten oder sollten Sie nicht die Überweisung an einen dafür kompetenteren Kollegen ins Auge fassen? Diese Überlegungen gelten für alle Fälle, in denen verborgenes Material an die Oberfläche kommt und immer tiefer liegende intrapsychische Schichten des Klienten angesprochen werden.

Achten Sie auf neues Material, das sich während der Beratung seinen Weg an die Oberfläche bahnt und setzen Sie, wenn nötig, neue Therapieziele fest. Sind Sie der oder die richtige Therapeut/in für Ihren Klienten bzw. Ihre Klientin? Soll der bisherige Ansatz beibehalten oder abgeändert werden? Ist eine Überweisung angebracht? Machen Sie aus Ihrer ursprünglichen kurztherapeutischen Abmachung nicht automatisch eine zeitlich unbefristete Langzeitbehandlung.

70. Die nicht-lineare Veränderungskurve

Veränderung und Weiterentwicklung in einer Beratung oder Therapie verlaufen selten, wenn überhaupt jemals, linear ansteigend und reibungslos. Momente des Zögerns, der Begeisterung, des konsequenten Sich-Einlassens, der "Konversion", das Gefühl festzustecken gehören ebenso dazu wie Enttäuschungen, Frustrationen, Sternstunden, zufällige Lernerfahrungen, Krisen, Rückschläge, Konsolidierung und Stabilisierung. Klienten allerdings erhoffen oder erwarten häufig dramatische, rasche und irreversible Veränderungen. Was Hoffnungen und Erwartungen betrifft, läuft die Phantasietätigkeit auf Hochtouren und kann oft in direkten Bezug zum Leidensdruck der Vergangenheit gesetzt werden. Beratung und Therapie sind eine überaus anstrengende Angelegenheit, voller Höhen und Tiefen und Rückschläge. Machen Sie Ihren Klienten klar, daß dies ein universelles Phänomen ist und nicht nur Sie beide betrifft.

Windy Drydens (1990) dreidimensionales Modell einer nicht-linearen Veränderungskurve setzt sich zusammen aus den Komponenten Häufigkeit, Dauer und Intensiät. Wie oft im Vergleich zu früher sieht sich der Klient oder die Klientin seinen/ihren spezifischen Problemen ausgesetzt (Häufigkeit)? Wie lange im Vergleich zur Zeit vor der Behandlung halten diese Situationen an (Dauer)? Werden sie als mehr oder weniger problematisch erlebt (Intensität)? Helfen Sie Ihren Klienten, diese Aspekte differenziert herauszuarbeiten. Oft ist es sinnvoll, sie schriftlich protokollieren zu lassen; diese Methode, von der vor allem Klienten profitieren, für die das Thema Fortschritt sehr angstbestzt ist, gehört zum interventionstechnischen Standardrepertoire in der Kognitiv-Analytischen Therapie, die ihre Klienten dazu anhält, in regelmäßigen Abständen Fortschritt und Annäherung an das Therapieziel zu bewerten.

Prochaska und DiClemente (1984) betrachten den Prozeß der Veränderung als eher zirkulären Vorgang denn lineares Ansteigen. Vor allem bei Klienten mit Suchtproblemen sprechen sie vom sogenannten "Drehtürphänomen", das allerdings auch bei zahlreichen anderen Klienten anzutreffen ist. Ausgehend vom jeweiligen Entwicklungs- und Reifegrad eines Klienten kommt es zu einem kreisförmigen Entwicklungsspirale, innerhalb derer die Phasen der Kontemplation, der Handlung und der Konsolidierung immer wieder durchlaufen werden, bis ein stabiler Veränderungsgrad erreicht ist. Das Gefühl, sich zwischen den einzelnen Sitzungen im Kreis zu drehen, von der Kontemplation zur Handlung und zurück, kann zum normalen Entwicklungsverlauf einer Therapie gehören.

Erläutern Sie Ihren Klienten, daß Besserung und Fortschritt selten so reibungslos ablaufen, wie sie es gerne hätten. Halten Sie sie an, das bisher Erreichte in bezug auf ihre Zielerwartungen einer regelmäßigen Prüfung zu
unterziehen. Machen Sie sie mit der Vorstellung vertraut, daß Fortschritt in
der Regel nicht als lineare Entwicklung zu verstehen ist.

71. Sackgassen

Das Gefühl des Festgefahrenseins kennen wir aus allen Phasen einer Therapie,
am häufigsten begegnen wir ihm jedoch im Hauptteil der Behandlung. Das Phänomen des inhärenten Konservatismus gilt nicht nur für Organisationen, sondern ist auch im persönlichen Bereich anzutreffen. Wir wünschen uns Veränderung und Weiterentwicklung, gleichzeitig soll alles beim alten bleiben; das, was
wir kennen, gibt uns Sicherheit, das Neue, Unbekannte fürchten wir. An einem
bestimmten Punkt einer Therapie hat ein Klient alle einfacheren Ziele relativ
mühelos erreicht; die neuen Aufgaben und Herausforderungen, die nun auf ihn
warten, lösen Angst und Widerstand aus. "Sackgassen" entstehen aus den verschiedensten Konstellationen: Dem Arbeitsbündnis zwischen Therapeut und
Klient, den Beziehungen des Klienten zu seinen alltäglichen Verpflichtungen,
einer übermäßig starken Gegenübertragung seitens des Therapeuten (die diesem
nicht bewußt sein muß). Es gibt unterschiedliche Ansätze, wie mit "Sackgassen"
umgegangen wird: Die einen "bleiben dran" und versuchen, indem sie sich die
therapeutische Situation und Beziehung selbst zunutze machen, sich aus der
Sackgasse hinaus zu manövrieren; andere wiederum vertrauen mehr auf konkret
ausgearbeitete Lösungsstrategien. Wir möchten im folgenden verschiedene
Konstellationen vorstellen, die in eine Sackgasse münden können.

Der Klient weigert sich, aktiv mitzuarbeiten oder sich angstbesetzten Hindernissen auszusetzen

Versteht der Klient, was von ihm in der Beratung an spezifischen Aufgaben verlangt wird? Glaubt er, sie erfüllen zu können, um somit auch seinen Zielen näher
zu kommen? Vielleicht hat er nicht wirklich verstanden, um was es geht, ist nicht
wirklich überzeugt und macht einen störrischen Eindruck. Ist die Vorstellung von
Fortschritt für ihn mit passivem Gefüttertwerden verbunden? Ist seine Frustrationstoleranz schwach ausgeprägt (so daß er Anstrengung, Spannung und Unbe-
hagen nicht auszuhalten glaubt)? Sind Sie zu drängend oder zu schnell für ihn?
Welche Hindernisse bestehen auf Ihrer Seite, welche auf seiten Ihres Klienten?
Welche kurz- und langfristigen Vor- und Nachteile sieht ein Klient in der Möglichkeit, sich zu verändern (siehe entsprechenden Erhebungsbogen in Anhang 5)?

Der Klient ist übermäßig auf Sie und die Beziehung mit Ihnen fixiert

Es gibt Klienten, die zwanglos Konversation mit Ihnen betreiben und dabei versuchen, alles über Sie in Erfahrung zu bringen; wie Ihr Alltag aussieht, was Sie denken, welche Erfahrungen Sie haben usw. Viele bezeichnen ihren Therapeuten als "die einzige Person, die mir jemals richtig zugehört hat" oder den einzigen Menschen, "der mich wirklich kennt". Derartige Einstellungen führen zu einer fehlgeleiteten Fixiertheit auf den Berater oder Therapeuten. Psychodynamisch orientierte Berater werden diese Übertragungsphänomene entsprechend deuten. Allerdings ist es nicht selten der Fall, daß Heilsphantasien und -erwartungen an den Therapeuten den Klienten davon abhalten, eigene Anstrengungen zu unternehmen. Rufen Sie Ihren Klienten ins Gedächtnis zurück, daß Sinn und Zweck einer Beratung oder Therapie darin bestehen, sich persönlich weiterzuentwickeln, was voraussetzt, die Probleme auch außerhalb des Behandlungszimmers in die eigenen Hände zu nehmen. Sie müssen Ihren eigenen Weg finden, Ihre Klienten dazu zu bringen, "dran" zu bleiben. Dies kann entweder zur Arbeit an der Übertragung(sbeziehung) führen oder aber dazu, all die Nettigkeiten im gegenseitigen Umgang aus der Behandlung auszublenden, um Platz für das Wesentliche zu schaffen, wie Mahrer (1989) dies praktiziert. Die "dysfunktionale Rolleninteraktion" zwischen Therapeut und Klient veranlaßt ihn dazu, sofort "einzusteigen": Er nimmt mit geschlossenen Augen neben dem Klienten Platz und konzentriert sich voll und ganz auf dessen innere Erfahrungswelt.

Fixierung auf andere Menschen und äußere Situationen

Manche Klienten sprechen ausgiebig über ihre Partner, ihre Arbeit, das Wetter, ihren Urlaub usw.; sie erzählen Ihnen, wie scheußlich ihr Chef oder ihr Ehemann ist, welch fürchterliche Kindheit sie hinter sich haben. In all diesen Berichten steckt eine Menge Wahres, aber nicht immer ist die Wahrheit nützlich. Wir suchen Therapeuten oder Berater auf, um uns und unser Leben zu ändern. Erinnern Sie Ihre Klienten daran. Die Menschen unserer Umgebung unterliegen nicht diesem Einflußbereich. Viele machen äußere Umstände für ihre Situation verantwortlich und setzen Eigenverantwortung mit Schuld gleich. Andere können gar nicht anders, als ohne Unterlaß über andere Menschen und äußere Situationen zu reden: Persönliche Eigenart oder Angst vor Veränderung – beenden Sie diese Art der Konversation und klären Sie Ihre Klienten über ihre Rolle in einer Beratung auf.

Therapeut und Klient im Übertragungs-Gegenübertragungs-Clinch

Übertragungs- und/oder Gegenübertragungsphänomene gibt es in jeder therapeutischen Beziehung. Wenn die Richtung, in der (gegen)übertragen wird, eindeutig bestimmt werden kann, ist es am Therapeuten, durch aufmerksames Deuten die Situation zu klären oder sich in der Supervision mehr Klarheit zu verschaffen. Wird die Interaktion gleichzeitig von Übertragungs- und Gegenübertragungsgefühlen bestimmt, werden sich Probleme schwer vermeiden lassen. Welche Dynamik ist am Werk, wenn Berater und Klient wütend aufeinander werden? Liegt es an der Kommunikation von Erwachsenem zu Erwachsenem, die plötzlich nicht mehr funktioniert? Oder gibt es einfach Zeiten, in denen es zu Schwierigkeiten in der Beziehung kommen muß? Bringen Sie diese Dinge in Ihrer Supervision zur Sprache. Was könnten Sie gesagt oder getan haben, das den Klienten kränkt und starken Affekten aussetzt? Nicht der Klient, sondern der Berater ist in erster Linie dafür verantwortlich, von der Position eines reifen und erwachsenen Ich aus den Blick auf das Geschehen zu lenken. Selbstreflexion sowie differenziertes Wahrnehmen der Situation sind Voraussetzung, um sich aus Verstrickungen zu befreien. Wenn die Knoten sich lösen und man die Dinge wieder klarer sieht, erkennt man zuweilen, Fehler gemacht zu haben. Bitten Sie Ihre Klienten dafür um Entschuldigung und legen Sie ihnen nahe, selbst die Position des "beobachtenden Ich" einzunehmen.

Überwältigende Gegenübertragungsgefühle (z. B. erotisierter Natur)

Gegenübertragungsphänomene manifestieren sich in den unterschiedlichsten Formen. Ihre extremen Varianten, die sich am nachhaltigsten auf die Beziehung zum Klienten und somit auf die Beratung auswirken, sollten durch die Eigentherapie des Beraters sowie seine Supervision aufgefangen werden. Gegenübertragungsgefühle betreffen nicht nur den Berater oder Therapeuten selbst, sie stehen im unmittelbaren Bezug zum Klienten und liefern wichtiges Material über diesen. Im Falle erotisierter Gegenübertragung (die weitaus häufiger anzutreffen ist als gemeinhin angenommen wird), muß genau unterschieden werden zwischen den eigenen Anteilen, jenen des Klienten sowie solchen, die beide gemeinsam aufweisen. Starke erotische Gefühle für einen Klienten oder eine Klientin sind nie unproblematisch. Sollte es in der Supervision nicht gelingen, die Verwirrung aufzulösen, stellt sich die Frage einer möglichen Überweisung. Aber wie steht es mit Ihrer Klientin bzw. Ihrem Klienten? Ist sie/er sich der Spannung bewußt, die in der Luft liegt? Reagieren Sie äußerst behutsam, wenn dies der Fall ist und sprechen Sie darüber. Machen Sie auf keinen Fall die Klientin/den Klienten für diese Gefühle verantwortlich. Manche Therapeuten, insbesondere jene, die über sehr viel Erfahrung und Sicherheit in ihrer Arbeit verfügen, scheuen sich nicht, die Existenz derartiger Gefühle offen anzusprechen und zum Thema der Beratung selbst zu machen. Wenn Sie diesbezüglich an Ihrer therapeutischen Kompetenz zweifeln, sprechen Sie in Ihrer Supervision darüber. Jeder kennt Gefühle dieser Art, sie sind für jeden in gewisser Weise nachvollziehbar; allerdings sind sie nur vertretbar, so lange wir sie im Griff haben und uns nicht von ihnen beherrschen lassen.

Berater und Klient geraten in eine oberflächliche Kollusion

Bestimmten Klienten will man es als Berater oder Therapeut besonders leicht machen. Sei es die Klientin, die so zerbrechlich aussieht, so daß Sie sich scheuen, sie von Anfang an "hart anzufassen" und, entgegen Ihrer Art, zurückhaltend reagieren. Eine Zurückhaltung, die zum Muster zwischen Ihnen und dem Klienten wird und nur noch schwer zu durchbrechen sein wird. Sei es der Klient, der Ihnen besonders am Herzen liegt, weil er einen ähnlichen Background hat und Ihnen an seiner Gesellschaft sehr gelegen ist. Oder sei es, daß Sie als Anfänger ängstlich darauf bedacht sind, nicht noch einen Klienten infolge Ihres harten "Rangehens" zu verlieren und aus diesem Grund sich nun eher nachgiebig und wenig fordernd zu geben. Denken Sie in all diesen Fällen daran, daß Beratung und Therapie nicht mit unseren alltäglichen sozialen Beziehungen zu vergleichen sind und daß non-possessive Wärme und Wohlwollen einem Klienten gegenüber nicht heißt, "nett" zu sein. Sie gehen eine Arbeitsbeziehung ein, in der es darum geht, konkrete Änderungen im Leben eines Klienten herbeizuführen, um für ihn das Leben wieder lebenswerter zu machen.

Das Gefühl, im Beratungsprozeß festzustecken, manifestiert sich auf unterschiedlichste Art und Weise. Welche Anzeichen bestehen, daß ein Klient mehr auf Sie, auf andere Menschen oder äußere Umstände fixiert ist als auf seine persönliche Weiterentwicklung? Existieren starke erotische Gefühle zwischen Ihnen und einem Ihrer Klienten/einer Ihrer Klientinnen? Bringen Sie diese Gegenübertragungsphänomene in der Supervision zur Sprache und überlegen Sie, ob unter diesen Umständen eine Zusammenarbeit weiterhin möglich ist oder ob Sie sich in der Lage sehen, diese Gefühle therapeutisch zu "nutzen".

Teil VI: Das Ende der Beratung

72. Vorbereitende Schritte

"Je näher das Ende in seiner Unausweichlichkeit, desto großartiger die Dichte des Materials." Diese sinngemäße Wiedergabe eines Ausspruchs von Samuel Johnson weist auf das wesentliche Charakteristikum einer psychotherapeutischen Kurzzeitbehandlung hin: Man hat nicht alle Zeit der Welt. Von Anbeginn an weiß man um die Notwendigkeit, bestimmte Inhalte zu fokussieren und die entsprechende Motivation aufrechtzuerhalten. Um Mißverständnissen vorzubeugen, behandeln manche Berater bereits in der Aufbauphase einer Beratung gezielt diesen Aspekt der "Unausweichlichkeit". In anderen Therapien und Beratungen wird ein richtiggehender "Countdown" veranstaltet: Der Berater oder Therapeut erinnert seine Klienten Stunde um Stunde an die Anzahl der noch verbleibenden Sitzungen. Nicht jedem behagt ein derartiges Vorgehen; allerdings gibt es viele Therapeuten unterschiedlicher Richtungen, die sehr erfolgreich damit arbeiten.

Budman und Gurman (1988) fordern, Klienten anzuhalten, Beratung und Therapie nicht zum alleinigen Lebensinhalt werden zu lassen, und ihnen klar zu machen, daß der Prozeß des Lernens nicht mit dem Ende der Beratung zum Stillstand kommt. Das Thema "Beendigung" schwingt demnach von Anfang an mit. In einem früheren Kapitel haben wir bereits auf die Unterschiede hingewiesen, die zwischen einer zeitlich begrenzten, einer Kurzzeit-, und einer zeitlich unbegrenzten Therapie bestehen. Doch auch das Setting der Kurzzeittherapie impliziert nicht zwangsläufig ein "Abzählen" der noch verbliebenen Stunden oder das ständige Gewahrsein eines nahen Endes. Allerdings erliegt man leicht der Versuchung, das Thema ganz schleifen zu lassen. Versuchen Sie, es angemessen zur Sprache zu bringen und am Leben zu erhalten. Den Widerständen mancher Klienten, sich der Notwendigkeit einer "letzten Stunde" zu stellen, kann man dadurch entgegentreten, indem man sie auf einen sehr realistischen Aspekt therapeutischen Daseins anspricht: Was würde passieren, würde mein Berater oder Therapeut wegziehen?

Wann ist der beste Zeitpunkt, um das Thema "Beendigung der Beratung" anzusprechen? Richtiges Timing ist immer abhängig von individuellen Faktoren. In der Regel (in nicht zeitlich begrenzten Beratungssettings) empfiehlt es sich, das absehbare Ende der gemeinsamen Arbeit erst dann zur Sprache zu bringen, wenn der Prozeß der Beratung auf sicheren Beinen steht. Ein Klient, der zwei oder drei seiner Beratungsziele erfolgreich erreicht hat, könnte eine vorsichtige

Anspielung auf gestärktes Selbstvertrauen und eine bessere Zukunft durchaus vertragen. Fordern Sie Ihre Klienten nicht gerade dann dazu auf, über das Ende der gemeinsamen Arbeit nachzudenken, wenn diese sich offenkundig in keinem guten Zustand befinden oder voller Widerstände sind, ein Ende der Beratung überhaupt nur ins Auge zu fassen. Schieben Sie es andererseits nicht auf die lange Bank. Manche Klienten, insbesondere jene, die hochmotiviert sind oder sich an klar definierten Problemen orientieren, werden das Thema "Beendigung" von selbst zur Sprache bringen. Für diese Klienten ist die Aussicht auf ein "Licht am Ende des Tunnels" Ermutigung und Bestätigung zugleich, ihre Probleme in die eigenen Hände zu nehmen. Klienten, die die Handlungsebene oder das Stadium der Konsolidierung erreicht haben, auf die wir in früheren Kapiteln hingewiesen haben, sind bestrebt, Fortschritte zu machen oder bisher Erreichtes zu konsolidieren; auch sie werden sich vor einer Konfrontation mit dem absehbaren Ende weniger scheuen.

Das Thema "Beendigung von Kurzzeit- und Langzeittherapien" hat Kupers (1988) eingehender untersucht. Er schließt mit dem Hinweis, daß das Ende einer Therapie nicht nur als sehr komplexes Geschehen zu begreifen ist, sondern daß in der Praxis zahlreiche Klienten mehrere Therapieerfahrungen hintereinander sammmeln und daher die Festlegung eindeutiger Definitionskriterien fast unmöglich gemacht wird. Viele Kurztherapien, die klar problemfokussierend beginnen, werden nach und nach zu Langzeitbehandlungen, wenn deutlich wird, daß ein Klient oder eine Klientin nach tiefergehender und zeitlich unbegrenzter therapeutischer Exploration verlangt (Amada 1983). Diese Bereitwilligkeit, auf die Bedürfnisse eines Klienten einzugehen sowie die Beliebigkeit, zwischen kurz- und langzeittherapeutischen Settings abzuwechseln, sollte unserer Meinung nach genauestens unter die Lupe genommen werden. Achten Sie darauf, wie Sie das Thema "Ende der Beratung" präsentieren. Sind Sie der Überzeugung, ein Ende sei in Sicht? Halten Sie das kurztherapeutische Setting für diesen Klienten für angemessen? Liegt er oder sie Ihnen ganz besonders am Herzen oder sind Sie von seiner komplizierten innerpsychischen Welt und Realität immer stärker fasziniert, so daß es Ihnen schwerfallen könnte loszulassen? Signalisieren Ihre Klienten unterschwellig, daß die Schwierigkeiten doch tiefer gehen als anfangs von Ihnen angenommen? Falls ein Klient Zuneigung für Sie entwickelt, ist diese Zuneigung notwendiger und wertvoller Bestandteil des therapeutischen Prozesses? Oder begibt er sich in einen Zustand der Abhängigkeit von Ihnen, um zumindest teilweise eigene Schritte auf dem harten und steinigen Weg der Veränderung zu vermeiden?

Ich möchte an dieser Stelle das Beispiel einer Klientin anführen, die ich im Rahmen eines Gemeindeberatungsprojekts behandelte; das therapeutische Setting, in dem gearbeitet wurde, hatte sich zum Ziel gesetzt, aus praktischen Gründen die Anzahl der Sitzungen zahlenmäßig zu begrenzen. Die Klientin hatte sich in einer akuten Krisensituation an mich gewandt. Nach einiger Zeit hatte sie die Krise überstanden; allerdings war noch einiges zu bearbeiten, das mit ihrer Selbstsicherheit im Allgemeinen zu tun hatte. Sie machte gute Fortschritte, arbeitete auch zwischen den Sitzungen aktiv daran, neue Lernerfahrungen, die sie in der Beratung gemacht hatte, in ihren Alltag umzusetzen. Um ein absehbares Ende unserer gemeinsamen Arbeit zum Thema zu machen, fragte ich sie: "Ich denke, daß Sie sich seit unserem ersten Zusammentreffen ein großes Stück weiterentwickelt haben. Jedes Mal, wenn wir uns sehen, haben Sie mehr an Boden dazugewonnen, und die Zukunft scheint mir sehr vielversprechend. Was, glauben Sie, würde Ihnen die Beratung noch bringen, wozu Sie allein nicht in der Lage wären?" Sie erwiderte, die Beratung sei ihr eine große Stütze und helfe ihr, sich auf ihre Ziele zu konzentrieren. Ich akzeptierte diese Antwort und kam mit ihr überein, die Behandlung über einige wenige Wochen hin auszudehnen. Andererseits konnte ich mich des Gefühls nicht erwehren, zum sozialen Fokus für sie geworden zu sein, an dem sie sich immer wieder "aufwärmte". Für viele Klienten ist ihr Berater oder Therapeut "der einzige, mit dem ich wirklich reden kann". Kurzfristig gesehen ist daran nichts auszusetzen, auf lange Sicht jedoch kann diese Haltung zu Komplikationen führen, wenn es darum geht, die Beratung abzuschließen. Besagte Klientin hätte aus sehr unterschiedlichen Motiven die Beratung wohl unbegrenzt fortgesetzt, hätte ich sie nicht immer wieder auf die Notwendigkeit hingewiesen, die Arbeit zu beenden. (Ich erinnerte sie daran, warum sie mich ursprünglich aufgesucht hatte, wie viel sie in der Zwischenzeit schon geschafft hatte und daß unser Setting in einem zeitlich begrenzten Rahmen stattfand.) Sie willigte schließlich ein, die Anzahl der Sitzungen auslaufen zu lassen.

> Bringen Sie zum geeigneten Zeitpunkt die Unausweichlichkeit und Notwendigkeit einer Beendigung der gemeinsamen Arbeit zur Sprache. Erläutern Sie die Vorzüge fokussierten Arbeitens und unterziehen Sie Ihre eigenen Einstellungen zu dieser Frage einer genauen Prüfung.

73. Die Förderung "selbstheilender" Kräfte

Beratung, wie wir sie praktizieren und lehren, schließt aktive Beteiligung sowohl des Klienten als auch des Beraters mit ein. In den Anfangsphasen sind wir Berater diejenigen, die zum großen Teil für die nötige "Energiezufuhr" sorgen. Achten Sie darauf, daß dies nicht zur Regel wird. Sobald Sie das Gefühl haben, daß Ihre Klienten über neue Problemlösungsstrategien verfügen und diese in ihren Erfahrungshaushalt integriert haben, sollten Sie ihnen die Zügel überlassen.

Klienten, an die wir die "Führung" abgeben, haben aller Wahrscheinlichkeit nach die Konsolidierungsphase erreicht (Prochaska und DiClemente 1984). Stabilisierung der neu gewonnenen Erfahrungen, damit Experimentieren, sie auf neue Situationen übertragen und neue Lernschritte aus sich selbst heraus in die Wege leiten sind die Dinge, die nun von herausragender Bedeutung sind. Klienten in diesem Stadium brauchen "sozialen Beistand und Herausforderung" (Egan, 1990). Mit anderen Worten, zur Verfolgung ihrer Ziele brauchen sie die

Unterstützung ihrer Freunde ebenso wie die Herausforderung und Stimulation neuer Situationen. Patienten etwa, die Entziehungskuren hinter sich haben, sind oft hoch motiviert und voller Elan, regelmäßig an Treffen der Anonymen Alkoholiker teilzunehmen. Die Konsolidierungsphase impliziert die sorgfältige Prüfung der bisher gemachten Fortschritte. Wenn wir davon sprechen, "selbst-heilende" Kräfte zu fördern, wollen wir dies nicht als naives positives Denken verstanden wissen (nach dem Motto "Sie brauchen mich und die Beratung gar nicht. Sie müssen nur die Tür aufmachen, hinausgehen und Ihr Leben leben. Wenn Sie wirklich wollen, sind Sie dazu auch in der Lage."). Zwingen Sie Ihre Klienten nicht zur "Flucht in die Gesundheit", unterstützen Sie sie vielmehr in ihren Bemühungen, ihren Weg unabhängig von Beratung und Berater zu gehen.

Es gibt verschiedene Möglichkeiten, diese Autonomie des Klienten zu fördern. Eine ist der sogenannte "rationale Rollentausch" (Dryden 1982). Der Klient übernimmt die Rolle des Beraters, der Berater die des Klienten. Der Klient konfrontiert Sie mit "Ihren" kognitiven Fehlschlüssen und unterstützt Sie auf der Suche nach besseren Lösungsmodi für seine Probleme. Hinter dieser Rollenübernahme verbirgt sich die Möglichkeit, die vernünftigen Anteile und Bewältigungsstrategien der Persönlichkeit zum Zug kommen zu lassen und sich mit eigenen Zweifeln auseinanderzusetzen. Eine weitere Möglichkeit ist die der Visualisierung. Der Klient stellt sich vor, wie Sie, sein Berater, ihm in schwierigen Situationen seines Alltags über die Schulter blicken und mit ihm in Dialog treten. In gewisser Weise ist dies ein "Übergangsobjekt", das wir dem Klienten hier anbieten. Gerade in Momenten der Unsicherheit und des Zweifels an den neu entdeckten Fähigkeiten ist es tröstend und hilfreich, sich den Berater oder die Beraterin vorzustellen und sich daran zu erinnern, wie mit ähnlichen Situationen umgegangen wurde. Gleich Aladin verfügt unser Klient über seine innere "Wunderlampe", die er in schwierigen Situationen nur zu putzen braucht, um den Geist (Berater) zu beschwören und um Rat zu fragen. Diese Visualisierungsübungen sind natürlich nicht für alle Klienten gleichermaßen geeignet und sollen auch nur als Zwischenlösung betrachtet werden – sie stellen nicht das Endziel einer Beratung dar!

Hier nun ein Beispiel für einen Dialog, in dem der Berater die "selbst-heilenden" Kräfte seiner Klientin anspricht:

Therapeut: Wir haben nun über die Gefühle gesprochen, die Sie an der Bushaltestelle und im Abendkurs hatten. Wo, denken Sie, gibt es Überschneidungen?

Klientin: Ich glaube, daß ich mich in beiden Fällen geschämt habe. Ich hatte den Eindruck, als hätte ich mich zum Narren gemacht.

Therapeut: An welchen der Punkte, die wir besprochen haben, glauben Sie, könnten Sie weiterarbeiten?

Klientin: Mir war das alles sehr peinlich. Dieses Gefühl war wie . . . Ich dachte, "jetzt schauen mich alle an und erwarten ein paar freundliche Worte und ich, ich kann nicht; die müssen denken, ich spinne". So ungefähr.

Therapeut: Phantasieren Sie dieses Bild weiter.

Klientin: Vielleicht haben sie gar nichts in der Art gedacht. Dafür gab es auch keine Anhaltspunkte, nein. Ich hatte automatisch die Erwartung, sie würden so etwas von mir denken, wenn ich dastehe und nach Worten suche . . . und ich glaube, ich habe selbst dafür gesorgt, mich so mies zu fühlen.

Therapeut: Und selbst wenn die anderen gedacht hätten, daß . . . ?

Klientin: Dann hätte es mir auch nicht so peinlich sein müssen. Ich hätte denken können: "Was die wohl von mir halten", oder ich hätte sie fragen können, oder selbst wenn es mir peinlich gewesen wäre, es ist ein unangenehmes, aber nicht unerträgliches Gefühl.

Der Berater hält die Klientin dazu an, sich ins Gedächtnis zu rufen, wie in früheren Sitzungen dieses Thema bearbeitet worden war. Er beschränkt sich auf Anspielungen und überläßt es ihr, sich Schritt für Schritt den Prozeß selbst zu erarbeiten. Ihr Vorgehen mag nicht unbedingt seinen Vorstellungen entsprechen; es geht in diesem Fall jedoch lediglich darum, ihr zu zeigen, daß sie durchaus in der Lage ist, mit einer schwierigen Situation umzugehen. Sie gelangt an eine Kreuzung, an der ihr mehrere Wege offenstehen. Sie muß sich nicht mehr der Unausweichlichkeit eines einzigen Gefühls aussetzen. Man hätte den Faden weiterspinnen und sich ansehen können, welcher innere Disput in einer ganz neuen Situation in Gang gesetzt wird. Doch für's erste mag dieser Schritt genügen.

Welche Modelle kennen wir noch, um Selbstheilungstendenzen zu fördern? Ryles (1990) Konzept der kognitiv-analytischen Therapie enthält bereits im Ansatz Methoden und Techniken der Selbsthilfe (Fragebögen, schriftliche und andere Aufgaben) und ist zeitlich streng begrenzt. Im Teil IV unseres Buches (Abschnitte 41 - 60) haben wir das Thema Hausaufgaben ausführlich behandelt, möchten aber an dieser Stelle Macaskills (1985) These nicht vorenthalten, derzufolge "Hausaufgaben konzeptionell und behandlungstechnisch den gegenwärtigen Strömungen dynamischer Kurzpsychotherapie entsprechen und darüber hinaus von substantiellem therapeutischem Wert sind, da sie fokusorientiertes Arbeiten und den Aufbau eines stabilen Arbeitsbündnis ermöglichen; sie fördern die Motivation und verringern Komplikationen in der Trennungsphase" (S.140). Analytisch orientierte Berater werden sich besonders für die Widerstände des Klienten gegen seine selbstheilenden Kräfte interessieren. Es besteht allerdings ein Unterschied, diese Widerstände zu verstehen oder sie überwinden zu helfen. Im Rahmen einer Kurzberatung können Sie es sich nicht leisten, die Widerstände Ihres Klienten langsam durchzuarbeiten. Ryles Modell (wie andere Konzepte dynamischer Kurzpsychotherapie) verzichtet auf Vorstellungen ewigwährender Abhängigkeit vom Berater.

Ermutigen Sie Ihre Klienten, selbstständig zu handeln. Helfen Sie ihnen, die neuen Lernerfahrungen zu internalisieren. Setzen Sie auch Übungen ein, wenn Ihnen dies als nützlich erscheint. Zeigen Sie Ihren Klienten, wie das gemeinsam Erarbeitete in situ umgesetzt werden kann. Unterziehen Sie sich der üblichen Selbstreflexion und überprüfen Ihren Standpunkt: Welchen Stellenwert messen Sie selbst der Autonomie Ihres Klienten bei?

74. Rückschläge und Prävention

Das Prinzip Hoffnung gehört zu den wesentlichen Bestandteilen einer Beratung oder Therapie. Von nicht geringerer Bedeutung sind potentielle Rückschläge. Ein Rückfall befördert uns ungewollt ganz oder teilweise auf eine frühere Ebene unseres psychischen Funktionierens. Wie wir bereits bemerkten, vollzieht sich Veränderung und Weiterentwicklung unserer Persönlichkeit selten, wenn überhaupt, linear. Vielmehr handelt es sich um ein unablässiges Auf und Ab, ein ständiges Vor und Zurück unserer Entwicklung.

Da uns als Berater daran gelegen ist, die Fortschritte unserer Klienten auch bis in die Zeit nach der Behandlung zu stabilisieren, sollten wir das Thema "mögliche Rückschläge" noch während der Beratung zur Sprache bringen, solange Zeit ist und die Klienten über genügend Motivation und Engagement verfügen. Achten Sie darauf, wo Ihr Klient oder Ihre Klientin gerade steht, wenn Sie diesen Punkt thematisieren. Die kontemplative Phase ist dafür natürlich ungeeignet. Klienten in der Konsolidierungsphase dürften dagegen schon eher in der Lage sein, sich mit der Möglichkeit von Rückfällen auseinanderzusetzen. "Was glauben Sie, hält Sie davon ab, das hier Gelernte auch tatsächlich umzusetzen?", oder: "Ich bin sehr auf Ihre weitere Entwicklung gespannt; was meinen Sie, auf welche potentiellen Hindernisse könnten Sie auf Ihrem Weg treffen?" Eventuelle Rückschläge und vorbeugende Maßnahmen zur Sprache bringen, heißt nicht, den Teufel an die Wand zu malen, sondern sich der Realität stellen und sich auf sie vorbereiten.

Rückschritte gehören zu grundlegenden Erfahrungen in einer Beratung oder Therapie, und die wenigsten unter uns werden von ihnen verschont; umso wichtiger ist es, sie so weit wie möglich zu antizipieren. Was vermutet ein Klient an Hindernissen in sich, in anderen oder in äußeren situativen Kontexten, die für Rückschritte in seiner Entwicklung sorgen könnten? Unter welchen Umständen könnte er versucht sein, seinen früheren Gewohnheiten zu erliegen oder seine neuen Überzeugungen wieder aufzugeben? Wer hält ihn, wenn er fällt? Welche kleinen Anzeichen könnten als Vorwarnung dienen? Ermuntern Sie ihn, mögliche Rückfälle mittels imaginativer Verfahren zu antizipieren. Weisen Sie ihn auf die Möglichkeit hin, entsprechende Situationen sowie ihre Bewältigung szenisch darzustellen. Rückfälle sind keine Tragödie, ganz im Gegenteil, sie bieten eine Möglichkeit, die in der Beratung gemachten Fortschritte einer Realitätsprüfung zu unterziehen. Welche Situationen könnten für unseren Klienten zum Testfall werden? Helfen Sie ihm, anhand dieser entsprechende Problemlösungsstrategien zu erarbeiten.

Die Auffassungen zu Präventivmaßnahmen gegen eventuelle Rückfälle nach Beendigung einer Beratung sind nicht ungeteilt. Sie versetze der Hoffnung einen gewaltigen Dämpfer, beklagen die einen. In der Tat kennen wir Situationen und Konstellationen (insbesondere im Kontext von Suchtkrankheiten), die sich derart hartnäckig gebärden, daß Berater und Therapeuten, die in diesem Bereich tätig sind, eine idealtypische Vorstellung völliger Abstinenz (von suchterzeugenden Substanzen) im Kopf haben und behaupten, die Hartnäckigkeit der Fälle mache es unmöglich, über einen Zeitraum von mehr als 24 Stunden hinaus zu planen. Sie scheinen die Befürchtung zu hegen, daß das bloße Ins-Auge-Fassen möglicher Rückschläge diese geradezu auf den Plan rufe. Wir stimmen mit diesen Beratern überein, daß Suchtkrankheiten wie Alkoholismus oder Drogenabhängigkeit ernsthafte und äußerst resistente Probleme darstellen. Andererseits weichen Marlatt und Gordon (1985) mit ihrem Konzept des Abstinence violation effect (AVE) diese Argumentation wieder auf. Jeder von uns kennt den Teufelskreis: Einem Betroffenen gelingt es, über einen längeren Zeitraum hinweg "trocken" zu bleiben; eines Tages greift er wieder zu einem Glas Wein und wirft sich vor, alle bisher gemachten Fortschritte zunichte gemacht zu haben; er bekommt Schuldgefühle, klagt sich an und braucht noch mehr Alkohol, um all die schlechten Gefühle, die nun hochkommen, im wahrsten Sinne des Wortes zu "ertränken", nach dem Motto "Jetzt ist auch schon alles egal". Marlatt und Gordon lehren uns, daß "Ausrutscher" in keinster Weise ein Drama, unverständlich oder unverzeihlich, sondern Ausdruck menschlicher Fehlbarkeit sind. Es bestünde kein Grund, sie zu "dämonisieren" (um hier ein Konzept aus der rational-emotiven Therapie zu benützen). Natürlich sollen Sie nicht ungerührt mitansehen, wie Ihre Klienten in alte ungewünschte Verhaltensmuster zurückfallen. Wir möchten lediglich dafür plädieren, die Relationen zu wahren und nicht von vorneherein die Dinge schlimmer zu machen als sie sind.

Lassen Sie uns, von oben genanntem Beispiel ausgehend, die Möglichkeit eines solchen Rückfalls imaginativ durchspielen. Bitten Sie einen Klienten sich vorzustellen, er würde rückfällig werden und lassen Sie diese Erfahrung in seiner Phantasie lebendig werden. Welche äußeren Umstände führen dazu, wieder zum Alkohol zu greifen? Welche Gedanken gehen ihm in diesem Moment durch den Kopf? Was sagt er sich, als er zum Glas greift? Wie kommt es zur Eskalation des Problems? Welche anderen Gedanken oder Handlungen wären notwendig, um auf eine andere Art und Weise zu reagieren? Geben Sie ihm zu verstehen, daß Rückfälle nicht ohne weiteres zu akzeptieren sind, daß ihr Auftreten allerdings (sei es in Form tatsächlichen Verhaltens oder starker Versuchung) sehr wahrscheinlich ist. Stellen Sie sich individuell auf den jeweiligen Klienten, seinen Einsichtsstand und seine "Ich-Stärke" ein. Überlegen Sie sorgfältig, wann genau Sie das Thema "Rückfälle" zur Sprache bringen wollen und erklären Sie Ihren Klienten, daß die Fähigkeit, bessere Coping-Strategien zu entwickeln und die Dinge unter Kontrolle zu halten, mit der Zeit zunimmt (Prochaska und DiClemente 1984).

Weisen Sie Ihre Klienten und Klientinnen zum geeigneten Zeitpunkt vorsichtig darauf hin, daß nach Beendigung einer Beratung Rückfälle sehr wahrscheinlich sind und unterstreichen Sie die Notwendigkeit, diese zu antizipieren und zu üben. Setzen Sie dazu imaginative Verfahren sowie Reframing-Techniken ein. Geben Sie ihnen zu verstehen, daß ein Rückfall keinen Weltuntergang bedeutet, sondern die Möglichkeit bietet, Problemlöse-Fertigkeiten auszuprobieren.

75. Der vorzeitige Abbruch der Beratung

Manche Berater haben die Vorstellung, es gebe den idealen Weg, eine Beratung zu beenden. Wir werden uns später etwas genauer den verschiedenen Möglichkeiten zuwenden, eine Beratung zum Abschluß zu bringen, möchten aber an dieser Stelle eine der grundlegenden Realitäten näher beleuchten, mit der sich jeder Berater und jede Beraterin auseinandersetzen muß: Der "vorzeitige" Abbruch der Behandlung. Mit anderen Worten, ein Klient beendet die gemeinsame Arbeit, bevor sein Berater es für richtig hält. Wenn bereits in früheren Sitzungen Zweifel an der Beratung laut wurden oder sich Frustrationen einstellten, kann der Wunsch nach Abbrechen in einem nachvollziehbaren, beiden bekannten Kontext bearbeitet werden. Manchmal allerdings fehlen derartige Hinweise, wenn ein Klient plötzlich diese Sitzung als seine letzte erklärt oder gar nicht mehr kommt.

Will ein Klient "aussteigen", bevor Sie dies für angezeigt halten, sollten Sie unter allen Umständen die Gründe ausfindig machen, die ihn zu diesem Schritt veranlaßt haben. Versuchen Sie nicht, ihm seine Entscheidung auszureden oder ihn umstimmen zu wollen, wenn klar ist, daß sein Entschluß unumstößlich ist. Verurteilen Sie ihn nicht und vermeiden Sie es, seine Entscheidung als "Flucht in die Gesundheit" zu deuten. Versichern Sie ihn Ihres Verständnisses und Ihrer Bereitschaft, die Sitzungen zu einem späteren Zeitpunkt fortzusetzen, sollte auf seiner Seite der Wunsch danach entstehen. Es gibt Berater und Beraterinnen, die, gleichsam als Prophylaxe, ihre Klienten frühzeitig darauf hinweisen, daß es Zeiten geben kann, in denen Schwierigkeiten im Beratungsverlauf sie (die Klienten) den Drang verspüren lassen, die Arbeit abzubrechen.

Die Verfasser kennen beide aus eigener Erfahrung Situationen, in denen Berater oder Therapeuten uns davon zu überzeugen suchten, daß die Entscheidung, die Therapie zu beenden, falsch sei und lediglich der Abwehr entspringe. Derartige Erlebnisse können für Klienten sehr unangenehm sein, insbesondere für jene, die nicht so selbstsicher und informiert sind und denen es schwerfällt, sich auf eine Auseinandersetzung mit ihrem Berater oder Therapeuten einzulassen. Berater glauben zuweilen, sehr genau zu wissen, an welchem Entwicklungspunkt ein Klient steht oder wie weit seine Pathologie reicht, was sich mitunter nicht mit der Wahrnehmung des Klienten deckt. Wenn Sie sich dabei ertappen, daß Sie einen Klienten von seinem Entschluß, die Therapie zu beenden, abbringen wollen, sollten Sie sich die Frage stellen, inwieweit der Bezugsrahmen, auf den Sie sich beziehen, Ihr eigener ist und ob die Arbeit mit diesem Klienten für Sie eine besondere Bedeutung hat. Vergessen Sie nicht, daß Sie darin übereingekommen waren, gemeinsam auf die Ziele des Klienten hinzuarbeiten. Wenn Sie relativ sicher sein können, daß der Klient diese Ziele erreicht hat oder kurz davor ist, sollten Sie entsprechende Vorbereitungen treffen, die gemeinsame Arbeit zu einem "runden" Abschluß zu bringen. Wenn Sie Zweifel daran haben, daß der richtige Zeitpunkt für eine Beendigung der Beratung bereits erreicht ist, ist es wichtig, den Klienten nach den Gründen für seine Entscheidung zu fragen; lassen Sie die gemeinsame Arbeit noch einmal Revue passieren, besprechen Sie den Fall in der Supervision und überlegen Sie, ob eine Weiterführung der Beratung mit Ihnen oder eine Überweisung an einen anderen Berater angebracht ist. Wir halten es für ethisch nicht vertretbar und unangemessen, einen Klienten oder eine Klientin gegen seinen/ihren Willen in der Beratung oder Therapie halten zu wollen. (Ein solcher Schritt wäre nur gerechtfertigt, wenn der Klient im Begriff ist, sich oder andere zu gefährden.)

Nehmen Sie es nicht persönlich, wenn ein Klient die Beratung mit Ihnen abbricht und somit direkt oder indirekt zu verstehen gibt, mit Ihrer Art des Arbeitens nicht zufrieden zu sein. Lassen Sie die Möglichkeit gelten, eventuell einen Fehler gemacht zu haben (insbesondere wenn Sie noch Anfänger sind) und lernen Sie aus dieser Erfahrung. Und, vergessen Sie nicht, auch erfahrene Berater und Therapeuten sind gegen "Aussteiger" nicht gewappnet. Auch einige praktische Überlegungen müssen angestellt werden, kommt es zu einem vorzeitigen Abbruch. Wenn Sie nicht sicher sind, ob ein Klient die Beratung nicht doch zu einem späteren Zeitpunkt fortsetzen will, ist es ratsam, ihn schriftlich wissen zu lassen, daß er sich jederzeit wieder an Sie wenden kann. An offenstehende Honorarforderungen kann mit einer kurzen Nachricht erinnert werden. Verfolgen Sie Ihre Klienten nicht! Sollte er zu einer Sitzung nicht erscheinen, raten wir ab, nach analytischer Manier zu verfahren und die Stunde in der folgenden Woche auch noch freizuhalten: Es ist sehr unwahrscheinlich, daß Klienten wiederkommen, ohne sich vorher gemeldet zu haben. Verzichten Sie Ihrerseits darauf anzurufen; es könnte einen aufdringlichen Eindruck machen und dem Klienten die Möglichkeit nehmen, über die Situation und das, was er will, nachzudenken. Natürlich können Sie einen Klienten davon zu überzeugen suchen, daß es besser ist, die Behandlung fortzusetzen; andererseits untergraben Sie damit ihre Autonomie. Setzen Sie Ihre Klienten früh genug in Kenntnis, wenn Sie gezwungen sind, Stunden ausfallen lassen zu müssen, und bitten Sie sie darum, anrufen zu dürfen, um neue Termine zu vereinbaren.

Reagieren Sie behutsam auf Klienten, die vor dem eigentlichen Ende die Beratung abbrechen wollen. Versuchen Sie nicht, sie umzustimmen oder gegen ihren Willen zum Bleiben zu überreden; verurteilen Sie ihre Entscheidung nicht. Versuchen Sie bei passender Gelegenheit, die Beweggründe zu beleuchten, die zu dieser Entscheidung geführt haben; wägen Sie ab, was dafür spricht, sich als Berater beim Klienten schriftlich zu melden, und was dagegen.

76. Am Ende führt kein Weg vorbei

In vielen Fällen steht von Anfang an fest, daß der Beratungsvertrag über ein kurzzeittherapeutisches Setting nicht hinausgehen wird. Zeitlich begrenzte Therapien und Beratungen sind hier eindeutiger, da sie den Zeitpunkt der letzten Stunde zu Beginn festsetzen und während der gesamten Behandlungsdauer immer wieder darauf Bezug nehmen. In Fällen jedoch, in denen diese Datumsvorgabe fehlt (man beschloß etwa, irgendwann "im Sommer" aufzuhören) kann es durchaus passieren, daß Klienten das Thema ganz abwehren oder versuchen, das Ende hinauszuschieben. Sprechen Sie klar und unmißverständlich darüber. Akzeptieren Sie es als therapeutische Norm, Kurzberatungen in einem zeitlichen Rahmen von wenigen Wochen und nicht Monaten enden zu lassen. Es müssen sehr gute Gründe vorliegen, um dieses Prinzip abzuändern (ein unvorhergesehener Unfall oder der Verlust eines nahestehenden Menschen kurz vor Ende der Beratung). Manche Klienten und Klientinnen reagieren massiv auf Trennungen, beeinflußt von frühen, noch nicht integrierten Trennungserfahrungen ihrer Kindheit; stellen Sie Ihren Klienten in diesen Fällen ausreichend Raum und Zeit zur Verfügung, diesen Punkt gesondert zu bearbeiten.

Nicht selten sind Übertragungs- und Gegenübertragungsphänomene involviert, wenn wir Schwierigkeiten haben, eine Behandlung wie geplant abzuschließen. Liegt der Widerstand eindeutig auf seiten des Beraters, muß er entweder aufgelöst oder anderweitig daran gehindert werden, Einfluß auf das Geschehen zu nehmen. Zuweilen übernimmt der Berater die Angst des Klienten vor dem bevorstehenden Abschied. Widerstehen Sie der Versuchung, die Beratung zeitlich auszudehnen.

Manchmal empfiehlt es sich, Klienten im Vorfeld darauf vorzubereiten, daß es mit dem Ende der gemeinsamen Arbeit zu einer vorübergehenden Rückkehr oder Verschlimmerung von Symptomen kommen kann. Da das Ende einer Beratung oft von Rückfällen bzw. der Angst davor begleitet wird, beginnen viele Klienten an ihrer Fähigkeit zu zweifeln, allein zurecht zu kommen, und all die alten Reaktionsmuster und Ängste wiederzuentwickeln. Ihre Aufgabe in dieser Situation ist es, den Klienten in seinen Fortschritten zu verstärken und den Abschluß der Arbeit so zu gestalten, daß Coping-Fertigkeiten gefördert und krankhafte Zweifel an den eigenen Fähigkeiten so weit wie möglich ausgeschaltet werden.

Der individuelle Ansatz eines jeden Beraters bestimmt natürlich auch die Art und Weise, wie er seine Arbeit mit Klienten beendet. Den Widerstand eines Klienten gegen die Beendigung der Beratung als Neuauflage alter Verluste und den damit einhergehenden Affekten zu deuten, kann fruchtbar sein, muß aber nicht für alle Klienten gleichermaßen zutreffen. Nehmen Sie dies auch nicht als Veranlassung, die Behandlung fortzusetzen. Psychodynamisch orientierte Kurzzeittherapeuten (Flegenheimer 1982) versuchen, die bei Trennungen und Verlusten einsetzenden Gefühlsreaktionen bereits während des gesamten Beratungsprozesses in ihre Arbeit zu integrieren und einer Ausdehnung der Stunden vorzubeugen. Antizipation und Bearbeitung der Trennungsthematik in Beratung und Therapie muß in kurztherapeutischen Settings früher und gezielter stattfinden als dies im langzeittherapeutischen Setting der Fall ist. Manche Klienten müssen in der Phase des Abschiednehmens an ihre ursprünglichen Ziele erinnert werden, um abschätzen zu können, was sie im Laufe der Behandlung tatsächlich erreicht haben.

Weisen Sie immer wieder darauf hin, daß die Beratung ihrem Ende entgegensieht, und arbeiten Sie gezielt auf dieses Ende hin; geben Sie nicht der Versuchung nach, die Behandlungsdauer auszudehen, außer in Fällen, in denen die Umstände keine andere Wahl zulassen.

77. Abschließendes Feedback

Es empfiehlt sich, das Thema "Abschied" explizit anzusprechen und bei dieser Gelegenheit eine allgemeine Kritik der gemeinsamen Arbeit anzuschließen. Vergessen Sie nicht, daß nicht alle Klienten unter der Trennung vom Berater oder Therapeuten leiden oder diese als schwierig erleben; geben Sie Ihnen jedoch zu verstehen, daß es sehr sinnvoll sein kann, sich in einem Rückblick auf den gesamten Beratungsprozeß zu überlegen, was man aus der Beratung mitnimmt. Welche Eindrücke hinterläßt die Beratung beim Klienten? Welche Gefühle Ihnen gegenüber tauchen auf? Gegen eine systematische Behandlung dieser Fragen (die auf den ersten Blick nützlich erscheinen mag) spricht die Individualität eines jeden einzelnen Klienten. Die einen haken wie auf einer Checkliste alle Punkte ab, die ihnen an der Beratung und an Ihnen zusagten oder mißfielen, was sie als hilfreich oder weniger hilfreich empfanden. Anderen behagt es mehr, diese Fragen in einem allgemeinen Gespräch zu erörtern.

Garfield beschreibt anhand eines Beispiels, wie die Enttäuschung eines Klienten über das Erreichte bzw. nicht Erreichte im Hauptteil der Beratung diskutiert werden kann. Es ist sehr wahrscheinlich, daß derartige Frustrationen im Laufe einer Beratung "hochkommen", ausgenommen vielleicht in Fällen sehr "braver" und wenig selbstsicherer Klienten. Allerdings manifestieren sich auch in der Schlußphase einer Beratung bestimmte Enttäuschungen und Frustrationen: "Na ja, im großen und ganzen geht es mir schon besser, auch wenn nicht alles so läuft, wie ich gehofft hatte." Versuchen Sie in diesem Fall herauszufinden, was genau als unbefriedigend oder unzureichend erlebt wird, wo genau die Dinge besser laufen und wo nicht. Es kann sich herausstellen, daß (in Ihrer "Begeisterung" für andere Punkte) bestimmte Problembereiche des Klienten vernachlässigt worden waren. Ebenso wahrscheinlich ist, daß ein Klient untertreibt, was seine Fortschritte angeht, oder die Tatsache beklagt, daß es noch immer Probleme im Leben gibt. Kristallisieren Sie aus den kritischen Kommentaren des Klienten jene Elemente heraus, die auf ein echtes Unbefriedigtsein der Beratung gegenüber schließen lassen; halten Sie ihn allerdings auch an, für sich und seine unrealistischen Erwartungen dem Leben gegenüber die Verantwortung zu übernehmen. Um mit der Transaktionsanalyse zu sprechen: Dem "Kind-Ich", das hier am Ende der Beratung das Wort ergreift, sollte das "Erwachsenen-Ich" an die Seite gestellt werden. Legen Sie die Betonung auf das in der Beratung Erlernte und machen Sie ihm klar, daß die Möglichkeit weiterer Fortschritte und Lernerfahrungen auch nach beendeter Therapie weiterbesteht.

Geben Sie Ihren Klienten genügend Raum, um Gefühle der Frustration ebenso auszudrücken wie Gefühle der Dankbarkeit. Lassen Sie es zu, daß ein Klient, dessen Temperament ihn in Trennungssituationen sehr emotional reagieren läßt, dies auch zum Ausdruck bringt. Je nach Persönlichkeit und therapeutischer Ausrichtung werden Sie mehr oder weniger in das emotionale Feedback Ihres Klienten miteinstimmen wollen. Verallgemeinernd könnte man sagen, daß humanistisch orientierte Therapeuten ihre Gefühle spontan und offen zeigen, wogegen Vertreter des kognitiv-verhaltenstherapeutischen Lagers sich eher reserviert geben. Erwidern Sie das Feedback Ihres Klienten, wie es Ihrem persönlichen Stil, dem Ihres Klienten und dem Ihrer therapeutischen Beziehung entspricht. Die Maske falscher Professionalität ist zum Abschied ebenso unangebracht wie aufgesetzte Emotionalität. Das gleiche gilt für Geschenke, die Sie von Klienten erhalten; reagieren Sie auch hier authentisch. Es gibt Berater, die Geschenke von Klienten aus Prinzip zurückweisen; wir halten es für angemessener, sie anzunehmen.

Noch ein weiterer, nicht unwichtiger Punkt: Was, wenn ein Klient oder eine Klientin in diesem Stadium der Beratung völlig neues Material präsentiert? "Mir fällt auf, daß ich nie viel über meine Sexualität gesprochen habe", oder "Ich glaube, ich habe es einmal kurz angesprochen; davon, daß ich mißbraucht wurde, habe ich allerdings nichts erzählt". Dahinter mag sich der genuine Wunsch verbergen, die Beratung fortzusetzen. Vielleicht aber neigt die Klientin dazu, wichtige Aussagen immer in letzter Sekunde zu machen. Wenn Material von dieser Tragweite auftaucht, ist es wichtig, der Klientin klar zu machen, daß dies Dinge sind, die man sich auf jeden Fall näher ansehen sollte. Hat sie den Wunsch, zu einem späteren Zeitpunkt explizit daran zu arbeiten, sei es mit Ihnen oder einem anderen Therapeuten? Budman und Gurman (1988) betonen, daß es wichtig sei, sich an gegenwärtigen Therapiezielen zu orientieren und, wenn nötig, zu einem späteren Zeitpunkt weitere Themen zu besprechen. Es besteht kein Grund zu der Befürchtung, ein Klient könne zusammenbrechen oder Sie hätten als Berater versagt, wenn Sie nicht jeden Punkt besprechen. Es gibt zahlreiche Belege dafür (siehe z. B. Kupers 1988), daß Klienten über einen Zeitraum von mehreren Jahren viele verschiedene Therapeuten aufsuchen. Mit Budman und Gurman sind wir der Meinung, daß nichts dagegen einzuwenden ist, als Berater mehrere Male mit dem gleichen Klienten zu arbeiten. Allerdings gilt hier zu bedenken: Klienten, die aufgeregt darum bitten, sich in schwierigen Situationen wieder an Sie wenden zu dürfen, sollten an ihre Lernerfolge, Bewältigungsstrategien und eigene Kapazitäten erinnert werden. Fordern Sie sie auf, erst die eigenen Möglichkeiten auszuschöpfen, bevor sie sich wieder an Sie wenden.

Sprechen Sie gezielt über den anstehenden Abschied als auch über den vergangenen Beratungsprozeß als Ganzes. Sparen Sie Punkte wie Enttäuschungen, Frustrationen, Dankbarkeit und bleibende Ängste nicht aus. Rufen Sie ihren Klienten ihre Lernfortschritte ins Gedächtnis und verstärken Sie ihre Coping-Fertigkeiten.

78. Vor- und Nachteile der verschiedenen Arten des Abschiednehmens

Wir wiesen bereits darauf hin, daß es den idealen Weg, eine Beratung zu beenden, nicht gibt. So wie es unterschiedlichste theoretische und praktische Ansätze der Kurzberatung gibt (wir sprachen von den Modellen der zeitlich begrenzten Beratung sowie der Kurzberatung), existieren ebenfalls verschiedene Konzepte zur Frage nach der Beendigung einer Beratung. Soll der Termin der letzten Stunde genau festgelegt werden, will man mehrere Stunden staffeln, um sich voneinander zu verabschieden oder soll man die Sitzungen ohne zeitliche Vorgabe langsam auslaufen lassen? Wie steht es mit "Serienberatung" (d. h. wiederholte Beratungsabschnitte über einen Zeitraum von mehreren Jahren) und Follow up-Untersuchungen. Sie werden nicht umhin können, sich zu einem bestimmten Zeitpunkt der Beratung mit diesen Fragen auseinandersetzen zu müssen.

Sledge et al. (1990) untersuchten in einer Studie die Unterschiede zwischen zeitlich begrenzter Beratung (hier ist der Termin der letzten Stunde genau festgelegt, über die Anzahl der Sitzungen kann nicht verhandelt werden), Kurzberatung (die mehrere Monate dauern wird, wo allerdings keine Endtermin im voraus festgesetzt wird) und zeitlich nicht begrenzter Beratungsmodelle (in denen es keine terminliche Vereinbarung zur letzten Stunde gibt). Sledge et al. kamen in ihrer Studie zu dem Schluß, daß ein zeitlich streng begrenzter Beratungskontrakt die Wahrscheinlichkeit, daß die Beratung abgebrochen wird, verringert. Demzufolge scheint dieses Beratungsmodell vor allem für jene Klienten geeignet, in denen die Vorstellung einer unendlichen Beratung Ängste entstehen läßt. Mann (1973) unterstreicht die Vorzüge, die ein zeitlich eindeutig festgelegtes Setting bietet. Es geht rasch an's "Eingemachte", für Ambivalenzen bleibt wenig Raum: Die Klienten wissen, daß sie keine Möglichkeit haben werden, Dinge aufzuschieben oder erst in letzter Sekunde neues Material zu präsentieren. Therapeutische Arbeit in einem zeitlich sehr streng strukturierten Setting ist nicht für alle Klienten gleichermaßen geeignet – am wenigsten wohl für jene, die bereits in ihrem Alltag mit starkem Zeitdruck zu kämpfen haben. Seitens des Therapeuten verlangt diese Art des Arbeitens ein ganz bestimmtes Maß an Konzentration und Engagement, was Ihrem persönlichen (Beratungs-) Stil entsprechen muß. Die kognitiv-analytische Therapie (Ryle 1990), eines der zeitlich begrenzten Beratungsmodelle, verlangt neben der eigentlichen Arbeit in den Sitzungen eine große Menge an Hausaufgaben, sowohl seitens des Klienten als auch des Beraters. Beratungen mit zeitlich klar festgelegten Rahmenbedingungen ermöglichen genaue finanzielle Kalkulationen: Der Klient weiß, was an finanziellen Aufwendungen auf ihn zukommt; Beratungsstellen können Angebot und Arbeit effektiver planen.

Im Gegensatz zur eben beschriebenen zeitlich begrenzten Beratung wird in Kurzberatungen kein Endtermin im voraus festgesetzt. Sie sollten in den Erstgesprächen eine ungefähre Vorstellung davon vermitteln können, wie lange der Therapievertrag laufen wird. Das kann von "wenigen Monaten" über "sechs Monate" bis hin zu "einem knappen Jahr" gehen. Achten Sie jedoch auf eventuelle

Mißverständnisse, die hierzu zwischen Ihnen und Ihrem Klienten auftreten könnten. Wir sagten bereits, daß in den meisten Fällen eine Beratung oder Therapie von relativ kurzer zeitlicher Dauer ist (d. h. wenige Wochen oder Monate). Es kann sehr nützlich sein, Klienten auf diesen Punkt anzusprechen. Was bedeutet Zeitdruck für sie? Fühlen sie sich eher erleichtert oder ängstlich? Gleichgültig? Jeder Klient und jede Klientin wird individuell verschieden reagieren. Die einen wird das Angebot einer mehrwöchigen Beratung in helle Aufregung versetzen; in ihren Augen brauchen nur sehr schwierige Fälle eine derart langwierige Behandlung. Für die anderen ist eine Beratung von wenigen Wochen gar nichts. Obwohl diese Dinge bereits in der Aufbauphase einer Beratung oder Therapie besprochen werden sollten, werden sie oft erst zu einem späteren Zeitpunkt des Beratungsprozesses relevant, wenn Sie sich die Frage stellen müssen, welches wohl die angemessenste Art und Weise wäre, eine Beratung zu beenden.

Zeitliche Vorgaben zur Dauer einer Behandlung haben den Vorteil, daß ein Klient weiß, was ihn wann erwartet. Ein Nachteil ist, daß in diesem Konzept Klienten oft jeglicher Möglichkeit beraubt werden, neue Lernerfahrungen auszuprobieren. Obwohl in einigen Modellen zeitlich begrenzter Therapien und Beratungen am Ende der Behandlung einige wenige Stunden dafür vorgesehen sind, ist das noch längst nicht überall der Fall. Kurzberatungen ohne zeitliche Terminvorgaben haben dieses Problem nicht; man hat die freie Wahl, am Ende der Beratung einige Stunden zu staffeln oder die Sitzungen langsam auslaufen zu lassen: Von einmal pro Woche über einmal alle vierzehn Tage bis hin zu einmal im Monat. Ein Klient kann so ausprobieren, inwieweit er unabhängig vom Berater in der Lage ist, seine neu erlernten Fähigkeiten und Bewältigungsstrategien in die Praxis umzusetzen. Die Art und Weise, wie Sie eine Beratung oder Therapie beenden, hängt von jeder Klientin und jedem Klienten im einzelnen ab: Schweregrad der Probleme, Temperament und Lernstile. Es empfiehlt sich, Art der Hausaufgaben und Art des "Abschieds" miteinander zu verbinden, um positive Entwicklungsschritte einer nochmaligen Prüfung zu unterziehen und zu konsolidieren.

Budman und Gurman (1988) plädieren für ein gestaffeltes Ende, das es Klienten ermöglicht, ihren Fokus langsam von der Beratung weg auf das Leben "draußen" zu richten. Darüber hinaus legen sie in ihrem Modell die Betonung auf Beratung als fortlaufenden Prozeß: Klienten haben die Möglichkeit, die gemeinsame Arbeit zu einem späteren Zeitpunkt mit einem neuen Thema wiederaufzunehmen. Beratung wird als ein relativ enger Bereich im Leben eines Menschen betrachtet, geeignet für bestimmte Entwicklungs- und Beziehungskrisen sowie existentielle Krisen. Sofern Sie nach diesem Konzept entweder in einer Klinik oder in eigener Privatpraxis arbeiten, möchten wir Sie bitten, über die Vorzüge dieses Ansatzes und die therapeutische Ethik, die sich dahinter verbirgt, nachzudenken. Diese Art des Arbeitens ist für eine breite Schicht unserer Klientel geeignet, sie ist kosteneffektiv sowohl für Klienten als auch Beratungsstellen, die ihre therapeutischen Dienste anbieten, kann aber für den Berater oder die Beraterin mit Schwierigkeiten verbunden sein. Viele Berater arbeiten in der Tat nur sporadisch, sie behandeln einen Klienten über wenige Monate, legen dann eine Pause ein, um die Arbeit für weitere Wochen oder Monate wiederaufzunehmen. Die Gründe hierfür sind zum Teil in den spezifischen Problemen der Klientinnen und Klienten, zum Teil in deren finanzieller Situation zu suchen.

Wie steht es mit Follow up-Untersuchungen? Es gibt Berater, die es sich zur Regel gemacht haben, eine einzige Follow up-Sitzung nach drei, vier oder sechs Monaten nach Beendigung der Beratung zu vereinbaren, um nachzuprüfen, inwieweit sich die Fortschritte des Klienten stabilisiert bzw. konsolidiert haben. Klient oder Klientin haben wiederum die Möglichkeit, über das, was sie gelernt haben, nachzudenken. Viele ehemalige Klienten empfinden es als sehr wohltuend und unterstützend zu wissen, daß der Berater weiterhin Interesse an ihrem Wohlbefinden hat und auch in der Zukunft zur Verfügung stehen wird. Als Berater wiederum haben Sie Gelegenheit, Ihre eigene Arbeit einer kritischen Prüfung zu unterziehen; eventuell erfahren Sie im nachhinein, welche Ihrer Interventionen am hilfreichsten empfunden wurden bzw. welche nicht. Eine wichtige Funktion derartiger Nachfolgesitzungen liegt in ihrer verstärkenden Wirkung, mit der Fortschritte aus früheren Sitzungen stabilisiert werden. Es bleibt Ihnen überlassen, ob Sie es bei diesen Nachuntersuchungen bei einer einzigen Sitzung belassen oder mehrere Stunden dafür veranschlagen wollen.

Wir denken, daß die Vielzahl unterschiedlicher "Abschiedsmodi", von denen wir hier ansatzweise einige vorgestellt haben, unsere Überzeugung widerspiegelt, daß es den richtigen Weg, eine Beratung oder Therapie zu beenden, nicht gibt. Vorstellungen über korrektes Beginnen und Beenden einer Therapie haben in manchen Therapiekonzepten sowie Ausbildungsinstituen fast schon etwas geheimnisvoll-mystisches an sich. Wir plädieren eher dafür, empathisch auf die Bedürfnisse des Klienten zu reagieren sowie Arrangements dieser Art vom Temperament, Lernstil, Erwartung und Brieftasche des Klienten abhängig zu machen. Wir sind uns sehr wohl im klaren darüber, daß auf Berater und Therapeuten (auch jene, die privat praktizieren) starker Druck ausgeübt wird, ihre Arbeit entweder prompt zu erledigen oder einen Klienten über längere Zeit hinweg zu behandeln. Wir möchten all jene, die in diesem Bereich tätig sind (ob als Berater und Therapeuten oder Leistungszuwender) auffordern, jene Flexibilität, die es uns ermöglicht, auf die verschiedensten Klienten mit ihren unterschiedlichen Bedürfnissen angemessen zu reagieren, nicht geringzuschätzen.

Wenn Sie den Eindruck haben, Ihre Klienten haben einige der wesentliche Ziele erreicht und wissen nun, um was es in einer Beratung geht, fragen Sie sie, welches in ihren Augen die bestmögliche Art ist, sich voneinander zu verabschieden.

Beleuchten Sie Vor- und Nachteile der unterschiedlichen Modi, Ihre Arbeit mit Klienten zu beenden und stützen Sie sich bei Ihrer Entscheidung auf die individuellen Bedürfnisse Ihrer Klienten. Inwieweit entsprechen die unterschiedlichen Modelle (wie feste Schlußtermine und gestaffelte Sitzungen am Schluß) Ihren persönlichen Präferenzen? Ziehen Sie die Möglichkeit fortlaufender Beratungen nach zeitlicher Unterbrechung sowie Nachfolgeuntersuchungen in Erwägung.

79. Trennungsschmerz und Verlustängste

Vertreter der psychodynamisch orientierten Psychotherapie werden in der Endphase der Behandlung in der Regel verstärkt auf Verlustängste und andere Gefühle als Reaktion auf die bevorstehende Trennung achten. (Ähnlich wie bei bei bevorstehenden Ferien und Unterbrechungen der Beratung.) Unserer Erfahrung nach erleben Klienten Trennung und Verlust höchst unterschiedlich. Diese Meinung vertritt auch Garfield (1989), demzufolge das Ende einer Kurzberatung als etwas Natürliches, nicht Traumatisches erfahren. Angesichts der kurzen Dauer einer Kurzberatung ist ein sehr intimer Kontakt zwischen Berater und Klient eher unwahrscheinlich; selbst dort, wo sehr enge Bande bestehen, werden diese durch die Betonung der Zielsetzung und Verfolgung von Problemlösestrategien modifiziert. Machen Sie sich nicht zum zusätzlichen Problem Ihrer Klienten, indem Sie sie in Abhängigkeit halten. Ebensowenig sollen Sie sich unnahbar gebärden, allerdings sind wir hier mit Mahrer (1989) einer Meinung, der das Hauptanliegen einer Beratung darin sieht, den Klienten mit seiner inneren Welt in Berührung zu bringen, Veränderungen zu wagen und in die Wege zu leiten, und nicht eine besondere Beziehung zum Therapeuten aufzubauen. Wenn Sie Budman und Gurmans (1988, 11) Ansicht teilen, daß "in der Welt sein" wichtiger sei als "in Therapie sein", werden Sie sich während des gesamten Beratungsverlaufs dieser Haltung gemäß verhalten. Sind Sie eher Anhänger eines Langzeit-Beratungs- bzw. -Therapiemodells, das auf Übertragung und Gegenübertragung basiert, werden Sie der Beziehung zwischen Klient und Therapeut einen weitaus höheren Stellenwert beimessen und nicht so sehr auf Fortschritte in der Bewältigung des Alltags achten.

Obwohl (oder gerade weil) wir weiter oben davon sprachen, daß Klienten einer Kurzberatung unserer Erfahrung nach das Ende der gemeinsamen Arbeit als relativ untraumatisch empfinden, müssen wir an dieser Stelle auch jene Klienten und Klientinnen erwähnen, die den Abschied vom Berater als sehr schwierig erleben. Alte Trennungserfahrungen werden wieder wachgerufen; die Überzeugung, ohne Sie nicht zurechtzukommen, gewinnt plötzlich Oberhand. Als Berater täuscht man sich zuweilen über den vermeintlichen Fortschritt von Klienten; solange sie Rücksprache mit Ihnen halten können, läuft die Beratung sehr gut. Die Vorstellung jedoch, allein weitermachen zu müssen, läßt in ihnen ein Gefühl absoluter Verlassenheit und Unfähigkeit entstehen. In diesem Fall besteht Ihre Aufgabe darin, ihnen all das ins Gedächtnis zu rufen, was sie alles geschafft, wieviel sie gelernt haben, um es auf die verschiedensten Situationen anwenden zu können, und wie wichtig es ist, diese Erfolge auf den Alltag zu übertragen. Sofern Hausaufgaben zu Ihrem behandlungstechnischen Inventar gehören, ist der Grundstock für selbständiges Weiterarbeiten bereits gelegt. Haben Sie nicht mit Hausaufgaben gearbeitet, sollten Sie dem Klienten andere Mittel und Wege zur Verfügung stellen, an seinen Problemen allein weiterzuarbeiten.

Eine Möglichkeit, all jene Gefühle auszudrücken, die mit dem Ende einer Beratung und der Trennung vom Therapeuten einhergehen, ist, sie niederzuschreiben. Abschiedsbriefe, wie sie sich Therapeut und Klient in der kognitiv-analytischen Therapie schreiben, ist ein hervorragendes Beispiel hierfür (siehe Anhang 7). Schreiben kanalisiert, ordnet und rückt Gefühle in die richtige Perspektive. Sie werden auf Ihre eigene Art und Weise mit den starken Gefühlen ihrer Klienten umgehen. Wenn Sie humanistisch arbeiten, gehören starke und intensive Gefühle zum vordringlichen Bestandteil Ihrer Arbeit, was Ihren Klienten wiederum hilft, diese Qualität von Gefühlen und Affekten als normal und verständlich zu erleben, nicht als Bedrohung für die eigene Integrität oder Fähigkeit, das Leben zu meistern. Manche Berater (z. B. Mearns und Thorne 1988) scheuen sich nicht, ihren eigenen Gefühlen von Trauer über das erreichte Ende der Zusammenarbeit Ausdruck zu verleihen; sie geben so ihren Klienten das Gefühl und die Gewißheit, Emotionen dieser Art erleben und annehmen zu dürfen und sie überleben zu können! Der Schlüssel hier, wie immer im Umgang mit Klienten, ist Flexibilität gegenüber den Bedürfnissen eines jeden einzelnen Klienten sowie Ehrlichkeit und Treue dem eigenen Arbeitsstil gegenüber.

Erwarten Sie nicht, daß all Ihre Klienten auf die gleiche Art und Weise auf den bevorstehenden Abschied reagieren. Ermutigen Sie sie, das, was an Gefühlen und Inhalten hochkommt, für den weiteren Lernprozeß zu nützen. Lassen Sie alle Gefühle zu, denen sich Ihre Klienten am Ende Ihrer gemeinsamen Arbeit ausgesetzt sehen.

80. Rückblicke und Ausblicke

"Viele entscheidende Veränderungen setzen erst nach Beendigung der Therapie ein; der Therapeut weiß, daß er nicht mehr Zeuge dieser Entwicklungen sein wird und akzeptiert dies" (Budman und Gurman 1988, 11). Er ist zufrieden, den Klieten auf seinem Weg zu begleiten anstatt eine mystische, symbiotische Zweierbeziehung zu pflegen. Wenn Sie in einem kurztherapeutischen Setting arbeiten, das auf die Stärkung der "erwachsenen Anteile" der Lernentwicklung im Klienten baut, werden Sie nicht selten darauf verzichten müssen, dramatische und befriedigende Entwicklungsschritte Ihrer Klienten miterleben zu dürfen. Je mehr Sie selbst von der Wirkkraft derartiger Nachfolgeprozesse überzeugt sind, desto vertrauensvoller werden sich Ihre Klienten darauf einlassen, die in der Beratung erzielten Erfolge in Handlungen umzusetzen.

In Melges (1982) Konzept einer zukunftsorientierten Psychotherapie nimmt der Aspekt Zukunft einen zentralen Stellenwert ein. Seiner These zufolge sind hauptsächlich temporäre Wahrnehmungsverzerrungen für die Psychopathologie von Menschen verantwortlich. In seinem Modell ekklektischer Kurzpsychotherapie versucht er, verzerrte Wahrnehmung in bezug auf die Zukunft zu korrigieren. Auch wenn Sie sich in Ihrem Ansatz nicht in dieser Richtung orientieren, so verfolgen implizit doch alle Beratungsmodelle das Ziel, aus einer unbefriedigenden Vergangenheit oder Gegenwart eine zufriedenstellendere Gegenwart oder Zukunft zu machen. Die Transaktionsanalyse etwa arbeitet mit der Prämisse, lebenslang wirksame Skripts durch "Umentscheidungen" verändern zu können sowie dadurch, "sich voll und ganz auf das Hier und Jetzt einzulassen".

Alle Beratungsmodelle sollten über einen integrierten Mechanismus verfügen, der es Klienten ermöglicht, sich zu Ihren eigenen Beratern zu entwickeln. In einigen Ansätzen wird dieses Ziel explizit verfolgt. In der Rational-Emotiven Therapie etwa, in der Klienten lernen sollen, ihre irrationalen Überzeugungen zu überprüfen und zu konfrontieren, wird großes Gewicht auf Hausaufgaben gelegt. Die klientenzentrierte Therapie verfolgt vielleicht das gleiche Ziel, wenn auch auf anderen Wegen. Gendlin (1984, 76) diskutiert das Konzept des "Klienten des Klienten" und erklärt, wie ein Klient lernt "hinzuspüren" und so Meisterschaft darin erlangt, einen Schritt vor den anderen zu setzen, was wiederum neue Erfahrungen einleitet. Der Klient wird zu seinem eigenen Klienten und Berater. Wir haben bereits an früherer Stelle darauf hingewiesen, daß es mitunter sehr sinnvoll sein kann, sich ein inneres Bild vom Therapeuten zu machen und es als eine Art Übergangsobjekt zu nützen. Diese imaginative Technik mag für manche Klienten in der Endphase der Beratung sehr hilfreich sein; wünschenswerter wäre allerdings, wenn auf diese "äußeren" Interventionen verzichtet werden könnte und stattdessen auf bereits internalisierte Mittel und Wege zurückgegriffen werden kann, das Leben lebenswerter zu gestalten. Unterstützen Sie Ihre Klienten in Ihren Hoffnungen und Erwartungen auf weitere Veränderung; nehmen Sie dabei Bezug auf die allgemeinen Lerngesetze des Menschen: Wir hören nicht auf zu lernen, wenn wir eine bestimmte Situation verlassen. Viele Menschen lernen mehr, nachdem sie ihre Schulzeit beendet haben. Autofahren lernen wir offiziell in der Fahrschule, das Eigentliche jedoch – allein unterwegs zu sein, ohne den Schutz eines "Anfänger"-Aufklebers – erst nach der Fahrprüfung. Analogien dieser Art sind oft nützlich bei Klienten, die von Zweifeln geplagt werden. In ähnlicher Weise könnte den Zweifeln jener Klienten entgegengetreten werden, die sich eher am "medizinischen" Modell (Richert 1983) orientieren (um auf ein früheres Kapitel dieses Buches Bezug zu nehmen, in dem die Unterschiedlichkeit von Klienten angesprochen wurde): Weisen Sie sie auf entsprechende Fachliteratur aus Pädagogischer Psychologie und Beratungspsychologie hin, in der bestätigt wird, daß Lernprozesse auch über formelle Lernsituationen hinausgehen. Achten Sie darauf, daß Ihre Kommentare, in denen Sie Bezug auf zukünftige Entwicklungen Ihrer Klienten nehmen, deren jeweiliger Lebenssituation entsprechen; es wäre unangebracht, einem hochbetagten Klienten vor Augen zu halten, daß "es in Zukunft noch eine Menge Dinge gebe, auf die er sich freuen könne". Angemessener wäre: "Sie haben einen langen Weg zurückgelegt", oder "Es scheint, als hätten Sie nun jene Ruhe und Zufriedenheit gefunden, die Sie so lange gesucht haben".

Unterstützen Sie Ihre Klienten in ihren Hoffnungen und Wünschen für die Zukunft; rufen Sie ihnen ihre Lernerfolge ins Gedächtnis zurück und erinnern Sie sie daran, wie sie Hindernisse und andere Dinge erfolgreich bewältigt haben.

81. Bilanzen

Kontinuierliches Reflektieren über die gemeinsame Arbeit während des gesamten Beratungsprozesses sowie regelmäßiges Feedback seitens des Klienten bedeutet im Grunde nichts anderes, als die eigene Arbeit und die Fortschritte des Klienten einer eingehenden Prüfung zu unterziehen. Fragen an den Klienten nach der Angemessenheit des konzeptionellen Ansatzes sowie der Nützlichkeit der Beziehung zum Berater sind Elemente des nun stattfindenden Evaluierungsprozesses. Narrensichere Informationen liefern diese Fragen zwar nicht; Klienten könnten fürchten, Sie zu beleidigen, sich negativer Faktoren nicht bewußt sein usw. – als Hinweis dafür, wie die Behandlung fortschreitet, sind sie durchaus verwendbar. Zu diesem Zweck eignet sich auch ein einfaches Erfolgsdiagramm (siehe Anhang 6).

Garfield (1989) schlägt eigene Formulare zur Fallbeurteilung nach beendeter Therapie vor (siehe Anhang 8). Der Wert derartiger Beurteilungstechniken liegt darin, als Berater oder Therapeut aus jedem einzelnen Fall seine entsprechenden Lehren ziehen zu können sowie sich einer regelmäßigen Selbstbeurteilung zu unterziehen. Garfield zufolge sollten Berater und Therapeuten insbesondere auf weniger positive Entwicklungen achten, da man leicht der Versuchung erliege, diese übersehen zu wollen. Die Vorstellung, Ihre Arbeit nach formalen Kriterien zu beurteilen, mag Ihnen mißfallen, allerdings sind wir der Auffassung, daß Sie durch die Ausarbeitung eigener "Forschungskriterien" eine Menge lernen werden. Hat der Klient seine Ziele annähernd erreicht? Hat er sich nennenswert verändert? Ist er auf seine Kosten gekommen? Wie können die Ergebnisse des Klienten interpretiert werden? Was an Interventionen wäre effektiver gewesen? Habe ich Fehler gemacht? Was habe ich aus der Zusammenarbeit mit diesem Menschen gelernt?

Wir haben bereits an anderer Stelle darauf hingewiesen, daß es angebrachter ist, Fehler zuzugeben und zu akzeptieren als durch ihre Verleugnung das Problem nur noch zu verschlimmern. Messen Sie Ihren Fehlern weder zuviel noch zu wenig Bedeutung bei, sondern setzen Sie sie immer in Relation zum jeweiligen Geschehen; versuchen Sie, aus Ihren Fehlern zu lernen und zeigen Sie Ihren Klienten, daß Fehler auch korrigiert werden können. Geben Sie ihnen zu verstehen, daß Ihnen ihr Wohlergehen mehr am Herzen liegt als therapeutischer Perfektionismus. In seiner Studie über Negativeffekte in Kurzzeittherapien zieht Sachs (1983) den Schluß, daß negative Ergebnisse eindeutig auf Fehler des Therapeuten zurückzuführen sind. Davis (1989) folgerte daraus, daß man als Therapeut besser daran täte, die Anzahl der Fehler so gering wie möglich zu halten anstatt nach therapeutischer Perfektion zu streben. Am besten geschieht dies durch ständige Überprüfung der Arbeit (etwa in Form von Tonbandaufzeichnungen), regelmäßigen Fallbesprechungen in der Supervision sowie Feedback von seiten des Klienten. Seien Sie dabei offen für eigene Lernerfahrungen.

Was brauche ich für meinen Stil des therapeutischen Arbeitens? Was vermeide oder wehre ich ab? Welches Material stelle ich in der Supervision vor? Wir hoffen, mit dem Inhalt dieses Buches zur Beantwortung dieser Fragen unseren

Teil beitragen zu können. Sie werden nicht in allem mit uns einer Meinung sein; wenn dies jedoch als Anregung für weitere Reflexionen verstanden wird, dann, so glauben wir, hat dieses Buch seinen Sinn erfüllt.

Arbeiten Sie eine Methode zur Fallevaluierung aus, die eine Selbstbeurteilung einschließt und zur Fehlerreduzierung beiträgt. Ziehen Sie entsprechende Schlüsse und Lehren aus der Arbeit mit jedem einzelnen Klienten und besprechen Sie die Fälle in der Supervision.

Nachwort

Vom Ausbildungskandidaten zum eigenverantwortlich arbeitenden Berater und Therapeuten – ein schwieriger Übergang voller Chancen und Risiken, der nicht nur neue Horizonte eröffnet, sondern auch zahlreiche Fragen aufwirft. Dieses sehr an der Praxis orientierte Buch soll angehenden Beratern und Therapeuten als Anregung dienen, sich mit den vielfältigen Aspekten ihrer Arbeit sowie den damit verbundenen Problemen und Fragestellungen auseinanderzusetzen. Wer sich mit bestimmten Themen, die in diesem Rahmen nur angeschnitten werden konnten, etwas näher beschäftigen möchte, sei an Windy Drydens "Key Issues for Counselling in Action" (1989) verwiesen.

Von der Theorie zur Praxis, von der eigenen Praxis in die Supervision – diesen Weg legen Berufsneulinge zu Beginn ihrer praktischen Laufbahn immer wieder zurück. Wer allerdings nicht nur seinen eigenen therapeutischen oder beraterischen Mikrokosmos ausleuchten will, sondern sich auch dafür interessiert, was in der großen weiten Welt der Psychotherapie und Beratung passiert, hat die Möglichkeit, eine der zahlreichen Fachzeitschriften zu Rate zu ziehen. Ein Standardwerk zur Psychotherapie und Beratung ist Garfield und Bergins "Handbook of Psychotherapy and Behavior Change" mit seinen Ausführungen zur Theorie und Praxis psychotherapeutischen Vorgehens. *

Klassiker wie das DSM-III-R (Diagnostic and Statistic Manual) in seiner überarbeiteten dritten Auflage sowie das ICD 10 (International Classification of Diseases) als Grundlagenwerke zur Diagnostik und Klassifikation psychischer Störungen sollen hier nur der Vollständigkeit halber aufgeführt werden. Viele Berater halten nicht sehr viel von derartigen Klassifikationsschemata, die in manchen Fällen in der Tat sehr befremdlich anmuten. Angemessene Kritik ist allerdings erst möglich, wenn man sich mit der entsprechenden psychiatrischen Terminologie vertraut gemacht hat.

Unser Dank gebührt den Autoren des folgenden Materials, dessen Veröffentlichung und Wiederverwendung uns im Anhang dieses Buches ermöglicht wurde:

Anhang 1: Veränderungsfragebogen, J.Prochaska

Anhang 2: Fragebogen zu Meinungen über psychologische Probleme (Teil 1: Ursachen für psychologische Probleme). Chris Barker, Nancy Pistrang und David A. Shapiro, unveröffentlichtes Manuskript, Department of Psychology, Universitiy College London, Gower St., London WC1E 6BT.

---

* Für den deutschen Sprachraum bietet sich z. B. an: L. Brem-Gräser, Handbuch der Beratung für helfende Berufe. München/Basel 1993

Anhang 3: Fragebogen zu Meinungen über psychologische Probleme (Teil 2: Hilfe für psychologische Probleme). Chris Barker, Nancy Pistrang and David A. Shapiro, unveröffentlichtes Manuskript, Department of Psychology, University College London, Gower St., London WC1E 6BT.

Anhang 4: Fragebogen zu möglichen Ursachen für unvollständig erledigte Hausaufgaben. Professor Windy Dryden (1990) Rational-Emotive Therapie in der Praxis. London: Sage.

Anhang 7: Muster für "Abschiedsbriefe aus der Therapie". Dr. A. Ryle (1990) Cognitive-Analytic Theory: Active Participation in Change. Chichester: Wiley, Seiten 43 und 47. Veröffentlicht mit Genehmigung von John Wiley & Sons Ltd.

Anhang 8: Formular zur Fallauswertung. Professor S.L. Garfield (1989) The Practice of Brief Psychotherapy. Oxford: Pergamon, S. 132.

Unser Dank gebührt ebenfalls Pat Bizley, der so freundlich war, uns statistisches Material zur Aufnahme psychotherapeutischer Beratungen am Leicester Polytechnic Counselling and Welfare Service zur Verfügung zu stellen.

Anhang 1

Fragebogen zu den einzelnen Phasen des Veränderungsprozesses

Veränderungsfragebogen

Name: _____

Jeder der unten aufgeführten Kommentare beschreibt eine mögliche Einstellung einer Person zu ihren Problemen. Bitte kreuzen Sie an, inwieweit jeder der einzelnen Kommentare auf Sie zutrifft oder nicht. Richten Sie sich in Ihren Antworten nach Ihrer *gegenwärtigen* Situation, nicht danach, was Ihnen an Gefühlen aus der Vergangenheit bekannt ist oder was Sie sich für die Zukunft wünschen. Zu jedem Punkt gibt es *fünf* mögliche Antworten:

1 = Gar nicht einverstanden (GN)
2 = Nicht einverstanden (N)
3 = Unentschlossen (U)
4 = Einverstanden (E)
5 = Sehr einverstanden (SE)

Kreuzen Sie jene Ziffer an, die Ihre Einstellung zum jeweiligen Punkt am treffendsten widergibt.

	GN	N	U	E	SE
1 Ich habe keine Probleme, die in Angriff genommen werden müßten	1	2	3	4	5
2 Es würde mir nicht schaden, über bestimmte Dinge nachzudenken	1	2	3	4	5
3 Ich bin gerade dabei, jene Probleme zu bearbeiten, die mich seit geraumer Zeit beschäftigen	1	2	3	4	5
4 Es würde sich lohnen, meine Probleme zu bearbeiten	1	2	3	4	5
5 Ich hab's nicht mit Problemen. Ich sehe auch nicht viel Sinn darin, hier zu sein	1	2	3	4	5
6 Ich habe Angst, auf eine Stufe zurückzufallen, die ich eigentlich schon für überwunden angesehen hatte; deshalb arbeite ich an meinen Problemen	1	2	3	4	5
7 Ich habe endlich meine Probleme in Angriff genommen	1	2	3	4	5
8 Es könnte durchaus sein, daß ich etwas an mir ändern möchte	1	2	3	4	5
9 Ich habe meine Probleme erfolgreich in Angriff genommen, bin aber nicht sicher, ob ich ohne fremde Hilfe durchhalten werde	1	2	3	4	5

	GN	N	U	E	SE

10 Die Probleme, die ich habe, sind manchmal schwierig, aber ich arbeite an ihnen · · · · · 1 2 3 4 5

11 Ich halte es für Zeitverschwendung, mich mit Problemen auseinanderzusetzen; sie haben nichts mit mir zu tun · · 1 2 3 4 5

12 Ich setze mich mit meinen Problemen auseinander, um mich selbst besser zu verstehen · · · 1 2 3 4 5

13 Ich habe sicher Fehler, aber es gibt nichts, das ich wirklich ändern müßte · · · 1 2 3 4 5

14 Ich arbeite wirklich hart daran, mich zu ändern · · · 1 2 3 4 5

15 Ich habe Probleme, und ich glaube, ich sollte versuchen, sie zu lösen · · · 1 2 3 4 5

16 Ich bleibe nicht dran an dem, was ich breits erreicht habe und was ich noch ändern will; ich versuche, einen Rückfall in meine alten Probleme zu verhindern · · · 1 2 3 4 5

17 Ich bin zwar nicht immer erfolgreich, aber immerhin arbeite ich an meinen Problemen · · · 1 2 3 4 5

18 Ich dachte, wenn ich meine Probleme einmal gelöst hätte, wäre ich sie los, aber manchmal merke ich, daß ich mich immer noch mit ihnen herumschlage · · · 1 2 3 4 5

19 Ich wünschte, ich hätte mehr Einfälle, wie ich meine Probleme lösen kann · · · 1 2 3 4 5

20 Ich habe meine Probleme in Angriff genommen, aber ich hätte gerne Unterstützung dabei · · · 1 2 3 4 5

21 Vielleicht kann mir jemand helfen · · · 1 2 3 4 5

22 Gerade jetzt bräuchte ich seelischen Zuspruch, um das, was ich erreicht habe, auch zu halten · · · 1 2 3 4 5

23 Ich habe vielleicht eigene Anteile am Problem, glaube es aber nicht wirklich · · · 1 2 3 4 5

24 Ich hoffe, daß mir jemand einen guten Rat geben kann · · · 1 2 3 4 5

25 Reden kann man viel; ich tue etwas, um die Dinge zu ändern · · · 1 2 3 4 5

26 Dieses psychologische Gerede ist langweilig; warum können die Menschen ihre Probleme nicht einfach vergessen? · · · 1 2 3 4 5

27 Ich versuche gerade, einen Rückfall in meine alten Probleme zu verhindern · · · 1 2 3 4 5

28 Es ist frustrierend, aber ich habe das Gefühl, daß ein Problem, das ich überwunden geglaubt hatte, mich wieder einholt · · · 1 2 3 4 5

29 Ich habe zwar Sorgen, aber da geht es mir nicht anders als dem nächsten, der diesen Fragebogen ausfüllt. Warum soll ich also Zeit vergeuden, darüber nachzudenken? · · · 1 2 3 4 5

30 Ich arbeite an meinen Problemen · · · 1 2 3 4 5

	GN	N	U	E	SE
31 Ich möchte lieber mit meinen Fehlern auskommen, als zu versuchen, sie zu ändern		1	2	3	4	5
32 Trotz aller Lösungs- und Änderungsversuche tauchen meine Probleme in zeitlichen Abständen immer wieder auf		1	2	3	4	5

Die einzelnen Veränderungsstufen der Persönlichkeitsentwicklung

Items der Prä-Kontemplation:
1, 5, 11, 13, 23, 26, 29, 31

Items der Kontemplation:
2, 4, 8, 12, 15, 19, 21, 24

Items des Handelns:
3, 7, 10, 14, 17, 20, 25, 30

Items der Konsolidierung:
6, 9, 16, 18, 22, 27, 28, 32

Der Fragebogen mißt eine Verlaufsänderung. Es können also in mehr als nur einer Veränderungsphase hohe Punktwerte erreicht werden. Aussagen darüber, ob eine Versuchsperson hoch, mittel oder niedrig skaliert, können nicht getroffen werden, da der Fragebogen noch nicht endgülig validiert ist und somit entsprechende Normierungen fehlen. Er ist daher nur für Forschungszwecke geeignet.

Anhang 2

Einstellungsfragebogen zu psychologischen Problemen: Ursachen psychologischer Probleme

Einstellungen zu psychologischen Problemen

Dieser Fragebogen besteht aus zwei Teilen. Im ersten Teil wird danach gefragt, wo Sie die *Ursachen* für Ihre Probleme ansiedeln; im zweiten geht es um die Beurteilung möglicher *Lösungsansätze*.

Psychologische Probleme und ihre Ursachen

Menschen vertreten unterschiedliche Ansichten darüber, wo die Ursachen für psychologische Probleme zu suchen sind. Die folgenden Punkte fragen danach, wo Sie persönlich die Ursachen für *Ihre* Probleme ansiedeln. Es gibt keine richtigen oder falschen Antworten: Es zählt nur Ihre Meinung. Benützen Sie bitte folgende Skala und entscheiden Sie für jeden einzelnen der unten aufgeführten Kommentare, inwieweit Sie sich einverstanden erklären oder nicht. Kreuzen Sie pro Punkt nur eine Ziffer an.

Stimmt überhaupt nicht	Stimmt nicht	Stimmt weniger	Stimmt etwas	Stimmt	Stimmt völlig
–3	–2	–1	+1	+2	+3

Ursache(n) für meine Probleme ist (sind)

1 Verschüttete Gefühle — –3 –2 -1 +1 +2 +3

2 Irrationale Überzeugungen — –3 –2 -1 +1 +2 +3

3 Andere Menschen, die mich nicht so akzeptieren, wie ich bin –3 –2 -1 +1 +2 +3

4 Meine übermäßige Angst, die mich in bestimmten Situationen überfällt — –3 –2 -1 +1 +2 +3

5 Störungen der Hirnfunktionen oder des Nervensystems — –3 –2 -1 +1 +2 +3

6 Zu viel Grübeln darüber, was andere von mir denken — –3 –2 -1 +1 +2 +3

7 Die Bedeutung dessen überschätzen, was passieren kann — –3 –2 -1 +1 +2 +3

8 Arbeitslosigkeit oder mangelnde Befriedigung am Arbeitsplatz — –3 –2 -1 +1 +2 +3

9 Erlebnisse aus der Kindheit — –3 –2 -1 +1 +2 +3

10 Jahrelanges Lernen schlechter Gewohnheiten — –3 –2 -1 +1 +2 +3

11 Vererbung — –3 –2 -1 +1 +2 +3

12 Wiederholung alter Beziehungsmuster — –3 –2 -1 +1 +2 +3

13 Das Verbergen von Gefühlen vor Freunden und Familie — –3 –2 -1 +1 +2 +3

Stimmt überhaupt nicht	Stimmt nicht	Stimmt weniger	Stimmt etwas	Stimmt	Stimmt völlig
–3	–2	–1	+1	+2	+3

14 Finanzielle Schwierigkeiten   –3 –2 -1 +1 +2 +3

15 Davonlaufen vor Verantwortung   –3 –2 -1 +1 +2 +3

16 Unterdrücken von elementaren menschlichen Impulsen   –3 –2 -1 +1 +2 +3

17 Zu viel Grübeleien über mich selbst   –3 –2 -1 +1 +2 +3

18 Falsch gelernte Reaktionen in bestimmten Situationen   –3 –2 -1 +1 +2 +3

19 Schlechte Verkehrsverbindungen   –3 –2 -1 +1 +2 +3

20 Mangelnde Wahrnehmung meiner Gefühle   –3 –2 -1 +1 +2 +3

21 Übermäßige Strenge mit mir selbst   –3 –2 -1 +1 +2 +3

22 Mangelnde Entschlußkraft   –3 –2 -1 +1 +2 +3

23 Mangelnde Akzeptanz meiner eigenen Person gegenüber   –3 –2 -1 +1 +2 +3

24 Konflikthafte Gefühle meinen Eltern gegenüber als ich noch ein Kind war   –3 –2 -1 +1 +2 +3

25 Unzufriedenheit mit den Menschen um mich herum   –3 –2 -1 +1 +2 +3

26 Fehlen eines realistischen Gefühls dafür, was bisher in meinem Leben an Gutem und Schlechtem passiert ist   –3 –2 -1 +1 +2 +3

27 Unbewußte Konflikte   –3 –2 -1 +1 +2 +3

28 Krankheiten wie Erkältung oder Grippe   –3 –2 -1 +1 +2 +3

29 Wirtschaftliche Lage   –3 –2 -1 +1 +2 +3

30 Unrealistische Überzeugungen   –3 –2 -1 +1 +2 +3

31 Belohnungen und Bestrafungen in der Vergangenheit   –3 –2 -1 +1 +2 +3

32 Ständige Gewissensbisse   –3 –2 -1 +1 +2 +3

33 Mangelndes Wohlwollen mir selbst gegenüber   –3 –2 -1 +1 +2 +3

34 Unrealistische Erwartungen   –3 –2 -1 +1 +2 +3

35 Mein Körper, mit dem etwas nicht stimmt   –3 –2 -1 +1 +2 +3

36 Kein Zugang zu meinen wahren Gefühlen   –3 –2 -1 +1 +2 +3

37 Faulheit   –3 –2 -1 +1 +2 +3

38 Nicht richtig gelernt, wie man mit bestimmten Situationen angemessen umgeht   –3 –2 -1 +1 +2 +3

39 Unehrlichkeit mir selbst gegenüber   –3 –2 -1 +1 +2 +3

40 Andere Menschen mit ihrer Uneinsichtigkeit   –3 –2 -1 +1 +2 +3

41 Grundlos mich selbst "runterzuziehen"   –3 –2 -1 +1 +2 +3

42 Schlechte Wohnverhältnisse   –3 –2 -1 +1 +2 +3

Stimmt überhaupt nicht	Stimmt nicht	Stimmt weniger	Stimmt etwas	Stimmt	Stimmt völlig
-3	-2	-1	+1	+2	+3

43 Fehlende Homöostase meines Körpers $\quad$ -3 -2 -1 +1 +2 +3

44 Unglück oder Schicksal $\quad$ -3 -2 -1 +1 +2 +3

45 Von jemandem falsch gelernt, Dinge anzugehen $\quad$ -3 -2 -1 +1 +2 +3

46 Unbefriedigende Beziehungen zu anderen $\quad$ -3 -2 -1 +1 +2 +3

47 Die Ursachen meiner Probleme können nicht erklärt werden $\quad$ -3 -2 -1 +1 +2 +3

Wenn Sie der Meinung sind, es gibt noch andere wichtige Gründe als jene oben aufgeführten, nennen Sie sie bitte hier:

Einstellungen zu psychologischen Problemen

Ätiologie

Die Ursachen meiner Probleme sind

Psychodynamisch

1 Verschüttete Gefühle
9 Erlebnisse in der Kindheit
12 Wiederholung alter Beziehungsmuster
16 Unterdrücken von elementaren menschlichen Impulsen
24 Konflikthafte Gefühle meinen Eltern gegenüber als ich noch ein Kind war
27 Unbewußte Konflikte
32 Ständige Gewissensbisse

Humanistisch / Interpersonal

3 Andere Menschen, die mich nicht so akzeptieren, wie ich bin
13 Das Verbergen von Gefühlen vor Freunden und Familie
20 Mangelnde Wahrnehmung meiner Gefühle
23 Mangelnde Akzeptanz meiner eigenen Person gegenüber
33 Mangelndes Wohlwollen mir selbst gegenüber
36 Kein Zugang zu meinen wahren Gefühlen
39 Unehrlichkeit mir selbst gegenüber
46 Unbefriedigende Beziehungen zu anderen

Lerngeschichtlich bedingt

4 Meine übermäßige Angst, die mich in bestimmten Situationen überfällt
10 Jahrelanges Lernen schlechter Gewohnheiten

18 Falsch gelernte Reaktionen in bestimmten Situationen
31 Belohnungen und Bestrafungen in der Vergangenheit
38 Nicht richtig gelernt, wie man mit bestimmten Situationen angemessen umgeht
45 Von jemandem falsch gelernt, Dinge anzugehen

Kognitiv

2 Irrationale Überzeugungen
6 Zu viel Grübeln darüber, was andere von mir denken
7 Die Bedeutung dessen überschätzen, was passieren kann
21 Übermäßige Strenge mit mir selbst
26 Fehlen eines realistischen Gefühls dafür, was bisher in meinem Leben an Gutem und Schlechtem passiert ist
30 Unrealistische Überzeugungen
34 Unrealistische Erwartungen
41 Grundlos mich selbst "runterzuziehen"

Organisch

5 Störungen der Hirnfunktionen oder des Nervensystems
11 Vererbung
28 Krankheiten wie Erkältung oder Grippe
35 Mein Körper, mit dem etwas nicht stimmt
43 Fehlende Homöostase meines Körpers

Sozio-Ökonomisch

8 Arbeitslosigkeit oder mangelnde Befriedigung am Arbeitsplatz
14 Finanzielle Schwierigkeiten
19 Schlechte Verkehrsverbindungen
25 Unzufriedenheit mit den Menschen um mich herum
29 Wirtschaftliche Lage
42 Schlechte Wohnverhältnisse

Unspezifisch

15 Davonlaufen vor Verantwortung
17 Zu viel Grübeleien über mich selbst
22 Mangelnde Entschlußkraft
40 Andere Menschen mit ihrer Uneinsichtigkeit
44 Unglück oder Schicksal
47 Die Ursachen meiner Probleme können nicht erklärt werden

Anhang 3

Einstellungsfragebogen zu psychologischen Problemen: Hilfe für psychologische Probleme

Einstellungen zu psychologischen Problemen

Hilfe für psychologische Probleme

Menschen vertreten unterschiedliche Ansichten darüber, wie psychologische Probleme am besten angegangen werden sollten. Die folgenden Punkte fragen danach, wie Sie selbst Ihre Probleme angehen würden. Es gibt keine richtigen oder falschen Antworten: Es zählt nur Ihre Meinung. Benützen Sie bitte folgende Skala und entscheiden Sie für jedes einzelne der unten aufgeführten Punkte, inwieweit Sie sich einverstanden erklären oder nicht. Kreuzen Sie pro Punkt nur eine Ziffer an.

Stimmt überhaupt nicht	Stimmt nicht	Stimmt weniger	Stimmt etwas	Stimmt	Stimmt völlig
−3	−2	−1	+1	+2	+3

Hilfreich für meine Probleme wäre(n)

1 Die Einstellung: warum sich Sorgen machen, im Vergleich zu anderen geht es mir noch gut   −3 −2 -1 +1 +2 +3

2 Ein Psychologe, der mir beibringt, weniger irrational zu denken   −3 −2 -1 +1 +2 +3

3 Pillen gegen meine Stimmungsschwankungen   −3 −2 -1 +1 +2 +3

4 Mehr Aufmerksamkeit meinen Gefühlen gegenüber entwickeln   −3 −2 -1 +1 +2 +3

5 Meine Probleme in einem offenen und ehrlichen Zweiergespräch besprechen   −3 −2 -1 +1 +2 +3

6 Jene Ursachen meiner Probleme verstehen, die in meiner Kindheit begraben liegen   −3 −2 -1 +1 +2 +3

7 Ein Psychologe, von dem ich lernen kann, wie man in bestimmten Situationen am besten reagiert   −3 −2 -1 +1 +2 +3

8 Medikamente   −3 −2 -1 +1 +2 +3

9 Bessere Wohnverhältnisse   −3 −2 -1 +1 +2 +3

10 Ein Psychologe, der mir meine Träume und Phantasien deutet   −3 −2 -1 +1 +2 +3

11 Besserung der wirtschaftlichen Lage   −3 −2 -1 +1 +2 +3

12 In Zusammenarbeit mit einem Psychologen herausfinden, welche Situationen sich positiv oder negativ auf meine Probleme auswirken   −3 −2 -1 +1 +2 +3

Stimmt überhaupt nicht	Stimmt nicht	Stimmt weniger	Stimmt etwas	Stimmt	Stimmt völlig
–3	–2	–1	+1	+2	+3

13 Mit einem Psychologen über meine Beziehung zu meinen Eltern sprechen, als ich noch ein Kind war   –3 –2 -1 +1 +2 +3

14 Jemand, der mir zuhört, ohne Ratschläge zu erteilen   –3 –2 -1 +1 +2 +3

15 Mir weniger Gedanken darüber machen, was andere über mich denken   –3 –2 -1 +1 +2 +3

16 Mit meinen Problemen leben lernen, anstatt sie ändern zu wollen   –3 –2 -1 +1 +2 +3

17 Von einem Psychologen gezeigt bekommen, von welcher Perspektive aus ich meine Probleme noch betrachten kann   –3 –2 -1 +1 +2 +3

18 Mich akzeptieren lernen, so wie ich bin   –3 –2 -1 +1 +2 +3

19 Nicht ständig über mich nachdenken   –3 –2 -1 +1 +2 +3

20 Eine medizinische Behandlung, um meine körperliche Homöostase wiederherzustellen   –3 –2 -1 +1 +2 +3

21 Ein besseres soziales Umfeld   –3 –2 -1 +1 +2 +3

22 Bewältigungsstrategien für schwierige Sitautionen lernen   –3 –2 -1 +1 +2 +3

23 Meine negativen Gefühle beiseite schieben, um mehr Platz für meine Fröhlichkeit zu schaffen   –3 –2 -1 +1 +2 +3

24 Meine Probleme strategisch, Schritt für Schritt, angehen   –3 –2 -1 +1 +2 +3

25 Lernen, realistischer zu denken   –3 –2 -1 +1 +2 +3

26 Die anderen sich ändern lassen, anstatt selbst etwas zu unternehmen   –3 –2 -1 +1 +2 +3

27 Ein Psychologe, der mir zeigt, wie ich mein Verhalten konkret ändern kann   –3 –2 -1 +1 +2 +3

28 Zugang zu meinen innersten Gefühlen finden   –3 –2 -1 +1 +2 +3

29 Haltung bewahren   –3 –2 -1 +1 +2 +3

30 Mit jemandem, dem ich vertraue, über meine Gefühle sprechen   –3 –2 -1 +1 +2 +3

31 Lernen, meine Probleme von verschiedenen Blickwinkeln aus zu betrachten   –3 –2 -1 +1 +2 +3

32 Ein Psychologe, der die unbewußten Beweggründe für mein Handeln analysiert   –3 –2 -1 +1 +2 +3

33 Genug zu tun haben, um nicht über meine Probleme nachdenken zu müssen   –3 –2 -1 +1 +2 +3

34 Mir von anderen Mut zusprechen lassen   –3 –2 -1 +1 +2 +3

35 Einen befriedigenden Arbeitsplatz bekommen   –3 –2 -1 +1 +2 +3

Stimmt überhaupt nicht	Stimmt nicht	Stimmt weniger	Stimmt etwas	Stimmt	Stimmt völlig
–3	–2	–1	+1	+2	+3

36 Weniger streng mit mir sein –3 –2 -1 +1 +2 +3

37 Mit jemandem sprechen, der mir aufmerksam zuhört –3 –2 -1 +1 +2 +3

38 Erkennen, wie ich alte Beziehungsmuster ständig wiederhole –3 –2 -1 +1 +2 +3

39 "Augen zu und durch" –3 –2 -1 +1 +2 +3

40 Tabletten –3 –2 -1 +1 +2 +3

41 Körperlich fit bleiben –3 –2 -1 +1 +2 +3

42 Ein Psychologe, der mir zeigt, daß meine Vorstellungen über mich selbst falsch sein können –3 –2 -1 +1 +2 +3

43 Bessere Fortbewegungsmöglichkeiten –3 –2 -1 +1 +2 +3

44 Unbewußte Gefühle und Impulse verstehen lernen –3 –2 -1 +1 +2 +3

45 Mehr Geld haben –3 –2 -1 +1 +2 +3

46 Entschlußkraft, um meine Probleme zu überwinden –3 –2 -1 +1 +2 +3

47 Nichts und niemand kann mir bei meinen Problemen helfen –3 –2 -1 +1 +2 +3

Wenn Sie der Meinung sind, daß es noch andere Herangehensweisen an Ihre Probleme gibt, notieren Sie diese bitte hier:

Einstellungen zu psychologischen Problemen

Behandlung

Folgende Herangehensweise wäre bei meinen Problemen hilfreich

Psychodynamisch

6 Jene Ursachen meiner Probleme verstehen, die in meiner Kindheit begraben liegen
10 Ein Psychologe, der mir meine Träume und Phantasien deutet
13 Mit einem Psychologen über meine Beziehung zu meinen Eltern sprechen, als ich noch ein Kind war
32 Ein Psychologe, der die unbewußten Beweggründe für mein Handeln analysiert
38 Erkennen, wie ich alte Beziehungsmuster ständig wiederhole
44 Unbewußte Gefühle und Impulse verstehen lernen

Humanistisch / Interpersonal

4 Mehr Aufmerksamkeit meinen Gefühlen gegenüber entwickeln
5 Meine Probleme in einem offenen und ehrlichen Zweiergespräch besprechen
14 Jemand, der mir zuhört, ohne Ratschläge zu erteilen

18 Mich akzeptieren lernen, so wie ich bin
28 Zugang zu meinen innersten Gefühlen finden
30 Mit jemandem, dem ich vertraue, über meine Gefühle sprechen
37 Mit jemandem sprechen, der mir aufmerksam zuhört

Verhaltensorientiert

7 Ein Psychologe, von dem ich lernen kann, wie man in bestimmten Situationen am besten reagiert
12 In Zusammenarbeit mit einem Psychologen herausfinden, welche Situationen sich positiv oder negativ auf meine Probleme auswirken
22 Bewältigungsstrategien für schwierige Sitautionen lernen
24 Meine Probleme strategisch, Schritt für Schritt, angehen
27 Ein Psychologe, der mir zeigt, wie ich mein Verhalten konkret ändern kann
34 Mir von anderen Mut zusprechen lassen

Kognitiv

2 Ein Psychologe, der mir beibringt, weniger irrational zu denken
15 Mir weniger Gedanken darüber machen, was andere über mich denken
17 Von einem Psychologen gezeigt bekommen, von welcher Perspektive aus ich meine Probleme noch betrachten kann
25 Lernen, realistischer zu denken
31 Lernen, meine Probleme von verschiedenen Blickwinkeln aus zu betrachten
36 Weniger streng mit mir sein
42 Ein Psychologe, der mir zeigt, daß meine Vorstellungen über mich selbst falsch sein können

Organisch

3 Pillen gegen meine Stimmungsschwankungen
8 Medikamente
20 Eine medizinische Behandlung, um meine körperliche Homöostase wiederherzustellen
40 Tabletten
41 Körperlich fit bleiben

Sozio-Ökonomisch

9 Bessere Wohnverhältnisse
10 Ein Psychologe, der mir meine Träume und Phantasien deutet
11 Besserung der wirtschaftlichen Lage
21 Ein besseres soziales Umfeld
35 Einen befriedigenden Arbeitsplatz bekommen
43 Bessere Fortbewegungsmöglichkeiten
45 Mehr Geld haben

Unspezifisch

1 Die Einstellung: warum sich Sorgen machen, im Vergleich zu anderen geht es mir noch gut
16 Mit meinen Problemen leben lernen, anstatt sie ändern zu wollen
19 Nicht ständig über mich nachdenken

20 Eine medizinische Behandlung, um meine körperliche Homöostase wiederherzustellen

23 Meine negativen Gefühle beiseite schieben, um mehr Platz für meine Fröhlichkeit zu schaffen

26 Die anderen sich ändern lassen, anstatt selbst etwas zu unternehmen

29 Haltung bewahren

33 Genug zu tun haben, um nicht über meine Probleme nachdenken zu müssen

39 "Augen zu und durch"

46 Entschlußkraft, um meine Probleme zu überwinden

47 Nichts und niemand kann mir bei meinen Problemen helfen

Einstellungen zu psychologischen Problemen

Hintergrundinformation

1 Name: _____

2 Alter: _____

3 Geschlecht: M   W

4 Aufenthaltsort (Wo füllen Sie gerade diesen Fragebogen aus?):

_____

5 An welche psychologischen Probleme haben Sie gedacht, während Sie diesen Fragebogen ausfüllten?

_____

_____

6 Aufgrund welcher Probleme suchen Sie gegenwärtig professionelle Hilfe auf (falls diese nicht mit jenen unter Frage 5 übereinstimmen)?

_____

_____

Vielen Dank, daß Sie diesen Fragebogen ausgefüllt haben.

Anhang 4

Klienten machen keine Hausaufgaben –
Fragebogen zu den möglichen Ursachen

Auszufüllender Fragebogen

Die unten aufgeführten Kommentare sind eine Liste von Gründen, die Klienten während ihrer Therapie gegen Hausaufgaben vorbrachten. Da eine rasche Besserung im wesentlichen von der Eigeninitiative und Eigenverantwortung des Klienten abhängt, die dieser zu übernehmen bereit ist, ist es besonders wichtig, all jene Gründe ausfindig zu machen, die einen Klienten davon abhalten, Selbsthilfemaßnahmen zu unternehmen. Füllen Sie den Fragebogen aus, wenn Sie Ihre Hausaufgaben machen. Achten Sie darauf, wann Sie Zeichen von Widerwillen gegen Ihre Hausaufgaben empfinden oder den Wunsch verspüren, sie ganz abzubrechen. Wenn Sie Schwierigkeiten haben, den Fragebogen allein zu bearbeiten, können Sie Ihren Therapeuten um Hilfe bitten. Bewerten Sie jeden Kommentar entweder als Richtig ("R") oder Falsch ("F").

1	Offensichtlich hilft bei mir gar nichts; warum es also erst versuchen	R / F
2	Es war nicht klar; ich habe nicht ganz verstanden, was genau ich tun sollte	R / F
3	Ich war der Meinung, daß diese Methode, die der Therapeut vorgeschlagen hatte, nichts bringen würde. Ich sah keinen Sinn darin	R / F
4	Es erschien mir zu schwierig	R / F
5	Ich will die Hausaufgaben ja machen, aber ich vergesse sie immer wieder	R / F
6	Ich hatte nicht genügend Zeit. Ich war zu beschäftigt	R / F
7	Wenn ich etwas mache, das der Therapeut vorschlägt, dann wird das nie so gut, als wenn ich mir selber etwas einfallen lasse	R / F
8	Ich glaube einfach nicht, daß das, was ich tue, mir wirklich hilft	R / F
9	Ich habe den Eindruck, daß der Therapeut mich herumkommandieren oder kontrollieren will	R / F
10	Ich fürchte mich vor der Kritik meines Therapeuten. Ich glaube, daß nichts, was ich mache, gut genug ist	R / F
11	Es ging mir zu schlecht, ich war zu traurig, nervös, ärgerlich, um meine Hausaufgaben zu machen (Zutreffendes bitte unterstreichen)	R / F
12	Es hätte mich zu sehr durcheinander gebracht, die Hausaufgaben zu machen	R / F
13	Es war einfach zu viel	R / F
14	Es erinnert mich zu sehr an meine Schulzeit	R / F
15	Ich hatte den Eindruck, daß hauptsächlich der Therapeut davon profitierte	R / F
16	Selbsthilfe-Aufgaben gehören nicht in die Therapie	R / F

17 Angesichts der Fortschritte, die ich schon gemacht habe, bringen mir
   diese Hausaufgaben nichts mehr   R / F

18 Die Hausaufgaben haben in der Vergangheit nichts gebracht,
   warum sollten sie jetzt helfen?   R / F

19 Ich kann mich mit diesem therapeutischen Ansatz nicht anfreunden R / F

20 Andere Gründe (Bitte hier notieren):

Anhang 5

Erhebungsbogen zu den Vor- und Nachteilen des gegenwärtigen und des gewünschten Verhaltens

Vorteile / Nutzen meines gegenwärtigen Verhaltens

Kurzfristige Vorteile

Für mich

1 _____
2 _____
3 _____
4 _____
5 _____
6 _____
7 _____
8 _____
9 _____
10 _____

Für andere

1 _____
2 _____
3 _____
4 _____
5 _____
6 _____
7 _____
8 _____
9 _____
10 _____

Langfristige Vorteile

Für mich

1 _____
2 _____
3 _____
4 _____
5 _____
6 _____
7 _____
8 _____
9 _____
10 _____

Für andere

1 _____
2 _____
3 _____
4 _____
5 _____
6 _____
7 _____
8 _____
9 _____
10 _____

Nachteile meines gegenwärtigen Verhaltens

Kurzfristige Nachteile

Für mich

1 _____
2 _____
3 _____
4 _____
5 _____
6 _____
7 _____
8 _____
9 _____
10 _____

Für andere

1 _____
2 _____
3 _____
4 _____
5 _____
6 _____
7 _____
8 _____
9 _____
10 _____

Langfristige Nachteile

Für mich

1 _____
2 _____
3 _____
4 _____
5 _____
6 _____
7 _____
8 _____
9 _____
10 _____

Für andere

1 _____
2 _____
3 _____
4 _____
5 _____
6 _____
7 _____
8 _____
9 _____
10 _____

Vorteile / Nutzen des gewünschten Verhaltens

Kurzfristige Vorteile

Für mich

1 _____
2 _____
3 _____
4 _____
5 _____
6 _____
7 _____
8 _____
9 _____
10 _____

Für andere

1 _____
2 _____
3 _____
4 _____
5 _____
6 _____
7 _____
8 _____
9 _____
10 _____

Langfristige Vorteile

Für mich

1 _____
2 _____
3 _____
4 _____
5 _____
6 _____
7 _____
8 _____
9 _____
10 _____

Für andere

1 _____
2 _____
3 _____
4 _____
5 _____
6 _____
7 _____
8 _____
9 _____
10 _____

Nachteile des gewünschten Verhaltens

Kurzfristige Nachteile

Für mich

1 _____
2 _____
3 _____
4 _____
5 _____
6 _____
7 _____
8 _____
9 _____
10 _____

Für andere

1 _____
2 _____
3 _____
4 _____
5 _____
6 _____
7 _____
8 _____
9 _____
10 _____

Langfristige Nachteile

Für mich

1 _____
2 _____
3 _____
4 _____
5 _____
6 _____
7 _____
8 _____
9 _____
10 _____

Für andere

1 _____
2 _____
3 _____
4 _____
5 _____
6 _____
7 _____
8 _____
9 _____
10 _____

Anhang 6

Entwicklungsdiagramm zur Zielanalyse

Anleitung

Mit Hilfe dieses Diagramms können Sie selbst feststellen und beurteilen, inwieweit Sie welche Ziele in der Therapie/Beratung erreicht haben oder nicht. Tragen Sie eine konkrete Zielerwartung ein. Überlegen Sie von Woche zu Woche neu, ob Sie sich Ihrem Ziel angenähert, davon entfernt (oder gar nicht von der Stelle bewegt) haben. Tragen Sie dann mit einem x den für Sie zutreffenden Wert ein: Die möglichen Punktwerte gehen von +5 für optimale Verbesserung (Sie haben Ihr Ziel erreicht bzw. das ursprüngliche Symptom oder Problem ist verschwunden) bis hin zu -5 für maximale Verschlechterung der Situation/Symptomatik. Besprechen Sie jede Woche Ihre Beurteilung mit Ihrem Therapeuten/ Berater. Denken Sie daran, daß Sie kein Urteil über Ihre Person abgeben, sondern darüber, inwieweit die Dinge sich Ihren Zielerwartungen entsprechend verändern und entwickeln.

Zieldefinition des Klienten:
(für jedes Ziel gesondert)

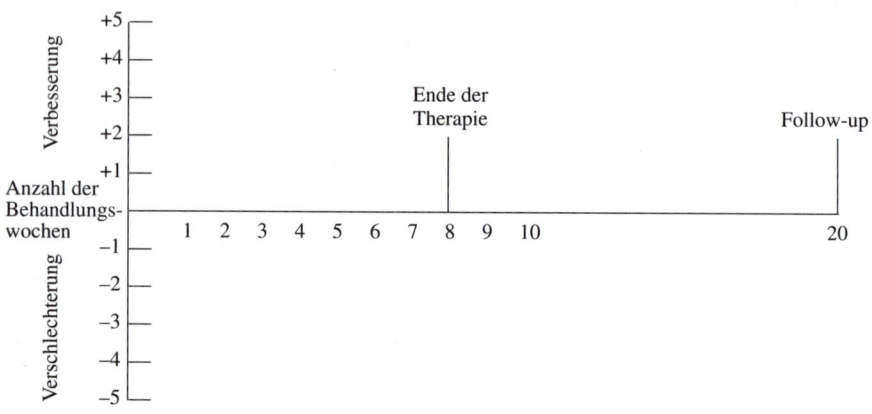

Anhang 7

Beispiele für "Abschiedsbriefe"

Abschiedsbrief einer Klientin einer kognitiv-analytischen Therapie
an ihren Therapeuten

Lieber Bernd,

diese zehn Wochen Therapie verliefen ganz anders, als ich ursprünglich erwartet hatte. Anfangs war ich in Sorge, nicht genügend Zeit zur Verfügung zu haben, die Dinge zu ordnen. Ich wollte ausführlich über all das sprechen, das mich in der Vergangenheit so gebeutelt hat. Es dauerte einige Zeit, bis ich erkannte, daß das gar nicht nötig war, ja vielleicht nicht einmal wünschenswert. Der mittlere Teil der Behandlung war schwierig und anstrengend für mich und ich fühlte mich entmutigt, nicht an jene Gefühle des Verletzt- und Gekränktseins heranzukommen, die mich seit meiner Kindheit begleiten. Am wichtigsten war für mich die Erkenntnis, daß und wie sehr ich mich selbst sabotierte. Bevor ich mit der Therapie begann, habe ich eine Liste all jener Punkte gemacht, die ich nicht verstehen konnte. Als erstes wollte ich wissen, warum es mir nie gelang, mich ausreichend auf Prüfungen vorzubereiten; es war ein Schock, erkennen zu müssen, daß man sich absichtlich Schaden zufügt, weil man sich im Grunde für unwert hält. Andererseits war mir nicht klar, woher mein Selbstvertrauen kam, für das es offensichtlich keinen Grund gab. Meine Hauptsorge ist, daß ich mir weiterhin alle Chancen selbst verbaue. Ich habe das Gefühl, daß diese Art des Selbstboykotts tief in mir verwurzelt ist und es großer Anstrengung bedarf, mich dagegen zu wehren. Es könnte ein langer, schwerer Kampf werden. Eine der schönsten Erfahrungen, die ich aus unserer gemeinsamen Arbeit mitnehme, ist diese "Lust auf Leben", die ich in mir wiederentdeckt habe. Es gibt so viele Dinge, die ich erleben und genießen will und ich kann mir gefühlsmäßig wieder vorstellen, die Therapie zu beenden. Letzte Woche hatte ich mit dieser Vorstellung keine Schwierigkeiten, diese Woche steht eher die Angst im Vordergrund, wieder in meine alten Muster zu verfallen. Wenn ich ehrlich bin, so wäre es eine große Beruhigung für mich, weiterhin regelmäßig Stunden zu nehmen, solange bis ich mich sicherer fühle und keine Angst mehr haben muß, all das Erreichte wieder zu zerstören. Andererseits fühle ich mich nicht wirklich alleingelassen, die Vorstellung der Nachfolgeuntersuchung in drei Monaten wirkt sehr beruhigend und tröstend. Was die Beziehung zu meinem Freund angeht, so gibt es da noch einiges, was es anders und besser zu machen gilt. Mit Blick auf die Zukunft wünsche ich mir, daß ich mich weiterhin so akzeptieren kann, wie ich bin, daß ich mehr Selbstvertrauen entwickle und damit sicher und selbstbewußt umgehe. Das heißt, ich möchte ein Gefühl dafür entwickeln, daß mein Selbstvertrauen auf sicheren Grundfesten steht und nicht von äußeren Faktoren (wie von der Meinung anderer Leute oder meiner Karriere) abhängig ist. Kurz, ich möchte glücklich sein, autonom sein und das Gefühl haben, mit beiden Beinen im Leben zu stehen. Vielleicht sollte ich mir überlegen, wie ich meine weitere Entwicklung und die Fortschritte, die ich gemacht habe und mache, einer regelmäßigen Nachprüfung unterziehen kann, um das Risiko eines Rückfalls bereits im Keim zu ersticken.

Ich danke Ihnen, Sie haben mir sehr geholfen, daß es mir wieder besser geht und ich mich wieder an der Welt und am Leben freuen kann.

Ihre Jasmin

Abschiedsbrief eines Therapeuten an eine Klientin
einer kognitiv-analytischen Therapie

Liebe Ingrid,

vielleicht erinnern Sie sich an den Beginn unserer Arbeit und Ihre Hoffnung auf eine Art
Wunderheilung, die das Problem der Frigidität, das Ihnen und Ihrem Mann sowie Ihrem
gemeinsamen Glück im Wege stand, aus der Welt schaffen würde. Auf Wunder und
Wunderheilungen mußten wir verzichten, und doch sind Sie heute in der Lage, Ihre Sexualität zu leben – weit entfernt von dem resignativen Gefühl, alles versucht zu haben,
ausgebrannt zu sein und nur noch auf Wunder hoffen zu dürfen. Aber was noch wichtiger
ist, Sie haben ein Gefühl dafür entwickelt, was es bedeutet, unabhängig und autonom zu
sein und die Achtung und den Respekt anderer Menschen zu verdienen. Wie kam es zu
diesen Veränderungen? Ich denke, der wesentliche Punkt bestand darin, erkannt zu haben,
daß Ihre Frigidität nur die "Spitze eines Eisbergs" darstellte, gleichsam ein letzter Versuch, mit jenem Druck irgendwie umzugehen, unter dem Sie in einer ganzen Reihe von
Situationen und Beziehungskonstellationen zu leiden hatten. Das Symptom der Frigidität
war zum einen Ausdruck eines grundlegenden Problems und zugleich der Versuch, genau
dafür eine Lösung zu finden, wie hilflos und selbstzerstörerisch diese auch sein mochte.
Sie wurden aufgerieben zwischen dem Wunsch nach mehr Autonomie und Unabhängig-
keit einerseits und dem Pflichtbewußtsein Ihrer Familie und Ihrem Ehemann gegenüber
andererseits, ohne das Risiko einer Entscheidung auf sich nehmen zu müssen. Ihre Frigidität war der Versuch, diesen Konflikt zu lösen und zu verarbeiten und bot gleichzeitig
die Möglichkeit, eine Entscheidung aufschieben zu können, ohne sich für diesen Auf-
schub verantwortlich fühlen zu müssen. Heute brauchen Sie diese Art der Konfliktverar-
beitung nicht mehr; Sie wissen, daß Sie für sich selbst verantwortlich sind und haben erkannt, daß Zärtlichkeit und liebende Fürsorge durchaus vereinbar sind mit der Notwendigkeit, eigene Bedürfnisse geltend zu machen. Die Sackgasse, in die Sie sich manövriert
hatten, konnten Sie nur verlassen, indem Sie sich auf Ihre positiven Aspekte konzentrier-
ten. Nach und nach gelang es Ihnen, all jene unsichtbaren Fallen, Stolpersteine und Verstrickungen aufzulösen, die Sie so lange in lähmender Untätigkeit, Unzufriedenheit,
Schuldgefühlen und Wut gehalten hatten. Sie haben jetzt das Selbstvertrauen, das Sie
brauchen, um sich mit Ihrer Mutter und Ihrem Mann darüber auseinanderzusetzen, wie
Sie miteinander umgehen und welche Art von Beziehung Sie leben wollen. Vielleicht ist
es dieses Wissen, das mich für meinen Teil mit Freude und Optimismus erfüllt, wenn ich
an Ihr zukünftiges Leben denke, was immer Sie auch erwarten mag.

Mit freundlichen Grüßen

Ihr Basil

Anhang 8

Formular zur Klientenkurzinformation

Kurzinfo

Fall: _____ Geschlecht: _____ Alter: _____

Überwiesen von: _____

Therapeut: _____ Supervisor: _____

Anzahl der Sitzungen: _____

Anzahl der nicht wahrgenommenen Sitzungen: _____

Überweisung oder Behandlungsprobleme: _____

_____

Therapieziele: _____

_____

Therapeutisches Prozedere: _____

_____

Rating-Skalen

Maß der Veränderung des Klienten

Bitte beurteilen Sie, wie sehr sich der Klient/die Klientin seit Beginn der Therapie verändert hat. Bitte geben Sie kein Urteil über den endgültigen Zustand des Klienten/der Klientin ab. Versuchen Sie vielmehr zu beurteilen, inwieweit sich der Zustand des Klienten/der Klientin seit Beginn der Therapie Ihrer Meinung nach gebessert bzw. verschlechtert hat, unabhängig davon, wie gut oder schlecht es ihm/ihr gegenwärtig geht bzw. unabhängig davon, wie viel oder wenig Arbeit noch geleistet werden müßte, um eine vollständige Heilung oder Besserung herbeizuführen.

_____ 1 Der Klient/die Klientin hat sich ausgesprochen negativ entwickelt

_____ 2 Der Klient/die Klientin hat sich negativ entwickelt

_____ 3 Der Klient/die Klientin hat sich leicht negativ entwickelt

_____ 4 Der Klient/die Klientin hat sich im wesentlichen nicht verändert

_____ 5 Der Klient/die Klientin hat sich leicht positiv entwickelt

_____ 6 Der Klient/die Klientin hat sich positiv entwickelt

_____ 7 Der Klient/die Klientin hat sich ausgesprochen positiv entwickelt

Literatur

Albee, G. W. (1990): The futility of psychotherapy. Journal of Mind and Behavior 11 (3, 4), 369–384

Amada, G. (1983): The interlude between short- and long-term psychotherapy. American Journal of Psychotherapy 37, 357–364

Amato, R., Bradshaw, R. (1985): An exploratory study of people's reasons for delaying or avoiding helpseeking. Australian Psychologist 20 (1), 21–31

Balint, M., Ornstein, P. O., Balint, E. (1972): Focal Psychotherapy. London: Tavistock

Bellack, A. S., Hersen, M. (1987): Dictionary of Behavior Therapy Techniques. Oxford: Pergamon

Blackburn, I.-M., Davidson, K. (1990): Cognitive Therapy for Depression and Anxiety. Oxford: Blackwell

Bordin, E. S. (1979): The generalizability of the psychoanalytic concept of the working alliance. Psychotherapy: Theory, Research and Practice 16 (3), 252–260

Brandt, L. W. (1982): Psychologists Caught. Toronto: University of Toronto Press

Buber, M. (1947): Between Man and Man. London: Routledge & Kegan Paul

Budman, S. H. (1990): The myth of termination in brief therapy. In Zeig, J. K., Gilligan, S. G. (Eds.): Brief Therapy: Myths, Methods and Metaphors. New York: Brunner/Mazel

–, Gurman, A. S. (1988): Theory and Practice of Brief Therapy. London: Guilford

Casement, P. (1985): On Learning from the Patient. London: Tavistock

Clarkson, P. (1990): A multiplicity of psychotherapeutic relationships. British Journal of Psychotherapy 7 (2), 148–163

Colson, D., Lewis, L., Horwitz, L. (1985): Negative outcome in psychotherapy and psychoanalysis. In Mays, D. T., Franks, C. M. (Eds.): Negative Outcome in Psychotherapy and What to do about it. New York: Springer

Davanloo, H. (1985): Short-term dynamic psychotherapy. In Kaplan, H., Sadock, B. J. (Eds.): Comprehensive Textbook of Psychiatry. Baltimore, Md.: Williams & Wilkins

Davis, J. (1989): Issues in the evaluation of counsellors by supervisors. Counselling 69, 31–37

Day, R. W., Sparacio, R. T. (1989) in Dryden, W. (Ed.): Key Issues for Counselling in Action. London: Sage

Dinnage, R. (1988): One To One: Experiences of Psychotherapy. London: Viking

Dryden, W. (1982): Social Problems: Treatment from a Rational-Emotive Perspective. London: Institute for RET

– (Ed.) (1989): Key Issues for Counselling in Action. London: Sage

– (1990): Rational-Emotive Counselling in Action. London: Sage

– (1991): Dryden on Counselling, Vol. 1: Seminal Papers. London: Whurr

– (1992): The Dryden Interviews. London: Whurr

Durlak, J. A. (1979): Comparative effectiveness of paraprofessional and professional helpers. Psychological Bulletin 86 (1), 80–92

Egan, G. (^{4}1990): The Skilled Helper. Pacific Grove, Calif.: Brooks/Cole

Fairbairn, S. und G. (Eds.) (1987): Psychology, Ethics and Change. London: Routledge & Kegan Paul

Flegenheimer, W. V. (1982): Techniques of Brief Psychotherapy. New York: Aronson

Frances, A., Sweeney, J., Clarkin, J. (1985): Do psychotherapies have specific effects? American Journal of Psychotherapy 39 (2), 159–174

Fransella, F., Dalton, P. (1990): Personal Construct Counselling in Action. London: Sage

Garfield, S. L. (1989): The Practice of Brief Psychotherapy. Oxford: Pergamon

–, Bergin, A. E. (Eds.) (³1986): Handbook of Psychotherapy and Behavior Change. Chichester: Wiley

Gendlin, E. T. (1984): The client's client: the edge of awareness. In Levant, R. F., Shlien, J. M. (Eds.): Client-Centered Therapy and the Person-Centered Approach. New York: Praeger

Glasser, W. (1984): Take Effective Control of your Life. New York: Harper & Row

Heron, J. (1990): Helping the Client. London: Sage

Hill, C. E. (1989): Therapist Techniques and Client Outcomes. London: Sage

Hobson, R. E. (1985): Forms of Feeling: The Heart of Psychotherapy. London: Tavistock

Holmes, J., Lindley, R. (1989): The Values of Psychotherapy. Oxford: Oxford University Press

Howard, G. S., Nance, D. W., Myers, P. (1987): Adaptive Counseling and Therapy. San Francisco: Jossey Bass

Ivey, A. E., Ivey, M. B., Simek-Downing, L. (1987): Counseling and Psychotherapy: Integrating Skills, Theory and Practice. Englewood Cliffs, NJ: Prentice-Hall International

Kopp, S. B. (1974): If You Meet the Buddha on the Road, Kill Him! London: Sheldon

Koss, M. P., Butcher, J. M. (³1986): Research in brief psychotherapy. In Garfield, S. L., Bergin, A. E. (Eds.): Handbook of Psychotherapy and Behavior Change. Chichester: Wiley

Kupers, T. A. (1988): Ending Therapy. London: New York University Press

Lazarus, A. A. (1981): The Practice of Multimodal Therapy. New York: McGraw Hill

–, Fay, A. (1990): Brief psychotherapy: tautology or oxymoron? In Zeig, J. K., Gilligan, S. G. (Eds.): Brief Therapy: Myths, Methods and Metaphors. New York: Brunner/ Mazel

Levant, R. F., Shlien, J. M. (Eds.) (1984): Client-Centered Therapy and the Person-Centered Approach. New York: Praeger

Lewis, M. K., Rogers, C. R., Shlien, J. M. (1959): Two cases of time-limited client-centered psychotherapy. In Burton, A. (Ed.): Case Studies of Counseling and Psychotherapy. New York: Prentice-Hall

Macaskill, N. (1985): Homework assignments in brief psychotherapy. British Journal of Psychotherapy 2 (2), 134–141

Mahrer, A. R. (1988): The briefest psychotherapy. Changes 6 (3), 86–89

– (1989): Experiental Psychotherapy: Basic Practices. Ottawa, Canada: Ottawa University Press

Malan, D. H. (1975): A Study of Brief Psychotherapy. London: Plenum

Mann, J. (1973): Time-limited Psychotherapy. Cambridge, Mass.: Harvard University Press

Marlatt, G. A., Gordon, J. (Eds.) (1985): Relapse Prevention. New York: Guilford Press

Mays, D. T., Franks, C. M. (1985): Negative Outcome in Psychotherapy and What to do about it. New York: Springer

Mearns, D., Thorne, B. (1988): Person-Centred Counselling in Action. London: Sage

Melges, F. T. (1982): Time and the Inner Future: A Temporal Approach to Psychiatric Disorders. New York: Wiley

Nelson-Jones, R. (1989): Effective Thinking Skills. London: Cassell

Omer, H. (1990): Enhancing the impact of therapeutic interventions. American Journal of Psychotherapy 44 (2), 218–231

Orlinsky, D. E., Howard, K. I. (^{3}1986): Process and outcome in psychotherapy. In Garfield, S. L., Bergin, A. E. (Eds.): Handbook of Psychotherapy and Behavior Change. Chichester: Wiley

Patten, M. I., Walker, L. G. (1990): Marriage Guidance Counselling I: what clients think will help. British Journal of Guidance and Counselling 18 (1), 28–39

Perry, S. (1989): Treatment time and the borderline patient: an under-appreciated strategy. Journal of Personality Disorders 3 (3), 230–239

Pipes, R. B., Schwartz, R., Crouch, P. (1985): Measuring client fears. Journal of Consulting and Clinical Psychology 53 (6), 933–934

Prochaska, J. O., DiClemente, C. C. (1984): The Transtheoretical Approach. Homewood, Ill.: Dow Jones-Irwin

Rice, L. N. (1984): Client tasks in client-centered therapy. In Levant, R. F., Shlien, J. M. (Eds.): Client-Centered Therapy and the Person-Centered Approach. New York: Praeger

Richert, A. (1983): Differential prescription for psychotherapy on the basis of client role preferences. Psychotherapy: Theory, Research and Practice 20 (3), 321–329

Rogers, C. R. (1990): On Becoming a Person. London: Constable

Rosenbaum, R., Hoyt, M. F., Talmon, M. (1990): The challenge of single-session therapies; creating pivotal moments. In Wells, R. A., Gianetti, V. J. (Eds.): Handbooks of the Brief Psychotherapies. New York: Plenum

Rowan, J. (1988): The psychology of furniture. Counselling 64, 21–24

– 1989: The Reality Game. London, Routledge

Ryle, A. (1983): The value of written communications in dynamic psychotherapy. British Journal of Psychiatry 8, 195–198

– (1990): Cognitive-Analytic Therapy: Active Participation in Change. Chichester: Wiley

Sachs, J. S. (1983): Negative factors in brief psychotherapy: an empirical assessment. Journal of Consulting and Clinical Psychology 51, 557–564

Scott, M. (1989): A Cognitive-Behavioural Approach to Clients' Problems. London: Routledge

Sherman, R. T., Anderson, C. A. (1987): Decreasing premature termination from psychotherapy. Journal of Social and Clinical Psychology 5 (3), 298–312

Shlien, J. M., Mosak, H. H., Dreikurs, R. (1962): Effect of time limits: a comparison of two psychotherapies. Journal of Consulting Psychology 9, 31–34

Sifneos, P. (1972): Short-Term Psychotherapy and Emotional Crisis. Cambridge, Mass.: Harvard University Press

Sklar, H. (1988): The impact of the therapeutic environment. Journal of Contemporary Psychotherapy 18 (2), 107–123

Sledge, W. H., Moras, K., Hartley, D., Levine, M. A. (1990): Effects of time-limited psychotherapy on patient drop-out rates. American Journal of Psychiatry 147 (10), 1342–1347

Stewart, I. (1989): Transactional Analysis Counselling in Action. London: Sage

Stewart, I., Joines, V. (1987): T. A. Today. Nottingham: Lifespace

Storr, A. (1963): The Integrity of the Personality. Harmondsworth: Pelican

Striano, J. (1988): Can Psychotherapists Hurt You? Santa Barbara, Calif.: Professional Press

Strupp, H. H. (1980): Success and failure in time-limited psychotherapy. Archives of General Psychiatry 37, 708–716

Sutherland, S. (1989): Breakdown. London: Weidenfeld & Nicolson
Sutton, C. (1989): The evaluation of counselling: a goal-attainment approach. In Dryden, W. (Ed.): Key Issues of Counselling in Action. London: Sage
Toates, F. (1990): Obsessional Thoughts and Behaviour. Wellingborough, Northants: Thorsons
Ursano, R. J., Sonnenberg, S. M., Lazar, S. G. (1991): Psychodynamic Psychotherapy. Washington, DC: American Psychiatric Press
Van Deurzen-Smith, E. (1988): Existential Counselling in Practice. London: Sage
Walker, L. G., Patten, M. I. (1990): Marriage Guidance Counselling II: what counsellors want to give. British Journal of Guidance and Counselling 18 (3), 294–307
Watkins Jr., C. E. (1989): Countertransference: its impact on the counselling situation. In Dryden, W. (Ed.): Key Issues for Counselling in Action. London: Sage
Wells, R. A., Gianetti, V. J. (Eds.) (1990): Handbook of the Brief Psychotherapies. New York: Plenum
Willer, B., Miller, G. H. (1976): Client involvement in goal setting and its relationship to therapeutic outcome. Journal of Clinical Psychology 32 (3), 687–689
Wolberg, L. R. (1980): Handbook of Short-term Psychotherapy. New York: Thieme-Stratton
Yankura, J., Dryden, W. (1990): Doing RET: Albert Ellis in Action. New York: Springer
Zeig, J. K. (1990): Seeding. In Zeig, J. K., Gilligan, S. G. (Eds.): Brief Therapy: Myths, Methods and Metaphors. New York: Brunner/Mazel

Sachregister

Harold Hackney
L. Sherilyn Cormier

Beratungsstrategien – Beratungsziele

Aus dem Amerikanischen von W. Moosbauer und I. Bruckmaier
3., neubearbeitete und erweiterte Auflage 1993. 189 Seiten. Kart. (3-497-01267-X)

Eindeutig auf die Praxis der Gesprächsführung bezogen, bietet dieses Übungs-
buch eine detaillierte Sammlung verbaler Techniken und gibt dem Berater Anregungen zur kritischen Überprüfung des eigenen Tuns. Ein Selbsttrainingspro-
gramm erleichtert dem Leser die Verarbeitung des Stoffes.

Aus dem Inhalt

Ernst Reinhardt Verlag München Basel

Luitgard Brem-Gräser

Handbuch der Beratung für helfende Berufe

In drei Bänden

1993. Drei Bände im Schuber (3-497-01246-7)

Die Bände sind auch einzeln zu beziehen:

Band 1: XVIII, 290 Seiten, Leinen (3-497-01247-5)
Band 2: XVIII, 338 Seiten, Leinen (3-497-01248-3)
Band 3:   XX, 408 Seiten, Leinen (3-497-01249-1)

Dieses Handbuch ist ein umfassendes, detailliert wissenschaftlich fundiertes Informations- und Nachschlagewerk der Beratung im psycho-sozialen, pädagogischen, ärztlichen, philosophischen und seelsorgerlichen Bereich. Es vermittelt Grundwissen und konkrete Hilfen zur Reflexion beraterischen Tuns. Das Handbuch weist große didaktische Vorzüge auf, z. B. die konzeptionell klare Gesamtstruktur und die konsequent vergleichende Darstellung der wichtigen Therapie-/Beratungsformen jeweils unter den *gleichen* Aspekten in *derselben* Reihenfolge. Dies ermöglicht Übersichtlichkeit und bietet dem Leser raschen Zugriff auf die verschiedenen Therapie- und Beratungsformen. Aufbauend auf der von Carl Rogers entwickelten Hilfe-Form erläutert die Verfasserin die relevanten theoretischen und therapeutischen Grundlagen und Praxis Kooperativer Beratung. Im Zentrum der Ausführungen steht das Beratungsgespräch. Grundthesen:

• Kooperative Beratung ist – trotz gleitender Übergänge – von Psychotherapie abzugrenzen.

• Die Grunderkenntnisse der klassischen Therapieformen (Psychoanalyse und Verhaltenstherapie) sind jedoch in beraterischem Handeln wirksam.

• Kooperative Beratung ist die adäquate Form psycho-sozialer, pädagogischer, medizinischer und seelsorgerlicher Hilfe.

Ernst Reinhardt Verlag München Basel

Aus dem Inhalt

Ernst Reinhardt Verlag München Basel

Wilfried Weber

Wege zum helfenden Gespräch

Gesprächspsychotherapie in der Praxis

9. Auflage 1991. (54. Tsd.). 196 Seiten. Kart. (3-497-00938-5)

Lernziel: Einübung von Methoden des helfenden und heilenden Gesprächs unter besonderer Beachtung der personzentrierten Gesprächspsychotherapie, wie sie von Carl Rogers und Reinhard Tausch entwickelt wurde.

Lernmethode: Information anhand von siebzig praktischen Übungen und vielen konkreten Hinweisen für die Praxis, Vertiefung und Einübung des Lehrstoffs (Gesprächsprotokolle, Rollenspiele, Einschätzungsskalen zum Gesprächsverhalten, Übungen zur Selbsterfahrung).

Dieses Lehrbuch wendet sich an Sozialarbeiter, Sozialpädagogen, Seelsorger, Mitarbeiter der Telefonseelsorge, Eheberater, Erzieher, Psychologiestudenten und psychotherapeutisch interessierte Ärzte.

„Ein vorzügliches Lehrbuch über Gesprächstherapie – geeignet nicht nur für Pädagogen und Seelsorger, Sozialarbeiter und Erziehungsberater, sondern für alle, die Gespräche als Chance nutzen möchten, anderen zu helfen. Bestechend ist der klare Aufbau jedes Kapitels. Knapp wird ein Lernimpuls umrissen (z. B. positive Wertschätzung jedes Gesprächspartners), anschließend begründet. Es folgt eine ‚Kritische Reflexion' und eine Konkretion, d. h. die konkrete Anwendung der gegebenen Anregung. (…) Das Buch atmet Praxisnähe. Die zahlreichen Beispiele sind nicht erfunden, sondern stammen aus dem therapeutischen Sprechzimmer. Ohne Vorbehalt kann dieses Lernprogramm allen empfohlen werden, die bestrebt sind, Wege zum helfenden Gespräch zu finden." *Concepte*

Ernst Reinhardt Verlag München Basel

Rolf D. Hirsch

Lernen ist immer möglich

Verhaltenstherapie mit Älteren

(Reinhardts Gerontologische Reihe; 2)
1991. 164 Seiten. 6 Abb. Kart. (3-497-01218-1)

"Was Hänschen nicht lernt, lernt Hans nimmermehr". Das Sprichwort nährt das Vorurteil einer immer noch eher defizitären Altersvorstellung. Rolf D. Hirsch räumt auf mit der überholten Vorstellung (und Entschuldigung), der Mensch sei im Alter zu starr und zu uneinsichtig. Ältere und alte Menschen sind durchaus in der Lage, Neues zu lernen, ihr Verhalten gezielt zu ändern. Ein im Laufe des Lebens "erlerntes störendes Verhalten" kann auch *ver*lernt werden. Daß die persönliche Lebensgeschichte des Älteren und die gegenwärtige Lebenssituation dabei berücksichtigt werden, ist Voraussetzung. Das Buch ermutigt Therapeuten, mit älteren und alten Menschen zu arbeiten, gibt erprobte Konzepte weiter und ist nicht zuletzt auch ein Gewinn für kundige ältere Leser.

Aus dem Inhalt

Kompetenz, Kognitive Fähigkeiten
Verhalten – Verhaltensänderung
Definition, Lerntheorien
Interventionsplanung, Diagnostik,
    Verhaltensanalyse, Zielanalyse,
    Therapieplanung
Operante Methoden
Systematische Desensibilisierung
Modellernen
Kognitive Umstrukturierung
Selbstsicherheitstraining
Selbstkontrolle
Gruppentherapie

Indikationen und Grenzen der VT
Anwendungsbeispiele
Präventive Maßnahmen
Rehabilitative Maßnahmen
Verhaltensmodifikation bei Dementen, bei
    Depressiven, bei Klienten mit Schlaf-
    störungen, bei inkontinenten Klienten
VT in der Beratung
VT in stationären Einrichtungen
Hilfen für Angehörige
Problembereiche des Therapeuten
Medikamente und VT
VT bei Älteren: eine inhumane Dressur?

Ernst Reinhardt Verlag München Basel

Lawrence A. Pervin

Persönlichkeitstheorien

Freud – Adler – Jung – Rogers – Kelly – Cattell – Eysenck –
Skinner – Bandura u. a.

Aus dem Amerikanischen von H. Killius, G. Schäfer-Killius und J. Welsch
3., neubearbeitete Auflage 1993. 620 Seiten. 125 Abb. Geb. (UTB Große Reihe)
(3-8252-8035-7)

Pervin vergleicht die unterschiedlichen wissenschaftstheoretischen Ausgangs-
positionen der bedeutendsten Persönlichkeitsforscher und stellt die Zusammenhänge zwischen den Persönlichkeitstheorien, den spezifischen Einschätzungs-
techniken und den Beurteilungskriterien dar, ohne einen bestimmten ideolo-
gischen Standpunkt einzunehmen. In dieser überarbeiteten Ausgabe sind die
neueren Entwicklungen in der Persönlichkeitspsychologie berücksichtigt. Die
besonders hervorgehobenen Textabschnitte "Praktische Anwendungen" zu den
jeweiligen Lehrmeinungen veranschaulichen die Zusammenhänge mit Alltags-
ereignissen.

Aus dem Inhalt

Theorien über das menschliche Verhalten
Das wissenschaftliche Studium der Persönlichkeit
Die psychoanalytische Theorie von Sigmund Freud
Die klientenzentrierte Persönlichkeitstheorie von Carl R. Rogers
Die Persönlichkeitstheorie von George A. Kelly
Das Konzept der Persönlichkeitswesenszüge: Gordon W. Allport, Hans J. Eysenck
    und Raymond B. Cattell
Lerntheoretische Ansätze
Die sozial-kognitive Theorie: Albert Bandura und Walter Mischel
Ein kognitiver Ansatz innerhalb der Persönlichkeitstheorie mit Schwerpunkt
    Informationsverarbeitung
Theorie und systematische Einschätzung beim Studium eines individuellen Falles

Ernst Reinhardt Verlag München Basel